12감각을 깨워야 내 아이가 행복하다

그린이 김정은 10년째 유아들과 함께 성장하고 있는 교사로서 현재 산본에 위치한 발도르프 유아교육 기관인 온유 어린이집을 운영하고 있다.

12감각을 깨워야 내 아이가 행복하다

1판 1쇄 인쇄일 2015년 8월 7일 | 1판 1쇄 발행일 2015년 8월 14일 | 지은이_ 김현경 | 그린이_ 김정은 | 펴낸이_ 류희남 | 편집장_ 권미경 | 펴낸곳_ 물병자리 | 출판등록일(번호)_ 1997년 4월 14일(제2-2160호) | 주소_ 110-070 서울시 종로구 새문안로5가길 11, 801호(내수동, 옥빌딩) | 대표전화_ (02) 735-8160 | 팩스_ (02) 735-8161 | 이메일_aquari@aquariuspub.com | 트위터_ @AquariusPub | 홈페이지_www.aquariuspub.com | ISBN_978-89-94803-32-6 03370

이 도서의 국립중앙도서관 출판사도서목록(CIP)은 서지정보유통지원시스템 홈페이지(http://seoji.nl.go.kr)와 국가자료공동목록시스템(http://www.nl.go.kr/kolisnet)에서 이용하실 수 있습니다.(CIP제어번호: CIP2015021117)

서장을 기다려 주는

12감각을 깨워야
내 아이가
행복하다

김현경 지음 | 김정은 그림

≋ 물병자리

차례

로봇과 인간의 차이에 대하여

로봇(기계)은 스스로 제 팔과 다리를 움직이지 못합니다. 사람이 와서 전원을 켜주고 작동버튼까지 눌러줘야 비로소 움직일 수 있습니다. 그 렇다고 해서 원하는 대로 움직일 수 있나요? 로봇은 스스로가 원하는 것이 없기 때문에 마음대로 움직일 수 없습니다. 그것을 작동시킨 누 군가가 원하는 것을 대신 처리하는 역할을 합니다. 그 누군가는 로봇 이 일을 제대로 처리하는지 지켜봅니다(감시). 로봇의 팔과 다리는 이 렇게 누군가에 의해 조종당합니다. 하지만 로봇이 자기가 조종당한다 는 사실을 알까요? 전혀 모릅니다. 이것을 정리하면 아래와 같습니다.

　로봇은 1) 스스로 제 팔과 다리를 움직이지 못한다. 2) 스스로 원하 는 것이 없다. 3) 누군가에 의해 조종당하고 감시받지만 그 사실을 모 른다.

　로봇이 이런 특징을 갖는 이유는 로봇(기계)에게는 감각이 없기 때문입니다. 그런데 이것이 로봇에게만 해당되는 것일까요? 스스로 원하는 것도 없고 마음대로 움직이지도 못하고 누군가에 의해 움직이는 삶을 살면서도 그 사실을 모르는 사람들이 참 많습니다. 순전히 내가 원해서가 아니라 옆 사람이 하고 있으니 나도 해야 하는 사람이 얼마나 많은가요? 옆 사람처럼 하는 것이 당신이 원하는 것인가요? 옆 사람이 가진 것, 옆 사람이 하는 것 말고, 옆 사람에게 보여주기 위한 것 말고 당신이 원하는 것은 무엇인가요?

옆 사람이나 불특정 다수에 의해 조종당하는 삶을 살고 있다면 당신의 감각은 잠들어 있거나 마비된 상태입니다. 인간은 로봇과는 달리 감각을 가지고 있습니다. 그것도 12가지나 되는 감각을 말이죠. 그래서 스스로 제 팔과 다리를 움직일 수 있고 스스로 원하는 것이 있으며, 무언가에 의해 조종당하지도 감시받지도 않습니다.

로봇과 같은 삶에서 깨어나려면 우리의 감각을 깨워야 합니다. 좋지 않은 일이나 부정적으로 느껴지는(주관적인 입장에서) 문제가 발생했을 때 외부에서 그 해결책을 구하려는 경향은 자신이 가진 능력이 무엇인지 모르는 데서 나옵니다. 여기서 이야기하는 능력이란 전문적인 능력을 말하는 것이 아닙니다. 인간이라면 누구나 갖고 태어나는 12감각의 힘을 말합니다. 그 힘이 무엇인지를 아는 것이 로봇처럼 사는 삶에서 깨어날 수 있는 방법입니다.

12감각은 철학자이자 교육자인 루돌프 슈타이너가 정리한 이론입니다. 12감각을 하나하나 알아가면서 이제껏 의식하지 못했던 놀라운 기능을 알게 될 것입니다. 부모와 그 자녀 또는 선생님과 그 학생들을 비롯해, 많은 분들이 12감각을 통해 스스로 선택하고 행동하는 삶을 살 수 있을 것입니다. 스스로 자신의 신체적 · 정신적 건강을 회복함으로써 어떤 상황이나 문제와 마주해도 스스로에게 질문할 줄 알고 스스로 판단하고(생각하고) 스스로 움직이는 계기를 갖게 될 것입니다.

　루돌프 슈타이너(1861~1925)는 오스트리아 출신의 철학자이며 교육자입니다. 인지학(人智學, Anthroposophy)이라는 철학을 수립하였고, 발도르프 교육을 창시하였습니다. 인지학이란 인간의 본질을 물질, 영혼, 그리고 정신, 이렇게 세 관점으로 바라보는 철학입니다. 좀 더 부언하자면, 인간이 '자기'를 인식하고 세상과 건강하게 관계를 맺으며, 그것을 지켜나갈 수 있도록 하기 위한 철학적 사고입니다. 의학 · 예술 · 치료 · 교육 · 농업 등 다양한 분야에서 응용되고 있으며, 그 철학을 바탕으로 교육예술(모든 교육은 예술적이어야 한다)이라는 교육방법을 창안했습니다.

　이 책에서 저는 네덜란드 출신의 의사인 알베르트 수스만이 슈타이너의 12감각을 깊이 있게 풀어 놓은 《Die zwölf Sinne: Tore der Seele》(국내에서는 《영혼을 깨우는 12감각》으로 소개되었었다)를 길잡이 삼아 여러분들과 함께 각자의 12감각을 깨우는 시간을 가져보려고 합니다. 자신의 감각이 살아 있어야 비로소 스스로 무언가를 하는 것이 가능하니까요. 이 책은 안타깝게도(!) 읽고 싶은 부분부터 읽는 것이 불가능합니다. 1장을 제외한 모든 장이 바로 앞의 장과 유기적인 연관성을 갖습니다. 전체적으로 봤을 때 하나의 이야기를 매 장마다 지속적으로 심화시켰기 때문에, 어느 부분만 골라 읽는다면 이해하는 데 다소 어려울 수 있습니다. 편식을 하는 사람이 그렇지 않은 사람보다 덜 건강한 것처럼, 읽고 싶은 부분만 골라 읽는다면 여러분의 감각을 온전히 살리기 어려울 것입니다.

또 한 가지 더 말씀드리자면, 제가 알베르트 수스만의 글을 처음 접했을 때 그 내용에 감탄하며 너무나도 즐겁게 한번에 읽어내려 갔었습니다. 그 재미를 다시 느끼고 싶어 반복해서 읽는 중에 처음에 읽을 때는 찾아오지 않던 이해하기 어려운 부분이 드러나 큰 혼란을 겪었습니다. 처음에는 다 이해했다고 느꼈지만 읽을수록 아리송했죠. 그런 혼란은 보편적인 주제가 아닐 때 찾아옵니다. 읽고 또 읽으면서 메시지의 참 의미에 더 가까이 다가가려 노력하는 과정에서 일어나는 현상입니다. 더욱 잘 이해하고자 하는 생각들이 많아지면서 찾아오는 혼란입니다. 어쩌면 이 책도 여러분들이 반복해서 읽는 과정에서 제가 겪었던 혼란을 겪을 수도 있습니다. 그러니 혹시라도 자신의 이해력을 의심하는 일은 없기를 바랍니다. 참 의미를 되새기기 위한 과정에서 생기는 혼란스러움은 여러 번 반복함으로써 사라집니다.

근시안적인 해결 방법이나 각종 육아 및 교육 팁들에 시달리며 괴로워하기보다는, 자신의 감각을 살려 스스로가 건강한 판단을 내릴 수 있는 계기를 만들어 보시기를 바랍니다!

나는 행복한가

여러분이 부모일 경우 자녀에게 다음과 같은 말을 하셨거나 또는 여러분의 성장기에 부모로부터 들어본 적이 있습니까? "너는 내가 이만큼 해줬는데(학교도 보내주고 뭐도 해주고…) 도대체 왜 이렇게 살고 있니!" 이 말은 경제력, 즉 돈을 행복의 척도로 여기는 사람이 하는 말입니다. 그런데 자녀가 미워서 나오는 말이 아니고 '걱정하는 마음'으로 하는 말이랍니다. 나보다 나은 삶을 살기를 바라는 마음으로 하는 말이랍니다. 누군가를 걱정해주는 말은 사람에게 상처를 주지 않고 위로가 됩니다. 그런데 저 말은 어떤가요? 가슴에 비수를 꽂습니다.

사실 '이렇게 살고 있는' 사람은 행복합니다. 그런데 왜 저런 말로 비수를 꽂을까요? 그건 결코 걱정이 아닙니다. 돈의 노예가 하는 말일 뿐입니다. 노예는 불행합니다. 시키는 일만 수동적으로 하는, 그래서 능동적으로 자기를 표현할 기회도 없고 그 방법을 모릅니다. 그렇기 때문에 자신의 말이 상대에게 어떤 자극을 주는지 전혀 알지 못합니다.

다음의 질문에 대해 함께 생각해 보겠습니다.

"행복이란 무엇인가?"

"나는 행복한가?"

행복의 기준은 저마다 다릅니다. 현재 행복을 느끼는 사람은 물론이거니와 만약 "나는 행복한가?"라고 묻는 두 번째 질문에 대해 "나는 행복하지 않다"라고 답하는 사람 역시, 행복이란 '내가 원하는 것, 바라는 것을 할 수 있는 것'이라는 공통된 대답을 할 것입니다.

내가 바라는 것이 대체 무엇인가요? 고생하지 않는 것? 고통 없는 삶? 그러기 위해 많은 돈을 가지는 것? 명예를 얻는 것? 건강? 사랑? 꿈? 참으로 다양합니다. 그 무엇이 되었든 현재가 행복하지 않은 사람의 경우 바라는 것이 실현되면 행복해질 것이라고 상상합니다. 그렇다면 여기서 '내가 원하는 것'에 집중을 해보세요. 그것이 정말 '내가' 원하는 것인지, 아니면 다른 누군가의 삶을 동경하거나 막연하게 모방하려는 것은 아닌지 말입니다. 어떻게 보일까 전전긍긍하며 다른 사람에게 보여주기 위한 것은 아닌지 말입니다.

인간은 남의 눈치를 보지 않아도 될 때 자유와 편안함을 느끼며, 그렇게 자유로운 상황에서 아무도 참견하지 않는 상황에서 상태로 내가 원하는 것을 하거나 이루었을 때 행복을 느낍니다. 물론 내가 원하는 것을 이루는 과정에서 도움을 받을 수도 있습니다. 여기서 도움을 참견과 혼동해서는 안 됩니다. 엄연히 다른 문제입니다. 나무 위를 오르는 아이에게 "넌 잘 올라갈 수 있을 거야!"라고 격려하며, 속마음도 '조금 위험해 보이긴 하지만 우리 애는 스스로 조심성 있게 잘 조절하며 올라갈 수 있을 거야!'라고 믿고 격려하는 것이 도움입니다.

가령, 한국을 떠나 '스스로' 외국에서 공부하기를 원하는 자녀 혹은 잘하던 일을 그만두고 본인이 원하는 일을 '스스로의 힘으로' 시작해 보겠다고 하는 자녀가 있다고 합시다. 그런 자녀를 믿고 격려하는 것은 도움이 맞습니다. 하지만 그 아이에게 "야! 그러다 떨어지면 큰일 난다! 얼른 내려와!"라고 말하는 것은 참견입니다. 설령 그 아이가 정말로 나무에서 떨어졌다고 가정합시다. 떨어진 아이에게 "내가 너 그럴 줄 알았다!"라고 말한다면 그 역시도 참견입니다. 참견 중에서도 최악의 참견입니다. 가장 가까운 가족이라는 울타리 안에서 그런 참견은 정말로 최악입니다. 하지만 "많이 다치지 않아서 다행이구나! 그래도 네가 아파하니 엄마(아빠)는 많이 속상하다. 그렇지만 너의 도전 정신에 박수를 보내고 싶구나. 다음부터는 올라가고 싶으면 조금 조심하면 되겠다!"라고 말하는 것이 도움입니다.

또 다른 예를 들어보겠습니다. 비싼 그릇을 자녀가 실수로 깨뜨렸을 때 "이런 등신! 그걸 깨뜨리면 어떡해!"라고 말한 것과 "놀라지 않았니? 다친 데는 없니?" 둘 중 어떤 대답이 먼저 튀어나오느냐의 차이입니다. 나무를 타고 그 위로 오르는 아이, 어찌 보면 위험해 보이지만 '자기가 원해서' 올라갔는데 결국 오르는 데 성공하면 그 성취감이 얼마나 클까요? 그리고 떨어졌을 때도 큰 교훈 한 가지를 스스로 배웁니다. 나무 위에 함부로 올라가면 안 된다는 사실을 말이죠. 외국으로 나가서 공부하는 것이 아무나 할 수 있는 것이 아니라는 사실을 알게 되는 것, 하던 일을 그만둬서는 안 된다는 사실을 알게 되는 것 말이죠. 그것은 바로 조심성으로 연결됩니다.

조심성을 스스로 배운 사람은 소위 '주제 파악'이라고 말하는 인식, 즉 자기 상태를 인식하게 됩니다. 함부로 나무 위로 올라갈 생각을 하지 않거나, 다시 나무 위를 올라가고 싶을 때는 더 많은 준비를 하여 결국 성공해 냅니다. 스스로 원해서 이룬 것은 바로 그런 것입니다. 그때 자유와 행복을 맛볼 수 있습니다. 누가 시켜서 한 것이 아니라 내가 원하는 것을 내가 했을 때 말입니다. 여기서 또 다시 질문을 해보겠습니다.

"나는 나무 위를 오르고 싶은 마음이 없는데, 그리고 그것이 싫은데 내 부모가 엄격하게 올라가라고 부추기는데 나는 어떻게 할 것인가?"

"내가 나무 위를 오르고 싶은지, 아닌지도 모르는데 내 주변 사람들 중 다수가 나무 위로 올라간다면 나는 어떻게 할 것인가?"(이 경우 나무 위를 오르지 않는 것이 집단생활에서 다수의 타인에게 피해를 주는 상황이라면 당연히 올라가야 합니다. 하지만 올라가지 않는 것이 전혀 피해를 주는 상황이 아니라고 가정한다면 말이죠.)

만약 이 두 가지 질문에 "내가 원하는 것이 아니니 올라가지 않는다"라고 대답하는 사람은 리더입니다. CEO나 대통령을 뜻하는 것이 아니라, 자기 삶의 리더라는 뜻입니다. 내 삶을 내가 책임지는 것입니다. 내 삶을 남에게 맡긴 사람과 내 삶을 내가 책임지는 사람 중 누가 더 행복감을 느낄 수 있을까요? 내 삶을 남에게 맡기면 편안할까요? 먹여주고

입혀주고 재워주고 시켜주고 제시해주니 편안할까요? 시키는 대로 하면 되고 뭐든 따라하면 되니 편안할까요?

내가 원한다고 생각하는 것이 정말 내가 간절히 원하는 것일까?

내 삶을 내가 아닌 다른 누군가에게 맡긴 사람은 내 삶을 좌지우지하는 사람 또는 집단으로부터 공격당하지 않기 위해, 버림받지 않기 위해(따돌림 당하지 않기 위해), 잘 보이기 위해 전전긍긍하며 살아야 합니다. 종속관계에 놓이면 그렇게 됩니다.

종속관계에서는 육체적 편안함과 정신적 행복감이 공존할 수 없습니다. 정신적으로는 행복하지 않은데 육체적으로 편안한 것이 가능할까요? 정신적인 피로는 수면장애, 섭식장애, 소화불량, 몸살, 질병 등의 육체적인 피로 증세로 이어집니다. 만약 '나는 지금 행복하지 않다'고 느끼는 사람은 육체적인 편안함과 정신적인 행복감을 동시에 갈구하고 있다는 사실을 알아차려야 합니다. 그리고 종속관계에 놓여 있다는 사실도 함께 알아차려야 합니다! 어느 집단에 자신의 삶을 맡겨 놓았나요? 누구에게 자신의 삶을 맡겨 놓고 사나요?

자유와 행복을 얻는 길은 부유하게 사는 것이 아니라 독립하는 것입니다. 돈이 많으면 독립이 가능할까요? 부모로부터 경제적 독립은 가능할지도 모르겠으나, 그 돈을 어떻게 소비하느냐에 따라 그 사람이 진정으로 독립을 했는지 여전히 종속관계인지 알 수 있습니다.

만약 돈을 소비하는 목적이 위에서 이야기한 대로 남들이 하니 따라하는 식으로 생각 없이 모방하거나 보여주기 위한 것이라면, 그 사람은 돈만 많을 뿐 종속관계에 놓인 사람입니다. 아직 자유와 행복은 얻지 못한 사람입니다. 독립을 한다는 것은 스스로가 스스로를 책임지는 것입니다. 내가 원하는 것을 분명히 알고 그것을 실천하는 것입니다. 내가 원하는 것이 무엇인지 알고 그것을 실천하기 위해서 나는 나의 형편과 상태를 잘 알아야 합니다. 다음과 같은 상황을 예로 들어보겠습니다.

나의 형편과 상태 : 나는 놀고먹는 것을 좋아한다. 혹은 일하는 것(경제활동)을 별로 좋아하지 않는다. 일을 하면 머리가 아프고 몸에 두드러기가 날 것만 같다. 그래서 실제로 수입은 거의 없고 부모님 밑에서 살고 있다.

내가 원하는 것 : 세계 일주를 하고 싶다.

내 형편과 상태와 내 소망 사이의 간극이 얼마나 큰지 보고 계십니까? 이렇게 간극이 크다면 자신에게 반드시 물어야 할 질문이 있습니다. 그것은 "세계일주를 진짜 내가 원하는가?", "남들이 가니 나도 가보고 싶은 것인가?"입니다. 이때 답이 '진짜 내가 원하는 것'으로 나온 사람이라면, 나의 형편과 상태를 바꾸기 시작합니다.

해외여행 준비를 하기 위해 부지런히 움직이며 경제활동을 시작하겠죠. 아니면 돈이 없어도 여행할 수 있는 방안을 부지런히 움직여서 모색하거나 혹은 가진 것을 덜 소비하며 아끼고 살겠죠. 만약 내 형편과 상태와 내 소망 사이의 간극이 큰데, 그 간격을 좁힐 노력을 하지 않는다면 그 사람은 불행할 것입니다. 그리고 세계일주가 결국 '내가 원하는 것이 아니라 남이 하는 것을 동경해서 모방하고 싶었음'을 알게됩니다.

내가 원하는 것을 실현시키기 위해서는 내 상태와 형편을 아는 것이 매우 중요합니다. 비슷한 예를 하나 더 들어볼까요? 내 소망은 피아니스트가 되고 싶은 것인데, 내 상태는 연습을 성실히 하지 않습니다. 정말 피아니스트가 되고 싶은 사람은 나의 상태를 알아차리고 성실하게 연습을 시작합니다. 그러나 계속해서 연습을 하지 않는 사람의 경우 알고 보면 피아니스트는 자신의 진짜 꿈이 아닌 것입니다. 그저 그 화려해 보이는 겉모습이 보기 좋아서, 혹은 공부가 하기 싫은데 피아노를 치면 공부를 하지 않아도 될 것 같아서라는 어리석은 다른 숨은 이유들이 있습니다. 이것은 자신이 원하는 것이 아닙니다.

이 세상의 모든 것과 건강한 관계를 맺게 하는 12감각

감각이 살아 있다면 내가 무엇을 원하는지, 이 세상은 어떻게 돌아가는지 온몸으로 느낄 수 있습니다. 하지만 감각이 잠들어 마취 상태에 있는 사람들은 자신이 무엇을 원하는지 모르는 것이 당연하며, 이 세상이 어떻게 돌아가는지 느끼지 못합니다.

들판에 핀 꽃이 얼마나 아름다운지, 하늘은 얼마나 높고 파란지, 바람이 얼마나 시원한지, 특정 가요의 가사가 얼마나 조야한지, 대형 참사나 범죄가 얼마나 끔찍하고 슬픈지, 자본주의의 상술이 한국의 전통을 얼마나 심하게 훼손시키고 있는지 말입니다. 이런 것을 느끼고 그래서 좋지 못한 것은 바꾸고 개선하려면 느끼는 주체가 건강해야 합니다. 그 주체란 바로 당신입니다.

당신과 당신의 감각이 살아 있어야 합니다. 당신은 로봇이 아니라 느낄 수 있는 감각을 가진 존재라는 사실을 알아야 합니다. 그 감각을 통해 이 세상과 만나고 관계를 맺습니다. 무딘 감각으로는 그 어떤 것과도 만족스러운 관계를 맺기 어렵습니다. 세상의 아름다움을 알지 못하고, 옆 사람의 호의에 감동받을 줄 모릅니다. 이렇게 하면 상대의 기분이 상할 수도 있고, 저렇게 하면 상대가 편안함을 느낄 수 있을 것이라는 사실도 모릅니다. 범죄의 끔찍함도 알지 못합니다. 인터넷상의 악성 댓글은 어떤가요? 그것의 잔인함을 느낄 줄 모르는, 감각이 마비된 사람들이 하는 행위입니다. 또한 뭐든지 옆 사람이 하는 만큼 나도 해야 합니다.

그렇게 감각이 잠든 어른들이 아이들을 교육하고 양육하는 것은 계속해서 무감각한 사람들을 길러내는 위험한 행위입니다. 유년기를 보내는 아이들의 감각이 잘 발달하려면 무엇을 어떻게 도와야 할까요? 바로 그들을 양육하고 교육하는, 그리고 도처에서 본보기가 될 수 있

· **19** ·
12감각을 이해하기 전에

는 모든 어른들의 감각이 외부의 다양한 자극에 섬세하게 반응할 수 있도록 잘 깨어 있어야 합니다. 그래서 저는 이 책에서 어른들이 먼저 자신의 감각을 깨울 수 있도록 도울 것입니다.

　모든 인간은 사용 가능한 감각기관들을 가지고 있습니다. 하지만 그 기관들이 어떤 이유로 인해 손상되었거나, 손상되지 않았어도 사용하는 방법을 모르는 경우가 있습니다. 전자는 선천적 또는 후천적인 장애나 사고·재해 등으로 인해 감각이 손상된 경우입니다. 후자는 자기가 가진 것이 무엇인지 모르는, 즉 자신에 대해 알지 못하는 경우입니다. 저는 후자의 경우를 조금 더 집중적으로 바라보려고 합니다. 그것만 집중해도 우리는 장애를 이해할 수 있는 안목을 가지게 될 것입니다. 우리는 우리 자신에 대해 얼마나 알고 있을까요? 나를 알기까지 걸리는 시간은 아마도 태어나서 죽을 때까지가 아닐까 싶습니다. 하지만 나를 알아가기 위해 노력하며 사는 사람과 나를 알아가려는 노력 없는 사람 사이에는 매우 큰 차이가 있을 것입니다.

　이 차이는 '감각 있는 사람'과 '감각 없는 사람' 사이의 차이입니다. 우리는 흔히 '감각(센스) 있는 사람' 또는 '감각 없는 사람'이라는 표현을 하는데, 어떤 경우에 이런 말을 할까요? 아무렇지 않게 쉽게 내뱉는 말이지만 이 표현은 큰 의미를 가지고 있습니다. 다른 사람들과 매끄러운 관계를 맺을 수 있는 사람에게 감각이 있다고 표현합니다. 모든 사람들에게 해당되지만, 특히 서비스직에 종사하는 사람들은 서비스를 받는 사람들(고객)로부터 이런 말을 많이 들을 수 있습니다.

"이야~ 참 센스 있네요!"

우리는 언제 이런 말을 할까요? 누군가 나에게 예상치 못한 작은 호의를 베풀어 기분이 좋아졌을 때 그렇죠. 그것이 정말 별거 아닌 작은 물건이거나, 단지 웃음을 유발하는 유머 한마디거나 말이죠. 예를 들어 식당에서 식사를 마치고 계산하면서 그냥 "저 여기 단골이에요"라고 말하니 식당 주인이 "그래요? 그럼 특별히 50원 깎아 드릴게요!"라고 대답합니다. 50원을 덜 받겠다는 말은 장난입니다. 하지만 돈을 내는 사람은 그 유머에 기분이 좋아져 "사장님! 센스 만점이시네요~!"라고 이야기합니다.

손님이 식당 주인에게 단골이라는 이야기를 굳이 한 이유는 음식값을 깎기 위해서가 아니라, 그만큼 그 식당에 대한 애정이 있다는 뜻을 표현한 것입니다. 그런 손님의 마음을 '간파'한 식당 주인은 감사하다는 표현을 재치있게 한 것입니다. 관계를 매끄럽게 만드는 기술은 센스, 그러니까 감각이 살아 있는 정도와 비례합니다. 여기서 여러분은 다음과 같은 의문 하나를 갖게 될 것입니다. 감각은 촉각, 후각, 미각, 시각, 청각 등을 일컫는 말인데 이것이 대체 타인과 관계 맺는데 무슨 상관이 있다는 것일까? 사람의 마음을 헤아려서 그에 적절히 반응하려면 혹은 상황을 잘 느끼고 상황마다 적절히 반응하려면 모든 감각이 열려 있어야 합니다.

감각은 육체, 영혼, 그리고 정신과 연관이 있다

이 이야기를 이해하는 데는 적지 않은 시간이 필요할 테지만 장담하건데(!) 이것을 이해하기 위한 시간이 흐르는 동안 여러분은 자기 자신과 한층 더 가까워질 것입니다. 더 나아가 내 옆에 있는 사람들을 이해하고 더 소중히 여기게 될 것입니다. 우리는 학창시절에 다섯 가지 감각을 배워 알고 있습니다. 그것은 아리스토텔레스에 의해 공식화된 오감입니다(《동양과 서양 그리고 미학》 발췌). 촉각, 후각, 미각, 시각, 청각이 그것입니다. 이렇게 익히 알고 있는 다섯 가지 감각에 이어서 현대생리학에서는 네 가지의 감각, 즉 열감각, 생명감각, 균형감각, 고유운동감각의 존재와 기능을 입증했습니다. 하지만 아직 연구 중에 있는 감각이 더 있습니다. 루돌프 슈타이너는 더불어 살아가는 데 필요한 사회성과 연관된 세 가지 감각에 대해 추가적으로 이야기합니다. 그것이 바로 언어감각, 사고감각, 자아감각입니다. 다른 감각들에 비해 이 세 감각은 타인과 의사소통할 때 더 필요한 것이기에 사회성과 연결됩니다.

이렇게 인간은 총 12가지 감각을 가지고 있습니다. 감각의 이름만으로는 그 기능에 대해 알기 어려우며, 슈타이너의 감각론 또한 굉장히 어렵다고 호소하는 분들이 많습니다. 여기서는 감각을 너무 딱딱하지 않게 바라보려고 합니다. 그렇다고 해서 가볍게 여긴다는 뜻은 아닙니다. 다만 이해를 돕기 위해 일상 속에서 접할 수 있는 재미있는 예들을 사용하겠다는 뜻입니다.

잠깐! 감각을 만나기 전에 이것을 꼭 염두에 두세요. 12개의 감각 중에는 육체와 연관된 감각이 있고 영혼, 정신과 연관된 감각도 있습니다. 아직 12감각에 대해 잘 모르는 분들이라면 '영혼이나 정신과 연관된 감각'이라는 말이 무척 생소할 것입니다. 우선 각 감각들의 특징 중 육체와 연관된 것들에 대해 이야기할 것입니다. 그것에 대해 이야기하는 동안 우리는 자연스럽게 감각이 우리의 영혼(감정)과 정신을 어떻게 움직이는지 알게 될 것입니다.

앞으로 여러분이 만나게 될 감각들을 목차대로 보신다면(그 감각들을 다 알지 못하더라도) 촉각부터 시작해서 청각까지는 우리의 육체에 자리하고 있는 감각들입니다. 하지만 육체에 자리한 이 감각들은 단지 육체적인 기능만 가지는 것은 아닙니다. 육체적인 것은 정신적인 기능도 함께 가지고 있다는 뜻입니다. 예를 들어 '넘어져도 일어서고 넘어지면 또 일어선다'는 말은 이제 막 돌이 지난 아이들이 말 그대로를 몸으로 행합니다. 성인이 된 우리들은 걷다가 바닥에 넘어질 일이 거의 없지만 '넘어져도 일어서고 넘어지면 또 일어서기'를 정신적으로 행합니다. 언제 그럴까요? 원하는 일이 있는데 쉽게 이루어지지 않을 때 그것이 이루어질 때까지 계속 반복합니다. 마치 어린 아이가 일어설 듯 일어설 듯 바닥에 계속 주저앉으면서도 그것을 포기하지 않는 것처럼 말입니다. 만약 아이가 그것을 포기한다면 그 아이는 영원히 걷지 못할 수 있습니다.

마찬가지로 우리가 원하는 것을 이루기 위한 노력을 그만둔다면 우리는 원하는 것을 영원히 얻지 못할 수 있습니다. 12감각과 만나려면 바로 이러한 시각이 필요합니다. 말하자면 육체적인 기능이 가지고 있는 철학적이고도 정신적인 의미를 알아차리는 것입니다. 음식을 너무 많이 먹으면 체한다는 것, 이는 욕심을 부리면 탈이 난다는 철학적인 뜻도 가지고 있죠. 음식이 되었든, 재물이 되었든, 아니면 명예가 되었든 말입니다. 이런 철학적인 시각을 유지하며 12감각과 만난다면 앞으로 나올 이야기들이 전혀 낯설지 않을 것입니다.

　　이 책을 통해 전혀 모르고 있던 새로운 사실들보다는 이미 알고 있지만 잠시 잊고 있던 것들을 새롭게 꺼내보는 경우가 더 많을 것입니다. 그럼 촉각부터 만나보겠습니다.

12감각

- **촉각:** 나와 접촉하는 이 세상의 모든 것을 느끼고 동시에 그것과 접촉하는 나를 느낀다

- **생명감각:** 살아 숨쉬는 생명체로서 느끼는 행복과 고통

- **고유운동감각:** 나를 움직이게 하는 힘

- **균형감각:** 중심 잡기

- **후각:** 냄새와 향기 그리고 환기

- **미각:** 후각 없이는 맛볼 수 없는 세계

- **시각:** 무엇을 어떻게 볼 것인가

- **열감각:** 살아 있는 인간의 온기가 전달되는 따뜻한 세상

- **청각:** 귀가 있다고 다 들을 수 있는 것은 아니다

- **언어감각:** 인간의 특권1 – 다양한 소리들 가운데 무엇이 언어인지 구분해서 듣는 능력

- **사고감각:** 인간의 특권2 – 언어 혹은 비언어적 소통수단 속에 담긴 참 의미를 듣는 능력

- **자아감각:** 인간의 특권3 – 나 그리고 타인을 인지하고 느끼는 능력

촉각은
관계 속에서
선을 긋고
그것을 지키게 합니다

1장
촉각

촉각의
독자적인 기능

만일 여러분에게 다음과 같은 질문을 던진다면 누가 떠오르십니까?

"나는 ○○를 만나면 계속 만나고 싶을 정도로 좋다."

"나는 ○○를 만나면 다시 만나고 싶지 않을 정도로 싫고 불쾌하다."

그 '누구'를 떠올리셨나요? 그 '누구'에 대해 이야기해 보려 합니다. 두 번째 질문에 답을 해보도록 할까요? 만나기 싫을 정도로 불쾌하게 만드는 사람을 먼저 떠올려 보세요.

그는 자꾸만 나의 기분을 망칩니다. 그 사람만 보면 다시 보기 싫을 정도로 짜증이 납니다.

→ 그 사람은 자기만 생각하는 이기적인 사람입니다. 그 사람 눈에 다른 사람들은 안 보이나 봅니다.

→ 그는 다 함께 쓰는 물건을 독차지하고는 전혀 미안해 하지 않습니

다. 오히려 당당합니다. 뻔뻔한 것이죠.

　→ 그 물건은 다 같이 쓰는 것이니 집으로 가져가지 말고 사용한 뒤에는 제자리에 돌려놓으라고 하면 "네가 뭔데 이래라 저래라 명령을 하냐"며 화를 냅니다.

　→ 이렇게 그는 그 누구와도 대화가 통하지 않죠. '말을 말자'라는 생각을 하게 만듭니다.

　→ 그리고 결국 그 사람 주변에는 사람들이 가까이 가지 않으려고 합니다.

　잘 보셨나요? 기분을 망친다는 추상적인 문장으로 시작해서 저는 그 사람이 어떻게 우리의 기분을 망치는지 구체적으로 이야기했습니다. 내 기분을 망치는 사람은 이기적이거나, 불결하거나, 질서를 지키지 않거나, 욕을 입에 달고 살거나, 거짓말(속이거나 훔치는 행위)을 잘하는 사람일 수도 있습니다. 이것을 기억하면서 계속 읽어내려 가시기 바랍니다.

　12감각 중 가장 먼저 이야기할 감각은 촉각입니다. 촉각은 후각, 미각, 시각, 청각 등과 함께 우리에게 익숙한 오감 중 하나입니다. 촉각은 머리끝부터 발끝까지 피부 표면 전체에 자리하고 있습니다. 우리가 무언가를 만졌을 때 부드럽다 혹은 거칠다고 이야기할 수 있는 이유는 촉각이 있기 때문입니다. 물론 '차갑다, 따뜻하다' 혹은 '(통점을 통해) 아프다'는 것도 느끼지만, 이것은 촉각이 다른 감각들의 도움을 통해(다른 감각들과 함께 작용하여) 느끼는 것입니다. 참고로 차갑고 따뜻한 것은 열감각과 관련이 있으며, 아프다는 것은 생명감각과 관련이 있습니다.

이 장에서는 온전히 촉각의 독자적인 기능, 온도나 통증과 관련이 없는 부드럽고 거친 것을 구분하는 느낌, 얼마나 부드럽고 거친지 그 정도를 느끼는 것에 대해 먼저 살펴보겠습니다. 손으로 무언가를 만졌을 때 부드럽다고 느끼는 것이 있는가 하면, 거칠다고 느끼는 것도 있습니다. 사람에 따라서 어떤 사람은 '이 정도면' 부드럽다고 느끼는 것을, 또 다른 어떤 사람은 조금 거칠다고 느낍니다. 개인적인 느낌은 예민한 정도에 따라 어느 정도 차이가 있을 수 있습니다. 하지만 사람들이 보편적으로 느끼는 거칠고 부드러운 느낌들이 있습니다. 예를 들면 이불솜의 경우 매우 부드러운 느낌을 주는가 하면, 사포는 매우 거친 느낌을 줍니다. 보편성이라는 것은 어디에나 누구에게나 해당되는 성질을 뜻하고, 그래서 당연하다는 의미도 가집니다.

부모의 자식에 대한 사랑을 보편적인 사랑이라고 표현하는 것을 보면 그렇습니다. 부모의 자식 사랑은 당연하다는 뜻이죠. 사포를 거칠게 느끼는 것과 이불솜을 부드럽게 느끼는 것은 보편적인, 그러니까 누구나 그렇게 느끼는 당연한 것입니다. 그런 사물이 주는 느낌을 아는 것은 굉장히 중요합니다.

만약 사포와 이불솜을 만지면서 그 느낌을 구분하지 못한다면 어떤 일이 벌어질까요? 거친 사포에 피부가 계속 닿고 있는데 모른다면 어떤 일이 벌어질까요? 우리는 부드러운 느낌을 주는 것은 계속 만지고 싶어하고, 거친 느낌을 주는 것은 일부러 계속해서 만지지 않습니다.

오히려 피하죠. 그것은 내 피부를, 즉 나를 보호하기 위해서입니다. 그렇기 때문에 특히 성장기에 무엇이 거칠고 무엇이 부드러운지, 이런 보편적인 느낌들을 배우기 위한, 그리고 그것을 구분할 수 있는 힘을 기르기 위한 다양한 신체적 접촉이 필요합니다.

이것은 아주 단순하게, 그리고 본능적으로 시작할 수 있습니다. 가령 엄마와 아이의 자연스러운 스킨십 또는 산책길에 보이는 돌이나 나무, 강아지풀 등을 직접 만지는 것입니다. 촉각은 원래 예민하게 타고날 수도 있지만, 성장하면서 일상생활 속에서 얼마든지 발달시킬 수 있습니다. 그리고 발달시켜야 하는 감각입니다. 물론 이 이야기는 모든 감각에 해당됩니다.

내가 무엇을 만지는 것은
무언가가 나를 만지는 것

거친 느낌을 주는 것을 일부러 만지지 않는 것이 나를 보호하기 위한 것이라고 이야기했습니다. 나를 보호하는 것은 조심성을 의미합니다. 나를 보호하지 못하는 것은 타인을 보호하지 못하는 것과도 같습니다. 그 이유는 이렇습니다. 내가 무언가를 만질 때 단순히 내가 무언가를 두고 부드럽다거나 거칠다는 느낌만 인지하는 것이 아닙니다. 그것을 만지는 순간 동시에 내 피부의 표면도 그것에 의해 만져지는 것입니다. '내가 무엇을 만지는 것'을 달리 말하면 '무언가가 나를 만지는 것(내게 와닿는 것)'입니다.

　엄마가 손으로 아이의 머리를 쓰다듬으면 아이만 엄마의 손길을 느끼는 것이 아니라, 엄마도 아이의 머리에 닿은 자신의 손바닥을 느낄 수 있습니다. 내가 누군가를 때리면 맞는 사람은 당연히 아프지만, 나 역시 때린 그 부위(손바닥이나 주먹)가 아픕니다. 그래서 타인을 보호하

"아이들이 언젠가 이루게 될 정신적 측면의 자기 인지에 앞서,
성장기에는 신체를 인지하게 하는 것이 우선입니다.
스킨십을 통해서 말입니다."

는 것이 곧 나를 보호하는 것입니다. 어린 아이들 중에는 누군가에게 안길 때 아플 정도로 거칠게(세게) 와락 하고 안기는 아이가 있습니다. 안아주는 사람이 견딜 수 없이 아플 정도로 말이지요. 또 누군가를 부를 때 상대의 팔을 살짝 두드리거나 살짝 잡아끄는 것이 아니라, 거칠게 주먹으로 두드리거나 거칠게 잡아 끌어당기는 아이가 있습니다. 친구들이 아파하는데도 그 아이에게는 그것이 친구들과 관계 맺는 방법입니다.

이런 아이들은 폭력적인 아이들이 아니라 더 많은 신체적 접촉이 필요한 아이들입니다. 부드럽고 거친 것을 섬세하게 느낄 수 있는 촉각이 깨어나도록 말이지요. 이런 것이 좋고 부드러운 느낌이고 저런 것이 불쾌하고 거친 느낌이라는 것을, 더 많은 접촉을 통해 스스로 느끼고 배우게 합니다. 일차적으로는 자기 보호 차원에서 거친 느낌을 주는 것을 피하고, 나아가 타인도 보호하는 조심성을 키우는 이유는 '함께 더불어 살기 위해서'입니다.

그런데 보편적으로 좋은 느낌의 스킨십을 싫어하는 아이가 있습니다. 그것이 낯설어서 피하는 경우가 많습니다. 보편적으로 불쾌한 느낌을 주는 것이 아닌데도 불쾌해 하는 경우 그 정도가 심할 때 예민하다고 표현합니다. 지나친 예민함도 함께 더불어 사는 세상에서 무례할 수 있습니다. 그것에 대해서는 생명감각에 대한 장에서 더 자세히 이야기 하겠습니다. 예민한 아이의 경우 처음부터 많은 접촉을 할 것이 아니라 접촉 횟수를 늘려가는 방법이 좋습니다. 하나씩 단순한 동작부

터 잠깐씩 시도한다면 스킨십을 자연스럽게 받아들일 수 있습니다. 처음부터 와락 끌어안는 것이 아니라, 가볍게 손등을 잠깐 쓰다듬는 식으로 말이죠.

아이와 지내는 하루 중 반복해서 하는 행위가 있을 것입니다. 그 행위를 하는 순간마다, 예를 들면 아이가 유치원 또는 학교에서 돌아오면 혹은 잠들기 전 한 번씩 쓰다듬는 방식으로 시작합니다. 아이가 받아들일 때마다 스킨십을 나누는 시간과 그 정도를 늘려 나갑니다. 이것이 좋은 느낌이라는 것, 나쁘지 않은 느낌이라는 것에 익숙해질 때까지 말입니다. 익숙해지고 적응하는 데 걸리는 시간은 사람마다 다르며, 끈기가 필요합니다. 제가 치료를 통해 아는 한 아이는 저의 손길을 받아들이기까지 1년이 걸렸습니다. 노래에 맞춰 신체 일부를 살짝 만지는 단순한 스킨십 놀이를 통해 적응을 시도하였고, 1년에 걸친 적응 후에는 너무나 당연하다는 듯 저와 스킨십이 가능해졌습니다. 1년이라는 시간은 길지도 짧지도 않은 기간입니다. 왜냐하면 아이마다 적응의 시간은 더 길어질 수도, 훨씬 더 짧아질 수도 있기 때문입니다.

앞에서 조심성 이야기를 하면서 자기보호라는 표현을 했습니다. 나를 보호하고 타인을 보호하는 것은 더 큰 의미에서 보면 배려입니다. 어디까지가 보편적으로 허용 가능한 부드러운 느낌을 주는 행위이고, 또 어디까지가 보편적으로 허용할 수 없는 거친 느낌을 주는 행위인지를 느끼고 아는 것, 그 선을 아는 것은 배려하는 인간의 당연한 도리이기도 합니다.

어린 아이들의 경우 촉각의 문제가 육체적인 선(경계)을 알지 못하는 거친 행동(세게 안기거나 때리는 것 같은 행동)으로 드러나지만, 성인이 되어서는 그런 거친 것들이 다른 행동이나 언어를 통해 드러납니다. 그리고 그것은 무례함으로 이어집니다. 이 장을 시작할 때 이야기한 '나의 기분을 망치는 사람'처럼 말이죠.

사람들과의 스킨십 혹은 직접 무언가가 나의 온몸에 자리한 피부와 맞닿을 수 있게 이것저것 직접 만져보고 뒹굴어보는 육체적 체험은 육체적인 선(경계)을 배우는 가장 좋은 방법입니다. 그것을 잘 배워두는 것이 결국 조심성, 배려를 키우는 씨앗이 됩니다. 그래서 어른이 되어서도 부드러운 것과 거친 것을 구분할 줄 아는 기초가 됩니다. 그것을 구분할 수 있는 사람이 양육자와 교육자의 자리에 서야 합니다. 부드럽고 거친 정도를 더 섬세하게 세분화시켜 구분할 정도로 완벽하자는 것이 아닙니다. 누구에게나 해당하는 보편적인 것을 구분하는 일은 너무나 당연한 일입니다.

나를 알게 하는
촉각

종종 우리는 다음과 같은 사람들을 봅니다. 치마 입고 다리를 벌리고 앉은 여자, 길거리에서 큰소리로 말하는 사람, 차창 밖으로 담배꽁초를 버리는 아저씨 등. 이들의 공통점은 타인의 시선을 의식하지 못한다는 것입니다. 이것은 남의 눈치를 전혀 보지 않는 소신 있고 당당한 사람이라는 뜻이 아니라는 것을 아실 것입니다. 타인을 의식하지 못한다는 것은 잘 느끼지 못한다는 뜻입니다. 이것이 무슨 뜻인지, 그리고 왜 이것이 촉각과 연관이 있는지 더 들여다보겠습니다.

촉각은 앞에서 이야기한 것처럼 경계를 알게 해주는 감각입니다. '어디까지' 혹은 '얼마만큼' 허용이 가능한 느낌인지, 즉 감당하기 힘든 거친 느낌인지 부드러운 느낌인지를 구분할 수 있는 감각입니다. 길거리나 공공장소에서 어떤 사람이 큰 목소리로 이야기한다고 가정합시다. 그것을 들은 내가 불쾌하게 느낀다면 그것을 통해 한 가지 배우는 것입니다. 공공장소에서 목소리가 큰 것은 타인을 불쾌하게 만들 수 있다는 것을 말이죠. 혼자 사는 세상이 아닌 함께 사는 세상에서 타인의 행동 혹은 나에 대한 타인의 행동을 보고 부드러운지 거친지, 그것을 느낄 수 있다면 우리는 더욱 조심하게 됩니다. 이것이 촉각이 지닌 놀라운 기능입니다. 촉각은 단순히 피부로 느껴지는 것만을 인지하는 감각이 아닙니다.

알베르트 수스만이 이야기하듯 우리는 평소에 신체 모든 부위를 의식하고 살지 않습니다. 예를 들어 의자에 앉아 책상 앞에서 이 글을 쓰고 있는 저는 의자와 맞닿은 저의 하체와 등, 키보드를 누르는 저의 손가락 끝, 그리고 키보드에 대고 있는 손목으로 이어지는 손바닥 부분은 확실하게 느낍니다. 맨발이기는 하지만 방바닥과 맞닿은 발바닥도, 팔꿈치까지 걷어 올린 셔츠를 입고 있어 팔꿈치와 팔 윗부분, 머리카락과 맞닿은 저의 양볼과 귀, 이마도 느껴집니다. 제가 일부러 씰룩이지 않는 한 저는 저의 턱과 코는 느낄 수 없습니다.

이때 무언가 떠올리기 위해 생각에 잠긴 제가 무의식중에 손을 턱에 갖다 댑니다. 그제야 저는 제 손과 맞닿은 턱을 느낄 수 있습니다. 만약 턱에 아무것도 닿지 않는다면, 발 역시 양말을 신지 않은 채 허공에 들고 있다면 그 무엇도 느낄 수 없습니다. 촉각은 단순히 어떤 물질의 질감만을 느끼게 하는 감각이 아니라, 어떤 물질이 나의 신체와 맞닿음으로써 나의 일부 또는 내 전체를 의식할 수 있도록 돕는 감각입니다. 12감각에서는 이것을 '깨어난다'라고 표현합니다.

무언가가 나의 신체의 일부 혹은 전체와 맞닿아 나에게 어떤 느낌을 주는 것이죠! 손으로 자신의 얼굴을 만져보고 팔과 다리를 쓰다듬어 보세요. '내가 이렇다, 이렇게 생겼다'라는 것을 느낄 수 있습니다. 이 것이 정신적인 측면으로까지 확장되면 '나는 어떤 사람이다'라는 나의 상태까지도 느낄 수 있습니다. 다른 사물을 통해서 혹은 다른 사람을 통해서 또는 어떤 행위 속에서 느낌을 받습니다. 내가 소심한지 대범한지, 나의 태도가 무례한지 예의바른지 등을 말입니다.

촉각은 피부에서 시작하지만 결국 모든 접촉과 관계가 있는 감각입니다. 타인의 행위와 말이 나에게 주는 느낌을 통해 우리는 그것의 부드러움과 거침을 경험하고 배웁니다. 중요한 사실은 타인을 통해 혹은 어떤 상황을 통해 '내가 어떻다'는 것을 아는 순간이 우리가 변화하는 순간이라는 것입니다. 그렇기 때문에 어른들의 눈에는 신체적 성장이 진행 중에 있는 아이가 어리면 어릴수록 여러 면에서 미숙하게 보일 수밖에 없습니다. 어린 아이가 타인의 행위와 말을 다 느끼고 그것을 통해 자기 자신이 어떤지 다 파악하고 행동한다고 생각해 보세요. 어른들을 당황시킬 지나친 노숙함이죠. 또는 몸은 다 큰 성인인데 앞에 예를 든 사람들처럼 타인을 불쾌하게 하는 행동을 한다고 생각해 보세요. 웃을 일만은 아닙니다.

유년기의 아이들이 언젠가 이루게 될 정신적 측면의 자기 인지에 앞서, 성장기에는 신체를 인지하게 하는 것이 우선입니다. 스킨십을 통해서, 즉 신체가 무언가와 맞닿아 신체를 느낄 수 있는 활동 등을 통해서 말입니다. 육체적인 경험이 정신으로 승화되는 것을 떠올려 보세요. 넘어지고 일어서기를 육체적으로 반복하는 아이들은 성장하면서 '될 때까지 하면 된다'는 정신력을 갖게 됩니다.

신체적 성장이 끝난 성인이 정신적인 측면에서 자기 인지를 못한다면, 신체적인 자기 인지(무언가가 그의 몸에 맞닿았을 때 느끼는 것과 같은)를 못하고 있다고 봐도 과언이 아닙니다. 어디까지가 좋은 느낌이고 어디서부터 불쾌감을 주는지를 모르거나, 아무것도 느낄 줄 모르는 것입니다. 이 '어디까지'가 바로 경계입니다. 경계를 모르면 무례하기도 하고 제멋대로이기도 하고 위험하기도 합니다. 바로 그래서 치마 입고 다리를 벌리고 앉거나 공공장소에 아무렇지도 않게 담배꽁초를 내던지고 침을 뱉는 것입니다.

우리가 흔히 말하는 '못 배운 사람'이라는 표현은 학력이 낮은 사람을 의미하는 것이 아니라, 촉각의 발달이 시급한 사람입니다. 배워야 할 것을 배우지 못한 사람들입니다. 충분히 느낄 수 있는 그 경험이 부족한 사람들입니다. 타인, 상황, 사물 등이 나와 만났을 때, 그 만남의 빈도수가 높을 때 무언가 느낄 수 있는데 그 경험이 부족한 것입니다. 결국 촉각에서 비롯되는 문제는 사회성 발달을 방해하는 요인이 됩니다. 이쯤에서 다시 앞서 예를 들었던 사회성이 발달되지 못한, 촉각에 문제가 있는 사람의 예를 반복해 보겠습니다.

그는 자꾸만 나의 기분을 망칩니다. 그 사람만 보면 다시 보기 싫을 정도로 짜증이 납니다. → 그 사람은 자기만 생각하는 이기적인 사람입니다. 그 사람 눈에 다른 사람들은 안 보이나 봅니다. → 그는 다 함께 쓰는 물건을 독차지하고는 전혀 미안해 하지 않습니다. 오히려 당당합니다. 뻔뻔한 것이죠. → 그 물건은 다 같이 쓰는 것이니 집으로 가져가지 말고 사용한 뒤에는 제자리에 돌려놓으라고 하면 "네가 뭔데 이래라 저래라 명령을 하나"며 화를 냅니다. → 이렇게 그는 그 누구와도 대화가 통하지 않죠. '말을 말자'라는 생각을 하게 만듭니다. → 그리고 결국 그 사람 주변에는 사람들이 가까이 가지 않으려고 합니다.

알베르트 수스만이 이야기하듯이 본래 스킨십은 사랑과 따뜻함을 전제로 합니다. 그렇게 사랑과 따뜻함을 느껴본 사람만이, 그것에 익숙한 사람만이 그것이 좋다는 것도 알고 그것을 타인과 나눌 수도 있는 것입니다. 여기서 말하는 사랑은 남녀 간의 사랑을 넘어선 것입니다. 이것이야말로 더불어 사는 세상에서 필요합니다. 신체적인 자기인지, 즉 자신의 몸에 무언가 맞닿아 느끼는 그런 인지가 충분히 이루어지지 못하면 무례한 사람들로 혹은 사랑을 모르는 인색하고 위험한 사람들로 성장할 수 있습니다.

이처럼 촉각은 관계 속에서 선을 긋고 그것을 지키도록 하는 기능을 가지고 있습니다. 관계에 있어서 '선'이라는 것은 예의를 뜻합니다. 내가 선을 지키지 않았을 때 상대방은 불쾌함을 느낍니다. 선을 지키지 못하는 사람의 대표적인 예가 약속을 지키지 않는 사람입니다. 약속은 신뢰의 문제이며, 작은 약속을 지키는 것은 이 세상이 믿을 만하다는 믿음을 주는 중요한 행위입니다. 하지만 그런 신뢰를 깨뜨리고 상대에게 불쾌감을 준다면 위에서 이야기했던 촉각에 문제가 있어 무례함이 드러나는, 즉 이기적인 사람이 됩니다.

"깜빡했네요" 라고
말하는 사람들

사람과 사람 사이에서 약속한 것을 어기는 경우가 있습니다. 우리는 언제 약속을 어기나요? 이미 해둔 약속을 어겼거나 취소했을 때를 떠올려 보세요. 부득이한 사정에 의해 어쩌다 한두 번은 어길 수 있습니다. 하지만 약속을 어기는 일이 잦거나 오랫동안 지키지 않는 경우는 나에게 그것이 덜 중요하기 때문입니다. 그것에 내가 가치를 덜 두고 있고, 내가 그것을 그다지 원하지 않기 때문입니다. 이 이야기를 넓게 생각해 보시기 바랍니다.

　어린이집에 있는 아이를 약속한 시간에 데리러 오지 않고 개인적인 볼일을 충분히 본 뒤 아무렇지도 않게 늦은 시간에 아이를 데리고 가는 부모가 있습니다. 이는 아이와 교사를 불쾌하게 할 뿐만이 아니라 부모를 불신하게 만듭니다. 또는 일처리를 하겠다고 해놓고 몇 개월 동안이나 '마음이 없어서가 아니라 시간이 없어서 못했다'고 이야기하는 사람들의 경우도 마찬가지입니다. 이 경우 상대방은 기분이 상하고 약속을 어긴 사람들을 이기적으로 여기는 것이 일반적입니다.

약속을 습관적으로 자주 어기는 이들은 실천할 마음이 없는데 말로만 약속하거나, 상대와의 관계보다 다른 것에 더 가치를 두는 정확히 말하자면 상대와의 관계를 덜 가치 있게 여기는 사람들입니다. 만일 최소한 그런 사실이라도 알고 있다면 상대의 기분이 상하지 않게 말을 줄일 수 있을 것입니다. 예를 들어 일 때문에 어쩔 수 없이 늦은 상황이 아니라 개인적인 여가시간을 즐기다가 어린이집에 늦게 자녀를 데리러가는 부모라면, "놀다보니(!) 시간이 이렇게 가서 애를 늦게 데리러왔어요"라고 말하며 웃을 것이 아니라 "늦어서 죄송해요"라고! 물론 이런 상황을 만들지 않는 것이 더 좋겠죠.

"아니, 애는 언제 낳을 거야?", "결혼은 왜 안 해? 취직은?", "아들만 낳았으니 딸도 하나 낳아야지?" 등 이렇게 말하는 사람들은 선을 지키지 못하는 무례한 사람들의 또 다른 예입니다. 내가 허락한 적 없는 나만의 공간을 아무렇지도 않게 침범하는 사람들이 있습니다. 이들을 일컬어 우리는 오지랖이 넓다고 합니다. 오지랖이라고 하면 원래 그 뜻은 윗도리의 앞자락인데, 그것이 너무 넓으면 안에 입은 옷을 다 감싸고도 남을 정도가 되니 보기에도 안 좋고 그야말로 쓸데없이 넘쳐나는 것입니다. 그래서 무슨 일이든 간섭하고 지나치게 관심을 두는 것을 두고 오지랖이 넓다고 합니다.

정말로 남을 걱정하는 사람들은 위에 열거한 말을 해서 상대의 기분을 상하게 하지 않습니다. 대신 걱정 또는 고민을 해결해 주기 위해 말이 아닌 실질적인 도움을 주려고 애씁니다. 그러나 오지랖이 넓은 사람은 상대의 고민이나 문제를 해결해줄 능력은커녕 마음도 여유도 없습니다. 그 이유는 자기 자신의 문제도 해결하지 못한 상태이기 때문입니다.

큰 문제나 고민거리가 없는 사람은 진정으로 주변 사람을 생각하며 그들을 도우려고 하지만, 단순히 오지랖만 넓은 사람은 사실 남을 걱정하는 것이 아니라 자기 스스로를 걱정하는(무료한 자신의 삶을 걱정하는) 사람입니다. 즉, 자신의 삶에 만족감을 느끼지 못하는 여유 없는 사람입니다. 그러므로 우리는 오지랖 넓은 사람, 그러니까 자기 자신의 걱정거리는 잘 처리하지 못하면서 남을 겉으로만 걱정해주는 척하는 사람의 생각 없는 말에 상처 받을 이유가 없습니다.

타인을 통해 무언가를 느껴서 그것을 계기로 조심해야 할 부분은 조심하고 베풀 것은 베푸는 사람들은 자신을 잘 알고 있는 사람들입니다. 그들은 겸손해지고 선을 지킬 수 있습니다. 누군가가 나에게 어떤 말을 건넸을 때 기분이 좋지 않았다면, 나 역시 타인에게 함부로 그런 말을 하지 않습니다. 내가 무심코 한 행동으로 타인이 불편해 하는 것을 봤다면 내 행동을 다시 돌아볼 수 있는 것입니다.

오지랖은 자기 자신을 알지 못하는 데서 나오는 행동입니다. 오지랖이 넓은 사람은 마치 우리에게 안기려 거칠게 달려드는 아이와도 같습니다. 오지랖 넓은 사람들은 촉각을 되살리는 일이 시급합니다. 앞으로 나올 모든 감각이 다 그렇지만 이미 성인이 된 사람이 감각을 회복하는 길은 '나에게 이러 이러한 감각들이 있다'라는 것을 아는 것입니다. 그런 감각기관을 가지고 있다는 사실을 몰라서 사용하지 못하는 것입니다.

장애란 바로 이런 것입니다. 팔을 쓸 수 없다거나 사고로 다리를 잃은 것이 아니라, 자기가 가지고 있는 감각을 가지고만 있고 사용할 줄은 모르는 것! 그러니 실제로 우리는 모두 장애를 가지고 있다고 할 수 있습니다. 이것은 장애를 이해하는 첫 걸음이기도 합니다. 이 사실을 안다면 심리나 정서 발달장애를 치료하는 직업을 가진 사람들은 사람을 '표면적으로 고치려 해서는 안 되며' 감각을 깨우는 작업부터 해야 합니다.

자기 삶에 대해
감사하며 사는 사람은
생명감각이
잘 발달된 사람입니다.

2장

생명감각

있던 자극이 사라져도
그것의 부재를 느끼는 감각

생명감각 역시 촉각과 마찬가지로 온몸에 자리하고 있는 감각입니다. 하지만 둘 사이에는 분명한 차이가 있습니다. 촉각은 부드럽고 거친 느낌을 주는 사물, 사람, 사건 등 무언가가 우리와 '직접' 맞닿았을 때 느낍니다. 반드시 우리에게 어떤 자극이 있을 때 느끼는 감각입니다. 한편 생명감각은 그런 자극이 있을 때는 물론이고, 늘 있던 자극이 사라졌을 때도 무언가를 느끼는 감각입니다. 그 무언가는 바로 안락함 또는 편안함이나 쾌적함, 또 반대로 불편함, 불안함, 불쾌함입니다. 이런 것을 느끼게 하는 것이 생명감각입니다. 그렇다면 자극이 없는데 어떻게 느끼게 한다는 뜻일까요?

그것을 알아보기 위해 우리에게 늘 있던 자극이 사라진 상태가 어떤 상태인지 상상해 보겠습니다. 가령 휴대폰이 어느 날 갑자기 사라졌다고 생각해 보세요. 또는 빈집에 나 혼자 있다고 생각해 보세요. 빈집에는 TV, 라디오, 컴퓨터, 휴대폰 등의 가전제품이 하나도 없습니다. 집 안에 물건이 전혀 없는, 말 그대로 빈집입니다. 이제 여러분은 그 빈집에서 3일을 보내야 합니다. 물론, 상상입니다.

그 집으로 들어가기 전에 자발적으로 이런 체험을 하겠다고 계약서를 쓰고(약속을 하고) 어느 날 아침 그 집으로 들어왔다고 가정합시다. 자발적으로 들어왔는데도 집 안에 아무것도 없는 그 상황이라면 누구나 견디기 힘든 지루함을 느낄 것입니다. 자극이 될 만한 것이 너무 없는, 그래서 심심하거나 지루한 것은 고통의 일종입니다. 지루할 때 '견디기 힘들다'고 표현하는 것을 보면 지루한 것은 분명 고통스러운 것입니다.

빈 집에서 아무것도 없이 3일을 보내야 하는 것에는 먹을 것이 없다는 것도 포함됩니다. 그 집에 들어가기 전까지 우리는 음식물을 섭취하며 살았습니다. 그런데 3일간 우리 몸은 음식물로 인한 그 어떤 자극을 받지 않습니다. 음식물이 우리의 몸을 자극하는 일이 없게 되면 배고픔을 느낍니다. 배고픔 역시 고통의 일종입니다. 그런데 그때 어떤 냄새가 나를 자극합니다. 어디선가 요리를 하는지 맛있는 냄새가 내가 있는 빈집으로 솔솔 풍기며 들어옵니다. 나는 그 냄새라는 자극을 받고, 당장 뛰쳐나가 그것을 먹고 싶습니다. 그러나 이 집은 3일 후에 나갈 수 있습니다. 그렇게 계약서를 쓰고 들어왔기 때문입니다. 계약을 어길 시 감당할 수 없는 벌금을 내야 합니다.

마음이 바뀌었는데도 그 계약 때문에 내 마음대로 할 수 없는, 자유가 없는 구속된 이 상황은 고통스러운 상황입니다. 그래서 나는 3일간 먹고 싶은 욕구를 참아내야 합니다. 참는 것 역시 고통의 일종입니다. 어두운 밤이 됐는데 전기도 들어오지 않는 그 집은 너무 어둡습니다. 집 밖에는 정체를 알 수 없는 이상한 소리까지 들려와 너무 무섭습니다. 두려움도 고통의 일종입니다.

드디어 3일이 지나 나는 그 집에서 나오게 되었습니다. 원해서 빈집으로 들어갔지만 3일 동안 갇힌 상태로 지냈기에 밖으로 나오니 해방의 자유를 맛봅니다. 그리고 배고픔을 달래기 위해 무언가를 먹습니다. 이 상황에서는 누구라도 행복을 느낄 것입니다. 이러한 느낌은 우리에게 생명감각이 있기 때문에 느낄 수 있는 느낌들입니다. 생명감각은 육체적인, 그리고 정신적인 쾌적함과 불쾌감 혹은 고통을 느끼게 하는 감각입니다. 생명을 유지하는 데 매우 중요한 역할을 합니다. 육체적·정신적 안락함 또는 편안함, 그리고 불편함이나 불쾌감을 느끼지 못한다면 우리는 힘들고 아픈 것을 느끼지 못하고 자신을 혹사시킬 수도 있습니다. 그래서 그런 것들을 느낄 수 있게 돕는 생명감각의 역할은 매우 중요합니다.

고통스럽다는 것을 느껴야 그것으로부터 벗어나기 위해 노력하기 때문이죠. 앞의 예시 상황을 이어서 볼까요? 늘 있던 자극이 없어진 그 집은 견디기 힘들게 지루한 집이었는데, 그 집에서 나온 지금 (나에게 자극이 되는) 내 주변의 물건들과 환경과 사람들이 고맙게 느껴집니다. 또한 배고팠던 그 집에서 나온 지금, 배고플 때 당장 무언가를 먹을 수 있다는 것이 고맙게 느껴집니다. 어두워서 무서웠던 그 집을 나와 환하게 모든 것을 볼 수 있는 이 상황이 고맙기도 합니다. 지속적으로든 일시적으로든 말입니다.

생명감각의 기능은 인간이 행복과 불행을 느끼는 것에 비유할 수 있습니다. 쇼펜하우어는《행복론》에서 행복의 소극성에 대해 이야기합니다. 우리가 행복할 때는 그것이 행복인지 모르는 경우가 대부분입니다. 숨쉬고 사는 것이 행복인지 모르고 있다가 호흡곤란을 경험한 후에야 숨을 쉴 수 있다는 것이 행복하다는 것을 깨닫게 되는 것입니다. 즉, 고통을 경험한 뒤에야 그 전에 느끼지 못했던 그것이 행복이라는 사실을 알 수 있다는 뜻입니다.

생명감각은 바로 이런 감각입니다. 평소에는 잘 의식하지 못하지만 우리가 (어떤 일을 계기로) 통증이나 고통스러운 상황을 인지하고 그것으로부터 벗어날 수 있게 도와줍니다. 더 나아가 고통 받기 전, 고통이 없는 지금의 이 상황에 대해 감사한 마음이 생기게 합니다. 만약 우리가 통증이나 고통을 느끼지 못한다면 우리의 목숨은 끝날 수 있을 정도로 위험해집니다. 또한 위험도 없고 고통도 없는 평온한 상태에 대한 감사함을 모르고 계속해서 불만만 늘어놓을지도 모릅니다. 가진 것에 대한 감사함을 느끼지 못하는 것이죠. 그것이 없어졌을 때 또는 잃었을 때 비로소 그것의 소중함을 알게 됩니다. 특히 가까운 사람의 죽음은 그런 것을 느낄 수 있는 일반적인 예입니다.

알베르트 수스만은 안타깝게도 현대인들이 고통을 경험하려 하지 않고 인생의 단맛만을 추구한다고 이야기합니다. 실제로 저 역시 여러 사람들로부터 다음과 같은 요청을 받습니다. "책 좀 쉽게 써주세요!" 어려운 이야기를 이해하려고 노력하는 것은 고통스럽기 때문입니다. 힘 안 들이고 죽 읽어 내려갈 수 있는 책을 원하는 분들이 많습니다. 저 역시 학창시절 시험을 볼 때면 시험지를 읽어 내려가는 것이 고통스러웠던 경험을 해보았습니다. 하지만 어떻게 타인의 생각이 정리된 '책'을 힘을 안 들이고 이해할 수 있을까요? 그것은 남의 이야기에 귀 기울이기 힘들어 하는 것이며, 마음을 열지 않으려는 것과 같습니다. 마음을 열면 어떻게든 이해하기 위해 노력을 하게 되는데 말입니다. 저 역시 쉬운 책을 써 달라고 요청하시는 여러분들의 입장에 서서 마음을 열고 이해가 쉬운 이야기를 하도록 노력해 보겠습니다. 이해하려는 노력과 관련된 이야기는 청각을 다루는 장에서 다시 이어가겠습니다.

고통 없이 모든 것이 쉽게 해결되기를 원하거나 작은 고통도 견디지 못하는 사람들이 있습니다. 조금만 노력하면 되는데 노력하는 것이 힘들고, 조금만 참으면 해결되는데 조금 참는 것이 힘든 사람들이 있습니다. '빈집'을 다시 떠올려 보세요. 빈집에 들어가 보지 않은 사람은 일상의 소중함을 알지 못합니다. 스스로의 힘이 아닌 누군가의 희생에 의해 늘 편안하기만을 바라는 나약한 인간이 될 수 있습니다. 요즘 청년들은 엄마와의 탯줄이 아직도 끊어지지 않았다는 우스갯소리가 있는 것을 보면 그렇습니다. 성장기에 빈집에 들어가는 경험을 조금씩 늘려가며 쌓는다면 매사 감사할 줄 아는 건강하고 강인한 인간으로 자랄 수 있습니다. 빈집에 들어가 보는, 그런 고통 없는 유년기가 무엇을 초래하는지 알고 계신가요?

자녀 대신 다 해주는 부모는
자녀에게 필요한 기회를 빼앗는 것

자녀의 고통을 차마 눈뜨고 볼 수 없는 것은 부모라면 갖게 되는 인지
상정입니다. 하지만 이것이 지나치다면 어떻게 될까요? 아이가 스스
로 일어서는 연습을 하는데 부모는 아이가 아픈 것이 싫어 넘어질 때
마다 일으켜 세워줍니다. 그것은 아이가 스스로 일어설 수 있는 기회
를 부모가 빼앗는 것입니다. 또는 아예 넘어질 일이 없도록 안고만 다
닌다면 어떻게 될까요? 이것이 습관이 되면 아이는 넘어졌을 때 스스
로 일어설 이유를 알아차리지 못합니다. 누군가 일으켜 세워줄 것이라
생각하고 그때까지 기다릴지 모릅니다. 아이는 스스로 서서 걸어야 할
이유를 알지 못하게 됩니다.

　이것은 한 인간의 의지가 잠들어 있는 것과 같습니다. 무언가를 하고
자 하는 욕망이 머릿속에 있는데, 실제로 그 욕망만 깨어 있고 그것을
수행해야 할 의지가 잠자고 있다면 어떻게 될까요? 머리로는 아는데 몸

이 그것을 따라가지 못할 때 우리는 고통을 받습니다. 이것은 제가《창의적인 아이로 키우는 발도르프 음악교육》에서 이미 언급했던 이야기입니다.

　육체적인 한계가 정신적인 고통을 불러오는 것을 잘 알고 계실 것입니다. 체력의 한계를 느끼거나 피곤할 때 정신적인 고통이 따르게 되는데, 화를 내거나 짜증을 부리는 식으로 감정을 다스리지 못합니다. 또한 그로 인해 쉽게 좌절하고 포기하게 됩니다. 육체와 정신을 따로 떼어 생각할 수 없다는 말은 생명감각을 다루는 이 장에 딱 들어맞는 말입니다. 유년기에 생명감각이 잘 발달할 수 있도록 돕는 방법은 육체가 건강하게 자랄 수 있도록, 생존에 필요한 기본적인 동작들을 스스로 해낼 때까지 지켜보는 것입니다. 스스로 기어다니고, 마침내 서게 되고, 스스로 신발을 신을 수 있고, 스스로 걸을 수 있도록 말입니다. 아이가 스스로 해결할 수 있도록 그것을 지켜보지 못하고 양육자가 대신 다 처리해 주기 때문에 이 세상에 수많은 공주님과 왕자님이 만들어지는 것입니다.

　공주님과 왕자님에 대해 이야기하기 위해 우선 의지가 잠들어 있지 않은, 의지가 살아 있는 아이는 어떠한지 이야기해 보겠습니다. 그 아이는 '나'라는 존재의 주인이 됩니다. 주인은 해야 할 일을 스스로 찾아 나서는 사람입니다. 주인의 눈에는 해야 할 일이 자꾸 보입니다. 주인은 능동적인 사람이니까요. 그래서 어떤 일이든 일을 진행시킵니다. 주인이 나서지 않으면 일은 멈춰 있습니다. 반면 노예는 주인이 시키는 일만 하는 사람입니다. 시키지 않는 일은 하지 않습니다. 시키는 일만 수동적으로 합니다. 심한 경우 주인이 채찍질을 해야 움직입니다. 채찍질이 없으면 움직이지 않습니다. 이것이 노예 근성입니다. 주인에게 한마디 반박도 하지 못하죠. 그렇다면 공주님과 왕자님은 어떤 사람일까요? 그들은 주인도 노예도 아닙니다. 주인이나 노예와 확연한 차이를 가진 그들은 주인의 명령을 받드는 노예로부터 '돌봄 서비스'를 받습니다. 그러면서 주인이 진행시키는 일을 바라봅니다.

예를 들어 주인이 노예를 시켜 공주와 왕자들을 위한 식사를 준비하게 합니다. 노예는 주인의 요리 레시피를 받아들고 그대로 요리를 해서 왕가의 자녀들에게 가져다 줍니다. 이때 공주나 왕자가 하는 일은 그 음식을 먹고 이렇다 저렇다 평가를 하는 것입니다. 처음에는 "너무 짜잖아"라고 불평합니다. 그러면 주인은 노예에게 이전보다는 조금 싱겁게 만드는 레시피를 줍니다. 노예는 다시 소금을 덜 넣은 요리를 만듭니다. 그러면 이번에는 "너무 싱겁잖아"라고 불평합니다. 그러면 주인은 노예에게 또 다른 레시피를 줍니다. 노예는 그 레시피를 따라 다시 요리를 해서 공주와 왕자에게 가져다 줍니다. 그러면 이번에는 "이게 뭐야! 아무런 맛도 없잖아!"라고 불평합니다.

즉, 왕가의 자녀들은 스스로 나서서 일을 하지도 않고 시키는 일을 하는 것도 아니면서 비위 맞추기가 굉장히 까다롭습니다. 그들은 불평만 늘어놓으며 어린 아이처럼 칭얼댑니다. 배고픔이라는 고통을 경험한 적이 없는, '빈집'에 들어갈 일이 없었던 것입니다. 먹을 수 있다는 것 자체가 감사한 일이라는 사실을 모릅니다. 이들의 이야기가 혹시 당신의 이야기는 아닙니까? 불평만 늘어놓고 칭얼대기 전에 '스스로' 나서서 무언가를 해보았는지 생각해 봅시다. 공주와 왕자의 부모는 그들이 몸의 주인이 되는 경험을 하지 못하게 의지를 잠재웠습니다. 공주와 왕자, 그들은 가진 것에 대한 감사함을 알지 못합니다. 스스로 무언가를 해냈을 때의 성취감이 무엇인지는 더더욱 알지 못합니다. 늘 쉽게 포기합니다. 안락함 또는 쾌적함, 그리고 불편함과 불쾌함을 고루 경험해 보지 못한다면 인간은 나약해집니다. 그래서 생명감각의 발달이 중요합니다. 고통을 경험해 보고 그것을 이겨내는 힘, 그리고 고통 없는 상태, 지금 이대로의 상태에 대한 감사함을 아는 것이 그것이죠.

부모의 역할은 자녀가 스스로 설 수 있는 강인한 의지를 길러주는 지지자 역할을 하는 것입니다. 자녀를 과보호하여 자녀의 의지를 잠들게 하는 사람들이 아닙니다. 촉각의 장에서 지나친 예민함이 무례함이 될 수 있다는 이야기를 했습니다. 공주와 왕자, 그들에게 과연 사회성은 어느 정도 발달되어 있을까요? 그들이 타인과 섞여 어울려 지낼 수 있을까요? 쉽게 상처받고 쉽게 짜증내고 조금이라도 힘든 일은 하지 않으려는 그들이 집단생활을 할 수 있을까요? 생명감각의 발달은 사회성 발달을 위해서도 굉장히 중요합니다.

노력이라는 고통을 이겨내는
힘의 원천, 생명감각

부모의 과보호에 의해 스스로 무언가를 할 기회를 박탈당하는 것은 스스로 무언가를 하려는 적극적인 의지를 무시당하는 일입니다. 의지가 부족한 사람들의 공통점은 '핑계'가 많다는 것입니다. 하버드에 못 간 것이 아니라 미국이 멀기 때문에 안 갔다고 말합니다. 그렇게 쉽게(?) 포기합니다. 또한 자기가 원하는 것을 타인이 이루었을 때 그가 노력도 없이 이미 갖춰진 무언가에 의해 이루었다고 간주합니다. 왜냐하면 자기는 큰 힘을 들이지 않아도 누군가가 원하는 것을 대신 해주는 환경에서 성장했기 때문입니다. 고통을 알고 그것을 이겨내는 힘의 원천인 생명감각 발달의 부진은 열등감으로 이어집니다. 무언가를 원하지만 그것을 이루고자 하는 의지가 부족하여 이룰 수 없기 때문입니다. '노력'이라는 고통을 감당할 의지가 없는 것입니다. 노력이라는 고통을 이겨낼 수 없는 것입니다.

자녀가 부족함을 느끼지 못할 정도의 풍요로움을 제공하는 것도 부모의 과보호입니다. 무엇이든 갖춰 놓고 있으면, 쇼펜하우어가 이야기한 행복의 소극성과 같이 '그것'의 소중함을 모릅니다. 더 나아가 '그것'이 없으면 아무것도 할 수 없는 경우가 많습니다. 마치 책상이 없어서 공부를 못하겠다는 말과 같습니다. 다양한 종류의 장난감을 가지고 놀던 아이들은 장난감이 없는 곳에서는 스스로 놀지 못합니다. 무료함이라는 고통을 느끼며 어찌할 바를 모릅니다. 이러한 풍요로움은 가진 것에 만족을 느끼지 못하는 원인이기도 합니다.

중국 고대의 도가 사상가인 열자(列子)는 그 경전에서 호랑이를 길들이는 법에 대해 이야기하는데, 인간을 길러내는 법에서 무엇이 잘못되었는지를 사실적으로 묘사하고 있습니다. 열자에 등장하는 양앙(梁鴦)이라는 사육사가 호랑이를 길들이는 중요한 사실 하나를 알려 줍니다.

"동물을 길들이는 데 무슨 특별한 재주가 필요한 것은 아닙니다···(중략). 동물들은··· 이유 없이 화를 내거나 이유 없이 좋아하지 않습니다. (중략) 그리고 너무 심하게 배가 고파지기 전에, 배가 슬슬 고프겠구나 싶을 때 먹이를 줍니다··· 그렇다고 늘 호랑이의 비위를 맞춰주는 것은 아닙니다. 그들도 사람처럼 충분할 정도로 만족스러우면 기뻐하고 흥분합니다. 그런데 기뻐서 흥분한 기운이 어느 순간에 분노의 에너지로 돌변하는 경우가 있기 때문··· 너무 불만족스럽지도 않고 너무 만족스럽지도 않게 균형을 맞추어 주는 일이 중요합니다.

-《열자》(정창영 옮김)에서 발췌

이것은 호랑이에게만 해당되는 것이 아닙니다. 너무 불만족스러운 성장과정과 지나치게 풍요로운 성장과정 중 후자의 경우가 부르는 불행함에 초점을 맞춘 이야기입니다. 전자의 경우가 초래하는 것에 대해서는 다음에 나올 고유운동감각의 장에서 이야기하겠습니다.

가진 것에 대한 감사함을 알고 그것을 활용할 수 있는 능력은 창의력에 해당합니다. 하지만 부모의 과보호 속에서 자란 사람에게는 늘 '없는 것'이 먼저 보입니다. 그렇기 때문에 성인이 되어서도 독립하지 못하고 부모에게 '없는 것'을 계속해서 구하려 합니다. 그리고 부모가 당연히 나에게 줘야 한다고 여깁니다. 수동적으로 받기만 했기에 당연히 창의력이 부족합니다. 그래서 스스로 자신의 삶을 꾸려나가기보다는 누군가가 갖춰 놓은 틀 안에서만 생활이 가능합니다. 자기가 하는 일에 불만을 토로하면서도 그 일에서 벗어나지 못하는 대부분의 사람들이 그런 사람들입니다.

생명감각의 발달을 장려하는 성장과정은 가진 것에 대한 감사함과 창의력이 깊어지게 합니다. 고통(노력이라는 과정)이 있어야 원하는 것을 얻는다는 경험은 매우 중요합니다. 그 중 하나가 예술 활동입니다. 그것은 생명감각의 발달을 장려하는 데 도움이 됩니다. 예술 안에서는 노력이라는 고통스러운 과정 없이는 결과가 나올 수 없기 때문입니다.

음악만 놓고 보더라도 한 곡을 연주하기 위해서는 적게는 몇 달에서 많게는 몇 년간의 연습시간이 필요합니다. 연습을 해도 안 되는 것 같은 늘 제자리인 듯한 고통스러운 시간을 꾸준히 견뎌내면 어느 순간 연주가 가능한 때가 옵니다. 그러한 과정을 겪지 않고 연주를 할 수는 없습니다. 연습 없이는 결과가 나오지 않는 것은 음악만이 아닙니다. 참으로 다양합니다. 사람마다 생명감각의 발달 정도가 다르기 때문에 누군가에게 고통인 상황이 또 다른 누군가에게는 전혀 고통스럽지 않을 수도 있습니다. 반대로 누군가에게 행복한 상황이 또 다른 누군가에게는 불행한 상황일 수도 있습니다. 이 이야기에 대해 잘(!) 생각해 보세요.

우리는 누구도 타인의 행복과 불행을 규정지을 자격이 없습니다! 불행하지 않은 타인을 불행하게 바라보는 시선이 얼마나 거만한 시선인지 한번쯤 생각해 보아야 합니다. 타인과 자기를 비교하며 '그래도 나는 저 사람보다는 낫다'고 생각하는 것은 타인의 가치를 떨어뜨리는 것이 아니라, 자신의 가치를 땅속 깊숙이 떨어뜨리는 생각입니다. 가치가 떨어지는 사람은 상대적으로 부족한 사람이 아니라 '자기 기준'이 없는 사람입니다. 타인을 기준으로 삼고 타인과 나를 비교하는 사람이 바로 불행한 사람, 고통 받는 사람입니다. 자기 기준에 대해서는 균형감각에 대한 장에서 더 구체적으로 이야기할 것입니다.

자기 삶에 대해 불행을 덜 느끼고 오히려 감사하며 사는 사람은 생명감각이 잘 발달된 건강한 사람입니다. 우리는 그러한 건강함을 배워야 합니다. 그러한 건강함을 배우려면 우선 촉각이 잘 발달되어 있어야 합니다. 부드러움과 거침을 구분하여 인지하는 기능을 가진 촉각을 보세요. 부드러움은 긍정적인 것을 의미하고, 거친 것은 사포처럼 피부에 자주 맞닿았다가는 상처가 나는 부정적인 것을 의미하기도 합니다. 무언가와 직접 마주하고 그것으로부터 무언가를 느끼는 것이 촉각의 기능이기 때문에, 긍정적인 것을 배우려면 그것이 긍정적이라는 인지를 할 수 있는 촉각이 먼저 발달해야 한다는 것입니다.

끝으로 중요한 사실 또 한 가지! 제가 이 장의 앞부분에서 '빈집에서 3일 살기 체험'에 대해 이야기했었습니다. 그 집에 들어갈 때 분명히 자발적으로 들어갔는데도 지루함, 배고픔, 두려움, 구속 등의 고통을 맛보게 됩니다. 여기서 우리는 커다란 삶의 이치 하나를 깨닫게 됩니다. 자기가 원해서 시작한 일일지라도 경험하는 과정에서 어려움과 마주하며 고통을 받습니다. 그런데 누군가에 이끌려서 혹은 도피할 목적으로 하는 행위는 어떨까요? 자발적으로 했을 때보다 더 큰 어려움과 고통을 받게 되는 경우가 많습니다. 현재 상황이 불행하다는 이유로 선택한 일들, 가령 도피성 유학, 도피성 결혼, 지금의 직장일이 힘들어 그만두는 등의 선택들은 상상치도 못한 고통을 가져옵니다. 물론 그 중에는 그런 선택을 하길 잘 한 경우도 없지 않을 테지만 그리 많지는 않을 것입니다.

피하면 더 나은 삶이 있을 줄 알았는데 그게 아닌 것입니다. 그래서 왜 이렇게 나만 힘든가 싶게 됩니다. 그러나 결코 나만 힘든 것이 아님니다. 힘든 상황이 닥쳤다고 피했다는 것은 고통을 이기는 법을 스스로 터득할 기회를 져버린 것입니다. 그렇기 때문에 그 후에 겪는 일들에서 오는 고통이 견딜 수 없이 더 힘든 것입니다. 피하려고만 한다면 더 큰 어려움이 따릅니다. 이것은 변치않는 삶의 이치입니다. 이것이 지금의 상황을 회피하면 안 되는 이유입니다.

—
꿈만 꾸는 사람이 아니라
꿈을 이루기 위해 움직이게 하고
노력하게 만드는 감각입니다

3장

고유운동감각

운동의
폭넓은 의미

다섯 가지 감각만 알고 있던 경우라면 고유운동감각이 매우 생소할 것입니다. 그렇다면 고유운동감각이라는 단어에서 우선 '운동'이라는 단어만 보세요. 운동이라는 단어의 뜻을 어느 정도까지 알고 있는지, 그리고 어느 범위까지 운동이라는 단어를 사용하는지 함께 살펴보겠습니다.

건강이나 체중 조절을 위해 수영이나 조깅 등의 운동을 합니다. 하지만 '새마을 운동' 혹은 '민주화 운동', '계몽운동'은 무엇인가요? 사회 안에서 어떤 목적을 이루기 위해, 어떤 정신을 널리 퍼뜨리고자 조직적으로 하는 활동입니다. 이 경우 육체적인 운동이 아닌 정신적인 운동을 의미합니다. 또 '천체의 운동' 혹은 '달의 운동'은 무엇인가요? 우주 공간에 떠 있는 행성들을 비롯한 모든 물체들의 움직임, 그리고 달의 움직임을 두고 하는 말입니다. 시간의 흐름에 따라 무언가가(행성이

나 달이) 그 위치를 바꾸는 현상을 말하는 것이죠. 이렇게 '운동'은 이 세상에 존재하는 모든 물질적, 육체적, 정신적인 움직임과 관련이 있는 단어입니다.

이제는 운동이라는 단어에 '감각'을 붙여볼까요? 그러면 운동감각이라는 단어가 되겠죠. 운동감각은 운동하는 데 필요한 감각입니다. 즉, 움직이기 위해 필요한 감각이라는 뜻입니다. 간혹 우리는 체육활동을 잘하는 사람을 두고 "운동신경은 타고난 것 같아"라고 이야기합니다. 운동하는 데 필요한 감각이 뛰어나다고 표현하는 것이죠. 하지만 위에서 이야기한 것과 같이 운동을 육체적인 체육활동으로만 국한시키지 말고 더 넓게 생각해 보겠습니다. 날아오는 공에 맞지 않기 위해 재빠르게 피하는 사람만이 운동감각을 가지고 있는 것은 아닙니다. 어떻게든 움직일 수 있는 우리는 모두 운동감각을 가지고 있습니다. 목이 말라 물을 마시러 가서 물을 컵에 따르고, 그것을 마시는 이런 모든 일상적인 운동을 떠올려 보세요.

운동하기 위해서는 운동하기 위한 이유가 필요합니다 : 목이 마르지 않다면 물을 마시러 가지 않습니다. 목이 마르니까 물을 마십니다.

운동하기 위해서는 마음이 필요합니다 : 목이 마른데도 일어서서 물이 있는 곳으로 갈 마음이 그다지 없으면(귀찮다거나 하는 이유로) 그냥 목이 마른 상태로 있어도 상관없으니 물을 마시지 않습니다.

운동하기 위해서는 의지가 필요합니다 : 목이 마른데 "일어나서 마시러 가야겠다"는 의지가 없으면 물을 마실 수 없습니다. 목이 마른 것은 알지만(물을 마셔야 한다는 이유는 있지만) 일어설 수 있는 의지가 없는 상황입니다.

이유와 마음과 의지는 운동을 하기 위해 필요한 요소입니다. 이러한 이유와 마음과 의지의 크기가 운동감각이 작용하는 정도를 좌지우지 합니다. 이 세 가지의 요소를 하나씩 들여다보도록 하겠습니다.

첫째, 운동하기 위해서는 운동하기 위한 이유가 필요하다. 목이 마르기 때문에 물을 마신다고 했습니다. 이렇게 이유가 있는 행위에는 '목이 마르다'는 상태를 느끼는(인지하는) 힘도 들어 있습니다. 만약 실제로 갈증이 난 상태에 있는 사람이 그 갈증을 느끼지 못한다면 그에게는 운동할 이유가 없습니다. 하지만 그 사람에게 어떤 일이 벌어질까요? 아마도 수분 부족으로 신체적 건강에 문제가 생길 것입니다. 그래서 어떤 운동을 하기 위한 이유가 있다는 것은 운동해야 할 필요성을 알아차렸다는 뜻입니다.

둘째, 운동하기 위해서는 운동할 마음이 있어야 한다. 우리는 마음이 없으면 운동하지 않습니다. 보고 싶은 마음이 있으니 찾아갑니다. 보기 싫어서 가지 않습니다. 하고 싶은 마음이 있으니 하는 것입니다. 하기 싫어서 하지 않는 것입니다.

셋째, 운동하기 위해서는 의지가 필요합니다. 사람들을 일깨워야겠

다는 의지가 있어서 계몽운동을 합니다. 이 다음에 어른이 되면 무엇이 되겠다는 의지가 있어서 현재에 충실한 운동을 합니다. 공부가 되었건, 특기를 갈고 닦는 행동이 되었건 말이죠. 움직이려면, 어떤 목표를 달성하려면 의지가 필요합니다.

이 세 가지는 단독으로 작용하기 힘듭니다. 예를 들어 아는 사람이 가족행사를 하는데 나를 초대한 경우입니다. 내가 그곳에 가고 싶은 마음이 없으면 나는 못 갑니다(안 간다고 말하기보다는 못 간다고들 합니다). 하지만 그 사람이 나에게 중요한 사람이라면 바로 그렇기 때문에 없는 시간도 쪼개 그곳에 갑니다. 의지는 마음의 문제이고, 이유는 의지를 불러일으킵니다. 그래서 이 세 가지는 함께 작용합니다.

어떤 감각을 잘 사용하려면 그 전에 그 감각이 먼저 잘 발달되어 있어야 합니다. 운동감각 역시 그렇습니다. 운동감각이 잘 발달된 사람의 모습을 함께 살펴보기 위해, 이 운동감각이라는 단어에 '고유'를 붙여보겠습니다. 그럼 고유운동감각이 되겠죠. 고유하다는 것은 원래부터 가진 것을 뜻합니다. 저마다 가진 고유의, 고유한 운동감각이 잘 발달된 사람은 위의 세 가지, 그러니까 이유를 잘 알아차리고(느끼고) 마음이 잘 움직이며 의지가 큰 사람입니다.

여기서 첫 번째 항목을 다시 한 번 보겠습니다. 목이 마른데 그것을 인지하지 못하면(느끼지 못하면) 어떤 일이 일어난다고 했나요? 수분 부족으로 신체적인 건강에 문제가 생길 수도 있다고 했습니다. 갈증을 느끼지 못한다면 물을 마시지 않아(움직이지 않아) 건강을 지킬 기회를 잃게 됩니다.

재능의 원천이 되는
감각

목마름은 배고픔처럼 고통의 일종입니다. 그것이 고통이라는 것을 알아차릴 수 있으려면 바로 앞 장에서 이야기했던 생명감각이 그 기능을 제대로 발휘해야 합니다. 이렇게 생명감각은 고유운동감각이 작동하기 위한 전제조건이 되기도 합니다. 생명감각이 잠들어 있다면 고통에서 벗어날 수 있는 기회, 그러니까 물을 마시고 갈증을 해소할 수 있는 기회를 잃기 때문입니다. 내가 목마르고 배고픈 것은 나만 아는 나만의 느낌입니다. 타인이 나의 목마름을 알아차리고 알아서 물을 제공하는 것은 우리가 갓난아기였을 때만 가능한 일입니다. 아직 신체를 자유자재로 움직일 수 없는 갓난아기 역시 '울음'이라는 행위를 통해 스스로 배를 채우고 갈증을 해소할 기회를 만듭니다.

아이의 울음소리를 듣고 양육자는 아이에게 필요한 이것저것을 제공하지 않나요? 이렇게 보면 기회는 자기가 만드는 것입니다. 기회는 타인이 주는 것이 아니라는 뜻이죠. 그렇다면 서로 필요해서(혹은 원해서) 맺어진 관계 속에서 '내가 당신에게 기회를 만들어줬다'라고 생각하는 것이 얼마나 거만하고 어리석은지 알 수 있습니다. 그렇기 때문에 상대로부터 무언가를 기대하는 어리석음은 피해야 하지 않을까요? '기회'라는 단어를 사용하는 데 있어 겸손함이 필요합니다.

"나는 여전히 배고프다"라는 축구감독 히딩크의 말은 유명하죠. 그것이 말 그대로 육체적인 배고픔을 뜻하는 것이 아니라, 아직도 축구에 있어서 원하는 바가 크다는 말임을 우리는 잘 알고 있습니다. 아직다 채워지지 않았다는 뜻이죠. 배고픔을 채우기 위해 더 움직일 것이라는 의지를 보여주는 말입니다. 히딩크 감독은 배고픔을 채우기 위해 어떻게 움직일까요? 육체적인 배고픔을 채우려면 밥을 많이 먹어야 하겠지만 그것이 아니므로, 축구에 대해 더 연구하고 그것에 더 몰입하며 선수들을 지지할 것입니다. 즉, 노력을 할 것입니다. 그것이 축구 경기에 있어서 좋은 성적을 거둘 수 있는 기회를 줄 것이기 때문입니다. 기회는 이렇게 노력에 의해 생기는 것입니다.

노력해야겠다고 느끼게 만들고 실제로 노력하는 것, 움직여야겠다고 느끼게 만들고 실제로 움직이게 하는 것이 고유운동감각의 기능입니다. 그러니까 고유운동감각은 재능의 원천이 되기도 합니다. 원해서 많이 움직이니(노력하니) 그 원하는 것을 잘하게 되는 것이죠. 갈증상태혹은 배고픈 상태처럼 무언가를 간절히 원하고, 그 원하는 것을 구하기 위해 노력할 수 있는 능력이 재능입니다. 원하는 것이 분명하고 그것을 위해 노력하는 능력이 바로 재능입니다.

재능에 관하여

어떤 한 가지에 특별한 재능을 보이는 사람이 그것만 잘하는 것이 아
니라, 학창시절 공부를 비롯하여 그 외에 놀기도 잘 놀고 이것저것 두
루두루 잘하는 경우가 있습니다. 공부만 잘하는 줄 알았더니, 춤도 잘
추고 악기도 잘 다루고 게다가 그림도 잘 그리며, 리더십까지 있는 경
우죠. 왜 이렇게 한 가지를 잘 하는 사람은 꼭 다재다능할까요? 그 이
유는 이렇습니다. 재능은 무언가를 '잘'하는 것이라기보다는 무언가를
'스스로 원해서 꾸준하게' 할 수 있는 능력을 말합니다. 뭐든 한번 시작
한 것을 '꾸준하게' 이어나갈 수 있는 힘이 재능입니다. 재능을 가진 사
람은 자기가 원하는 것이 분명하기 때문에 마음만 먹으면 원하는 것을
해냅니다. 재능이 없다는 것은 전문성을 떠나서 마음먹고 무엇을 하는
경우가 드물다는 뜻입니다.

　재능은 있는데 안 한다(안 움직인다)? 말은 바로 해야 합니다! 움직이
지 않는다는 것은 원하지 않는다는 것이고, 원하지 않는다는 것은 재
능이 없다는 뜻입니다. 어떤 것이 나에게 필요한 것이라는 사실을 알
아차리고 그것을 원하기 때문에 움직이게 하는, 이것이 고유운동감각
의 역할 중 하나입니다. 어린 나이에 무언가를 이루는 사람들 - 천재나
영재라고 하죠 - 도 있지만, 대부분의 사람들은 '노력'이라는 움직임

에 의해 재능이 만들어집니다. 그리고 아무리 천재나 영재라고 해도 그 능력을 전혀 돌보지 않으면 무용지물이 됩니다. 원하는 것을 빨리 발견하여 그것에 매진하는 사람만이 재능이 있고 고유운동감각이 잘 발달된 것은 아닙니다. 움직임의 원동력인 의지가 있다면 살면서 언제가 되었든 자기가 원하는 것을 스스로 발견할 수 있는 재능을 가지고 있는 것입니다.

부모라면 자녀의 재능을 발굴하는 것보다 더 시급한(!) 일은 부모 각자 자신의 재능을 키우는 것입니다. 재능이란 꼭 전문성만을 뜻하는 것은 아닙니다. 인간으로 태어나서 스스로 간절히 원하는 것을 모른 채 이 세상을 살다 가는 것처럼 비참한 일이 또 있을까요? 부모의 재능이 발굴되면 자녀의 재능은 억지로가 아닌 자연스럽게 발굴됩니다. 부모 자신이 재능을 가진 사람이라면 자녀의 재능 발굴에 목숨을 걸지 않습니다. 그 이유는 재능을 가진 사람은 '인간은 자기가 원하는 것을 할 때 가장 행복하다'는 사실을 몸소 체험했기 때문입니다. 제가 이렇게 이야기한다고 해서 "무언가를 배우면서 얼른 재능을 찾아야 하나?"라는 의문을 가질 필요는 없습니다. 부모의 재능이 발굴되면 자녀의 재능은 억지로가 아니라 자연스럽게 발굴됩니다.

재능 찾는 방법 : 내가 꾸준히 할 수 있는 것 찾기

무언가를 잘하는 것이 아니라 한 가지를 오랜 기간 꾸준히, 그것도 기꺼이 한다는 것은 그것이 힘들지 않다는 뜻입니다. 간혹 힘들 수도 있지만 그래도 '재미와 보람이 더 크다'는 뜻입니다. 제가 재능을 찾으라고 했다고 무언가 배울 것을 찾아야만 한다고 생각하시나요? 만일 그렇다면 그것은 의무가 되어 재미와 보람을 느끼기 어려울 가능성이 큽니다. 일상에서 나를 기쁘게 하는 것이 무엇인지 떠올려 보세요. 나를 기쁘게 하기 때문에 계속 반복하는 것이 무엇인지 떠올려 보세요. 나를 기쁘게 하는 것 중에서도 '생산적'인 활동 말입니다! 여기서 말하는 생산성에 대해 오해를 하면 안 됩니다. 생산적이라는 것은 물질을 만들어내는 것도 포함되지만, 꼭 물질을 만들어내는 것만이 생산적인 것은 아닙니다.

생산적인 행위라는 것은 어쨌거나 '결과물'이 나오는 행위인데 그 결과물이 물질만은 아니라는 뜻입니다. 결과는 과정이 있어야 나옵니다. 만약 식구들과 함께 야외로 소풍을 갈 때마다 즐겁고 기쁘다면 그것을 자주 반복할 것입니다. 그렇게 반복하는 가운데 시간은 흘러 '추억'이라는 결과물을 가져다줍니다. 다시 말하지만 재능은 전문성을 떠나서 내가 능동적으로 기꺼이 행하는 가운데 나를 행복하게 하는 일입니다. 여기서 혹시 쇼핑이 나를 행복하게 한다면 쇼핑도 재능이냐고 묻고 싶을지도 모릅니다. 그러나 쇼핑도 쇼핑 나름입니다.

쇼핑을 통해 획득한 물건과 오래 관계를 지속하지 못하고 짧게 짧게 계속해서 새로운 것을 사들인다면 그것은 생산성과는 거리가 멀겠죠. 그것은 소비활동입니다. 대부분의 소비활동은 능동적이지 않고 수동적입니다. "저 사람도 하니 나도 해야 돼" 혹은 "저 사람이 하기 전에 내가 먼저 해야 돼"라고 생각하는, 그러니까 '저 사람'에 의해 움직이는 행동입니다. 또는 나의 생각과 움직임을 최소화시켜줄 편리한(?) 물건을 사거나 또는 하나의 수량으로 만족할 수 없어서 하는 것은 중독성에 의한 것이기 때문입니다.

재능은 일상에 있습니다. 꾸준히 반복해도 나를 기쁘게 하고 나 스스로를 참 괜찮은 사람이라고 느끼게 만드는 것 말이죠. 그것은 가족과 시간을 보내는 것일 수도, 식구들이 맛있게 먹는 반찬을 만드는 것일 수도, 무언가를 깨닫게 하는 독서일 수도 있습니다. 실제로 물질적 결과물을 만들어내는 뜨개질일지도 모릅니다. TV 시청은 어떨까요? 그것을 통해 "나는 참 괜찮은 사람이다"라는 것을 느낄 수는 없습니다. TV 시청은 참으로 수동적인 행동입니다. 인간은 무언가를 스스로 이루었을 때, 생산적인 활동을 했을 때 "나는 참 괜찮은 사람이다"라고 느낄 수 있습니다. 그런 느낌을 가진 사람이 자존감이 높은 사람입니다. 자기 스스로를 존중하는 정도가 높은 사람입니다.

공부를 잘하는 것(높은 성적)이 인간의 꿈일 수 있을까요? 그것은 결과물의 노예가 하는 편협한 생각인 경우가 많습니다. 높은 성적이 가져다줄 많은 재물을 상상했을 뿐이죠. 많은 재물은 아니더라도 사회가 만들어 놓은 틀 안에서 '남부끄럽지 않은(?) 직업'을 가지고 자기 밥벌이는 해야 하지 않겠냐고 생각한 경우죠. 부모가 원하는 것이 아닌, 자녀가 간절히 원하는 것을 열심히 하면 그것이 뜻하지 않은 물질을 가져오리라는 생각은 하지 못합니다. 그래서 자녀가 무언가를 한다고 하면 결사반대를 외치다가 결사반대했던 그 일로 인해 자녀가 돈을 벌어오면 어깨에 힘을 주고 자랑하기 바쁩니다. 자녀가 상처받는 것이 싫어서 반대했던 것이라고 거짓말을 하면서 말입니다.

한 가지로부터
다양한 것을 발견하기

제가 이 책의 앞부분에서 꺼냈던 '그릇 예시'를 떠올려 보세요. 자녀가
조금 비싼 그릇을 실수로 깨뜨렸을 때 바로 깨진 그릇을 아까워 하며
자녀를 원망할 것인지, 아니면 놀라거나 다치지 않았는지 먼저 확인할
것인지 말입니다. 혹시 자녀의 문제가 자녀의 문제라기보다는 부모 스
스로의 자존심이 걸린 문제는 아닌지 근본적으로 들여다봐야 합니다.
남들보다 뒤처지기 싫은 것이죠. 자녀를 마치 자기의 얼굴로 여깁니
다. 내 얼굴은 항상 멋져야 하고 내 얼굴에 흠이 생겨서는 안 되는 것입
니다. 그래서 자녀의 점수를 마치 자기 점수라고 여기면서 사람들한테
뭐라고 말해야 하나, 옆집 자식이 떠오르면서 그 집 애들은 안 그러는
데 우리 애는 왜 그러나 등의 생각으로 창피한 생각부터 떠오르시던가
요? 성공의 척도를 물질의 양으로 여기는 돈의 노예는 이기적이고 어
리석습니다.

여러분들 주변의 재능(간절히 원하는 것) 있는 사람들, 흔히 어떤 분야의 '전문가'라고 말하는 이들이 학창시절에 공부까지 잘했던 것은 놀랄 일이 아닙니다. 그들은 단지 '스스로 꾸준했을 뿐'입니다. 그러나 특별히 좋아하는 것 없이 부모의 통제나 사회의 통제에 의해 공부를 했던 사람들은 재능이 없는 경우가 허다합니다. 그것이 '자기로부터' 나온 꾸준함이 아니기 때문입니다. 부모님들은 이렇게 착각을 하시는 경우가 많습니다. 재능은 찾아줘야 하는 것이라고 말이죠. 농담 같지만 농담이 아닌 말을 해보겠습니다. 부모님이 자녀의 재능을 찾아주기 위해 이리저리 움직이면 자녀의 재능이 아니라 부모님의 재능이 발굴될 것입니다. "나에게 이리 뛰고 저리 뛰는 능력이 있었다니!" 하고 말이죠.

　재능은 누가 대신 찾아주는 것이 아니라 스스로 발견했을 때 더 절실하고 간절해서 빛날 수 있는 것입니다. 물론 다양한 경험을 해보아야 재능을 발견할 수 있지 않느냐고 반박하실지도 모르겠습니다. 최대한 많은 경험을 할 수 있게 어렸을 때부터 다양한 기회를 '줘야' 한다고 말이죠. 대체 누가 누구에게 기회를 줄 수 있나요? 앞에서 이야기한 것처럼 기회는 이리 뛰고 저리 뛰며 이것저것 경험하면서 스스로 만드는 것입니다. 이 '다양한 기회'라는 것을 바르게 해석하지 못하는 데 문제가 있습니다. '다양한 기회'가 무엇인지는 잠시 후 이야기하도록 하겠습니다. 현대의 부모님들은 자녀들에게 '어떻게' 다양한 경험을 '시켜' 주나요? 짧게 그리고 최대한 버라이어티하게 시켜주지 않나요!

　어떤 것을 통해 무언가를 느끼게 되었을 때 우리는 비로소 경험했다고 이야기합니다. 그렇게 '충분히' 느끼려면 '시간'이 필요합니다. 반복해서 접해야 합니다. 그러니까 반복적인 움직임을 통해 깊이를 더해갈 수 있는 시간이 필요합니다. 음식의 간만 보는 것은 접시에 놓인 음식을 다 먹어보는 것과는 전혀 다른 일입니다. 현대인들은 간만 보고는 경험했다고 착각합니다. 요즘 유행하는 여행 형태만 보더라도 그렇습니다. 유럽 여행을 다녀왔다는 사람들의 이야기를 들어보면 10일 만에 4개국을 방문한다고 합니다. 그것을 진정한 의미의 경험이라고 하기는 어렵습니다. 느끼기도 전에 한 나라에서 다른 나라로 옮겨 가는 것은 결국 "나도 그런 걸 해봤다"정도로 끝나는 것이지, 경험한 것이 아닙니다.

이 이야기는 균형감각을 다루는 장에서 이어서 할 테지만, 친구 따라서 강남 간다고 많은 사람들이 하는데 나만 안 하면 괴리감을 느낍니다. 결국 그 괴리감을 없애기 위해 "걔도 했다는데 나도 좀 해보자"식으로 따라서 행동하는 것은 제대로 경험하지 못하게 되는 가장 큰 원인입니다. 사람들은 자기가 해보지 않았기 때문에 누가 모르는 사실을 알려줘도 그것을 쉽게 인정하지 않으려는 경향이 있습니다. 이론은 그렇겠지만 실제로 그럴 수는 없다고 말이지요. 이 세상에 실제로 증명되지 않은 이론이 공감을 불러일으키고 사용될 수 있을까요? 이론으로는 알겠지만, 그렇게 실천이 안 된다고 이야기하는 사람들은 아직 이론을 '제대로' 이해하지 못한 것입니다. 즉, 경험해 보지 않았거나, 간만 보는 행위로 몸소 느껴보지 못한 것입니다.

이론은 실제를 경험했을 때 뼛속까지 이해가 가능합니다. 재미있는 사실은, 이론으로는 알겠는데 실제로 안 된다고 이야기하는 사람들 대부분이 정작 비논리적이고 부도덕한 내용을 믿고 따르는 경우가 많습니다. 이론을 제대로 이해하기 위해서는 반드시 반복적인 움직임을 통한 깊이 있는 경험이 필요합니다. 지금 제가 하고 싶은 이야기가 바로 그것입니다. 한 가지를 깊이 있게 경험해 본 사람은 다른 것을 접해서 단시간 안에 그것을 음미하며 다양한 것을 느끼고 깨달을 수 있습니다. 한 가지를 깊이 있게 경험하는 것이 전제가 되어야 합니다. 그리고 나면 다른 무언가를 접해도 그 깊이를 잘 느낄 수 있을 정도로 그 사람은 성장해 있습니다.

한 가지를 반복하여 경험하면 그것으로부터 매번 새로운 것을 발견합니다. 똑같은 영화나 드라마 혹은 책을 반복해서 본 사람이라면 이 말이 무슨 뜻인지 실감할 수 있습니다. 처음 봤을 때 보지 못했던 것이 두 번째 볼 때는 보이지 않던가요! 그것이 다양성입니다. 여러 가지의 것을 간만 보는 것이 아닌, 한 가지로부터 다양한 것을 발견하는 것! 발견의 기쁨을 맛본다는 것은 '잘 느낄 수 있다'는 뜻입니다. 발견과 느끼기는 창의력의 모태입니다.

꿈을 이루는 사람, 꿈만 꾸는 사람

꿈을 이루는 사람과 꿈만 꾸는 사람은 무엇이 다른가요? 꿈을 이루는 사람은 될 때까지 하며(움직이며) 그만두지(움직임을) 않습니다. 꿈을 이루지 못하는 이유는 그것을 그만두기 때문에 그것으로 끝나고 마는 것입니다. 꿈을 이루지 못하는 사람들(꿈을 이루지 않는 사람들)은 그 꿈이 사실 자신의 꿈이 아닌 경우가 상당합니다. 다수의 행로를 따른 것입니다. 그리고는 그것이 자신의 꿈이라고 착각합니다. 이것이 프랑스의 철학자이자 정신분석학자인 라캉이 이야기한 '타인의 욕망을 욕망하는 인간'의 모습입니다(《강신주의 감정수업》 발췌).

남들이 하니 나도 하는 식으로 타인의 욕망을 욕망하는 사람들은 깊이 있는 경험을 할 수 없습니다. 그들에게는 '무언가를 어떻게 했다'는 것보다 '나도 했다'는 사실이 더 중요하기 때문입니다. 그렇게 되면 타인을 따라가기 바쁜 삶을 살게 됩니다. 타인을 따라가는 것은 고유한 나만의 움직임이 아닙니다. 타인의 움직임에 의해 수동적으로 움직이는 것일 뿐입니다. 그렇게 좇기만 하다가 맞이하는 인생의 최후는 죽음입니다.

자신의 삶이 아니라 타인을 따라서 사는 사람들은 예민해질 수밖에 없습니다. 따라가지 못할까봐 전전긍긍하는 삶은 너무나도 바쁘고 여유를 허락하지 않기 때문입니다. 그를 겨우 따라잡았는데 그가 또 달리니 나의 부족함을 탓하며 스스로에게 화를 냅니다. 그가 달리는 그 길이 나에게 어울리는 길인지는 잘 모르겠고, 그냥 그가 달리는 길로 많은 사람들이 달리고 있으니 나도 그 길로 달립니다. 또는 그 물건이 나에게 필요한지 필요하지 않은지는 모르겠지만, 다들 하나씩 가지고 있으니 나도 가져야 합니다.

부모님들은 저와 상담을 하면서 종종 이런 이야기를 꺼내십니다. 다들 가진 걸 나만 가지지 않으면 그 사회에 끼어 어울릴 수가 없다고 말이지요. 인간은 사회적 동물이 아니냐고 말이지요. 인간은 사회적 동물이 맞습니다. 단, 인간은 인간적인 관계를 맺을 수 있을 때 사회성에 대해 이야기할 수 있습니다. 어떤 특정한 물건을 가진 집단 안에서 그 물건 없이는 어울릴 수 없다면 그 구성원들은 그 물건과 관계를 맺고 있는 것입니다. 결코 그 물건을 가진 '사람'들과 관계를 맺고 있는 것이 아닙니다. 그런 집단을 두고 사회성을 운운하는 것은 넌센스 중의 넌센스입니다.

다른 아이들은 다 가지고 있는 장난감을 내 아이만 가지고 있지 않다고 해서 내 아이가 외톨이로 지낼까봐 두려워하지 마세요. 그 아이들은 인간적인 관계를 맺고 있는 것이 아니라, 그 물건과 관계를 맺고 있는 것입니다. 빠른 시일 안에 그 물건에 싫증을 느끼고, 또 다른 새로운 물건을 찾아 다시 새로운 '물건 집단'을 구성합니다. 물건은 사람이 아니기 때문에 관계를 자유자재로 맺고 끊을 수 있으니까요. 얕고 짧은 관계, 이것이 물질주의 사회의 특성입니다. 나의 자녀가 그 집단에 어울리지 못할 것이 두렵다면 4장 균형감각에서 '자극이 많으면 균형 잡기 어렵다'를 마음을 열고 정독해 보시기 바랍니다. 거기서 사회성이 어떻게 만들어지는지에 대해 이야기합니다.

가전제품 시장을 보세요. 계속해서 새로운 물건 집단을 만들기 바뽑니다. 그런 어른들이 키우는 아이들은 얕은 관계를 짧게 경험합니다. 그리고는 또 색다른 자극을 줄 수 있는 것을 찾아 얕은 관계를 맺습니다. 문제는 이것이 물건에만 국한되는 것이 아니라는 사실입니다. 저의 치료 상담 경험에 의하면 소위 말하는 '유행'을 따르느라 자녀에게 새로운 물건이나 체험 기회(테마 파크, 단기 체험 학원 등)를 계속해서 제공하는 부모의 경우 인간적인 관계를 맺는데 어려움을 가지고 있다는 공통점이 있었습니다. 겉으로는 좋은 친구 관계로 보이지만, 혼자만의 시간을 두려워하는 그래서 혼자가 되지 않기 위해 맺어진 관계입니다. 자기를 수시로 타인과 비교하며 타인을 기준으로 자기를 평가하는 안타까운 관계입니다. 남이 가진 물건과 능력을 소유해야 한다는 강박관념에 사로잡혀 힘들어 하는 것을 보면 알 수 있습니다. 옆집아이 하는 만큼 내 아이도 해야 한다는 것이죠.

우리가 행복해질 수 있는 방법은 물질이 아닌 관계의 소중함을 깨닫고, 불필요한 관계를 정리하여 소박하지만 깊은 관계를 경험하는 것입니다. 불필요한 관계라는 것은 나에게 사실 필요하지 않은데 많은 사람들이 관계를 맺고 있으니 나도 맺은, 그래서 그 관계를 유지하는 데 감정적 에너지 소모가 큰 그런 관계입니다.

관계는 사람에만 국한된 것이 아닙니다. 사람은 물론, 내가 하는 일, 내가 속한 환경, 결국 나와 이 세상과의 관계입니다. 원래 타고나길 예민한 사람이라면 정신건강을 위해 더더욱 그런 관계를 정리할 수 있어야 합니다. 예를 들면, 아이의 엄마가 대형마트 쇼핑을 즐기는 엄마들 집단에서 지내면서 아이가 예민해서 걱정이라는 어리석음은 피해야 합니다. 대형마트처럼 시청각적 자극이 많고 그 강도도 강한 장소는 어린 아이들에게는 독약과 같습니다. 어린 아이들은 아직 중요한 것을 스스로 걸러낼 능력이 발달하지 않았기 때문입니다. 그 모든 자극들이 다 감각을 통해 들어오니, 일일이 반응하려면 아이들은 내적으로 엄청나게 바쁩니다.

게다가 아직 언어로 의사 표현을 하지 못하기 때문에 그 상황을 이렇게 여길 것입니다. '대체 나보고 어디에 집중을 하라는 거야?! 바쁘다 바빠! 저것도 보이고 이것도 보이고 그것도 보이고 저 소리도 들리고 이 소리도 들리는데 나보고 어쩌라는 거야?!' 그래서 그 아이들이 할 수 있는 것은 '나 지금 엄청나게 스트레스 받고 있다'라고 큰 소리로 울음을 터뜨리는 것입니다. 한국에서 요즘 유행하는(?) 정체불명의 돌잔치는 그것을 이해할 수 있는 가장 일반적인 예입니다. 쉴 새 없이 크게 울려 퍼지는 음악과 사회자의 외침, 화려한 조명, 그리고 현란하게 치장한 돌잔치를 위한(?) 행사 장소를 떠올려 보세요.

어른들 역시 바빠서 여유가 없을 때면 화를 잘 내지 않나요? 시청각적 자극이 심한 공공장소에서 우는 아이는 이상한 아이가 아니라 건강한 아이입니다. 어른들의 잘못된 행동에 대해 경고를 하는 것입니다. 그런데 그것을 무시하고 아이가 예민해서 걱정이라니요. 필요한 관계와 필요하지 않은 관계를 가리기 위해서는 판단력과 관련된 감각이 필요합니다. 이에 대해서는 12감각 중 자아감각에 대한 장에서 다시 이야기하도록 하겠습니다. '나'에게 필요한 것과 불필요한 것을 가릴 수 없는 어른이 양육하는 아이가 과연 그것을 가려낼 수 있는 사람으로 성장할 수 있을까요? 그 아이 역시 타인을 따르기 바쁜 사람이 될 것입니다. 내 아이가 자기 삶에 만족하며 행복을 느끼고 살기를 원한다면, 소박하더라도 깊이 있는 관계를 경험할 수 있게 도와줘야 합니다.

고유운동감각이 있는 부모는 그것을 위해 움직여야 합니다! 한 가지를 배우더라도 오랜 기간 배울 수 있게 격려하거나, 부모 스스로가 주변 사람들과 오랜 관계를 유지하는 모습(움직임) 또는 특정한 행위를 오랫동안 꾸준히 이어가는 모습을 아이가 자연스럽게 접한다면, 그것이야말로 관계의 소중함을 말이 아닌 행동으로 가르치는 것입니다. 자녀가 스스로 자기에게 필요하거나 원하는 것을, 즉 자기의 재능을 발견하고 그것을 꾸준히 갈고 닦을 수 있는 초석을 마련하는 것입니다. 아이를 위한다고 하는데 사실은 부모 자신이 원하는 것(내 아이가 이러 이러 하기를 바라는 것)을 행하는 경우가 많습니다. 이것은 부모의 이기심일 뿐입니다. 앞에서 말했듯이 아이들에게 이것저것 간헐적으로 간만 보게 하는 행위는 자녀가 그 어떤 참맛도 느끼지 못하게 하는 것과 같습니다.

참맛을 보지 못하면 그것이 맛이 있는지 없는지 알지 못합니다. 이는 그것의 가치를 발견하지 못하게 하는 것입니다. 그것이 나에게 맞는지 맞지 않는지, 내가 원하는지 원하지 않는지, 내가 그것을 좋아하는지 싫어하는지 알아챌 수 없다는 뜻입니다. 무언가를 인지하지 못하고 지나쳐 버리는 것은 그것을 만끽할 수 있는 기회를 놓치는 것입니다. 이

기회를 놓친다는 것이 상황에 따라서는 사람을 놓치는 것이 되기도 합니다. 그렇다면 사람을 놓친다는 것이 무엇이며, 왜 그것이 기회를 놓치는 것과 같은지 보겠습니다.

.

관계를 맺는 것 역시
자신이 만드는 움직임이다

예를 들어 아이를 여러 사교육기관에 단기적으로 순회하듯 다니게 하는 엄마가 있습니다. 그 아이는 다음과 같은 상황에 놓이는 것과 같습니다.

첫째, 수업이든 무엇이 되었든 겨우 몇 번 참석하고는 '이거 참 재미없네!'라고 섣부른 판단을 내리고 마음을 닫아 버립니다. 그리고 교육기관을 옮겨 다닐수록 그 일이 잦아집니다. 아직 선생님이나 친구들과 인간적인 관계를 맺기도 전인데 말이죠. 인간 관계는 하루아침에 맺어지는 것이 아닙니다. 부모와 자녀가 제대로 관계를 맺기 전에 외부에서 다른 무언가와 관계를 잘 맺을 수 있을 거라는 착각은 버려야 합니다.

둘째, 그렇게 단기적으로 몇 개월씩 혹은 1년씩(1년마다 교육기관을 바꾸는 것) 여기 저기 순회하는 아이들이 많기에 많은 교육기관에서는 짧은 시간에 아이들의 마음, 더 정확히 말하자면 부모의 마음을 사로잡을 만한 무언가를 보여주려고 합니다. 영유아를 위한 기관 중에는 화려한 시청각적 자료들로 단기 프로그램이 진행되는 기관들이 있습니다. 단시간에 사람의 마음을 사로잡기 위해 최대한 화려하게 보이는 방법을 취합니다.

앞서 이야기했듯 반복이 없으면 그냥 스치고 지나칠 뿐 무언가를 발견하기 어렵다는 사실을 염두에 두세요. 소화시키지 못할 자극들이 얼마나 많은지 생각해 봐야 합니다. 무언가가 빠르고 짧게 지나가 버리면 남는 것이 없습니다. 음식을 여러 번 씹지 않고 이것저것 입 속에 넣고 삼키면 맛을 보기 어렵습니다. 겨우 몇 달 접하고 반복했다고, 충분히 즐겨봤다고 착각하는 일은 없어야 합니다.

첫 번째 상황부터 살펴보겠습니다. 아이가 왜 재미없어 할까요? 여러 종류의 사교육기관을 단기적으로 접할 수 있다는 것은 내가 원하지 않아도 늘 나에게 필요 이상으로 많이 주어지는 것을 뜻합니다. 한 번에 여러 가지가 늘 내 곁에 널려 있습니다. 늘 내 옆에 널려 있다는 것은, 언제든 힘들이지 않고 눈 뜨면 볼 수 있고 손 뻗으면 잡을 수 있는 것입니다. 그렇기 때문에 그것에 대한 절실함이나 절박함이 생기기 어렵습니다. 그런 풍요로움은 내 옆의 사물이 될 수도, 내 옆의 사람이 될 수도 있습니다. 내 옆에 늘 있는 사람은 가족, 친구, 직장 동료 등입니다.

이 학원 저 학원 단기적으로 순회하는 아이가 그 많은 것들과 그 짧은 시간 안에 대체 무슨 관계를 어떻게 맺을 수 있을까요? 재미가 없다는 것은 가치를 느끼지 못할 만큼 제대로 관계를 맺어보지 못했다는 것입니다. 학원을 순회하던 제가 아는 한 아이가 그날 가야 할 마지막 학원을 가는 길에 저에게 이렇게 말했습니다.

"제발 집에 좀 가고 싶어요…"

필요 이상의 풍요가 가져오는 부작용입니다. 누구는 학원을 다니고 싶어도 형편상 못 다니는데, 또 다른 누구는 여기저기 보내주니 다 재미없다고 합니다. 물론 학원이 재미없는 이유 중에는 그곳이 맘껏 놀고 싶은 자유를 억압받는 곳이라 그럴 수 있습니다. 여기서 이야기하는 '학원 순회'는 아이를 돌봐줄 사람이 없어서 어쩔 수 없이 아이를 이곳저곳에 보내는 경우를 이야기하는 것이 아닙니다. 내 자녀를 남의 자녀와 비교하며 하나라도 더 잘하기를 바라고 또는 남들과 비교했을 때 뒤지지(?) 않게 만들려는 경우를 이야기합니다.

저는 학창시절 많은 친구들로부터 이런 이야기를 들었습니다. "나도 너처럼 그냥 피아노 계속 배울 걸…" 재미없다며 배울 수 있는 기회를 스스로 져버리고는 나중에 작품을 연주하는 친구를 보면서 기회를 놓친 것에 대해 후회하는 것입니다. 필요 이상으로 가지고 있어 그 소중함을 모르는 환경 속에서 살고 있는 우리는 "할 수 있을 때 혹은 있을 때 잘해"라는 말을 떠올려 보아야 합니다.

늘 내 곁에 있는 사람의 소중함을 알지 못하고 그 사람을 소홀히 혹은 함부로 대하거나 무시하는 행동을 하다 어느 순간 그 사람을 볼 수 없게 되면 나에게 필요한 사람이었다는 사실을 깨닫게 됩니다. 그리고 후회하죠. 그러한 행동들은 모두 우리의 운동, 우리가 만들어낸 움직임의 연속입니다. 그런 움직임들이 그 사람과 더 오래 함께 할 수 있는 기회를 놓치게 만드는 것이죠. 관계를 맺고 그것을 유지하는 것은 끊임없는 움직임, 즉 노력이 있어야 가능합니다. 서로가 서로를 알아보고 서로를 느끼며 행동하는 것이죠.

왜 자녀에게 필요 이상의 풍요를 경험하게 할까요? 내가 경험하지 못한 것을 내 자식은 경험하기를 바라기 때문이죠. 이것은 사랑이 아니라 또 다른 이름의 통제입니다. 나는 어려서 거기에 가본 적이 없으니 우리 애는 혹은 우리 손자는 거기에 꼭 데려가야지, 나는 크면서 이런 거 해본 적이 없으니 우리 애는 시켜줘야지, 나는 이런 거 받아본 적 없으니 우리 애한테는 꼭 줘야지. 여기서 자녀의 의사는 전혀 고려되지 않았습니다.

자녀는 '잔말 말고, 토 달지 말고' 부모에게 통제당해야 합니다. 그래서 그 장소가 내 아이에게 적합한지 부적합한지 판단도 하지 않고 옆집 애가 갔다고 하면 내 아이도 바로 데려갑니다. 그곳이 학원이든 박물관이든 동물원이든 어느 곳이든 상관없이 말이죠(이에 대해서는 미각에서 더 구체적인 예시와 함께 이야기하도록 하겠습니다). 그래놓고 나는 내 자녀를 이만~ 큼 생각하고 있다고 착각합니다. 자녀를 정말로 사랑하면 남이 키우는 방식으로 내 아이를 키우는 어리석은 행동은 할 수 없습니다. 왜냐하면 사랑을 아는 사람은 행복이 '자유'로부터 온다는 것을 아주 잘 알기 때문입니다.

왜 큰아이는 엄마가 동생만 예뻐한다고 말할까요?

이 세상의 아이들, 특히 한 집안에서 첫째 아이로 태어난 아이들이 "엄마는 동생만 사랑해"라고 이야기하는 이유가 무엇일까요? 엄마는 첫째 아이에게만큼은(물론 둘째에게도 해당될 수 있습니다) 새 옷을 사 입힙니다. 학원이며 과외 선생님도 신경 써서 고릅니다. 무엇을 하든 첫째 아이와 관련된 것이라면 엄마는 최상의 것을 주기 위해 고군분투합니다. 반면 동생은 옷도 어디서든 얻어다 입힙니다. 학원도 많이 보내지 않습니다. 그런데도 첫째는 엄마가 동생만 사랑한다고 투덜댑니다. 엄마는 분명 첫째에게 엄청난 공을 들이고 있는데 말입니다. 첫째는 왜 이리 배부른 소리를 할까요?

그것은 엄마가 첫째에게 사랑을 주지 않고 '빌려줬기 때문'입니다. 빌려준 사람은 받을 날만 기다립니다. 빌려 받은 사람은 반드시 갚아야 하기에 받은 것이 부담스럽기만 합니다. 그리고 간혹 그 사실을 잊기도 합니다. 빌려준 사람은 받은 사람에게 독촉을 합니다. 빌려 갔으면 빨리 내놓으라고! 하지만 빌려 달라고 한 적이 없는데 빌려주고서는 빨리 내놓으라고 한다면 얼마나 황당할까요?

"내가 이만큼 해줬는데 너는 왜 못 따라오니?"

그냥 주는 것과 빌려주는 것은 완전히 다릅니다. 빌려 받은 사람은 절대로 그냥 받았다는 느낌을 받을 수 없습니다. 그건 어차피 내 것이 아니니까요. 자기 마음에 들지 않아도 무언가를 받고나서 나를 생각해준 그 마음에 감동받아 고마움을 표현하는 것은 인간이 어느 정도 성숙한 뒤에 가능한 일입니다. 유년기의 아이들은 그렇게까지 성숙하지는 않기 때문에 이렇게 생각합니다. "이걸 왜 나한테 주지? 난 이거 필요 없는데! 내가 필요한 건 다른 건데."

반면 그냥 주는 사람은 돌려받을 생각을 하지 않습니다. 무언가를 받고 진짜로 받았다고 느낄 때는, 주는 사람이 빌려주는 것이 아니라 그냥 줬을 때입니다. 그래서 첫째 아이는 엄마가 자기에게 사랑을 덜 준다고 느끼는 것입니다. 물론 모든 경우가 그런 것은 아니지만, 아이가 그런 말을 한다면 한번쯤 사랑을 주는 자신의 마음에 대해 한번 생각해 보시기 바랍니다. 무엇을 바라고 준 것은 아닌지 하고 말이죠.

우리는 간혹 상대가 원하는 선물이 아니라 자신이 원하는 선물을 주는 실수를 범합니다. 달라고 하지도 않은 선물을 자기 마음대로 주고서는 받은 사람의 '빠른 반응'을 기대합니다. 그 반응이라는 것도 그 사람의 자유 의지에 따른 반응이 아니라 '내가 원하는 반응' 말이죠. 그건 무언가를 빌려준 사람이 하는 행동입니다. 내가 이만큼 줬으니 그만큼 돌아와야 한다고 굳게 믿는 사람의 행동입니다. 뿌릴 때 거둘 것을 계산하고 뿌리는 것이죠. 그래서 이 시대에는 사랑이 돌고 도는 일이 드물지도 모릅니다. 준 것은 꼭 돌려받아야 하고, 받은 건 꼭 돌려줘야 하니 결국 남는 것은 0입니다. 사랑의 수치가 0인 셈입니다.

여기서 받은 걸 저쪽으로 건네줄 수도 있고, 저쪽에 준 것을 또 다른 쪽에서 다른 형태로 나도 모르게 돌려받을 수 있습니다. 그것이 사랑이 돌고 도는 모습인데 돌고 도는 것을 허락하려 하지 않습니다. 장부를 만들어 놓는 경조사만 봐도 그렇죠? 그것은 정이 넘치는 품앗이가 아닙니다. 철저한 계산으로 이루어진, 단지 사업자 등록을 하지 않았을 뿐인 사업이죠.

걸치장은 오랜 결핍 증세에서 나온다

이제 두 번째 항목을 볼까요? 단기적으로 자녀가 이곳저곳을 배회하도록 하는 부모들(남들 하는 대로 따라하는 부모들)의 지갑을 열기 위한 가장 쉬운 방법은 그들에게 짧은 시간에 강한 인상을 남기는 것입니다. 그것은 바로 '외적인(보이고 들리는) 화려함'입니다. 내 자녀를 반드시 옆집 애보다 더 나은 아이로 만들어줄 것 같은 화려함 말이죠.

어린 시절 강한 자극에 의해 감각이 이미 마비된 사람은 그것보다 더 큰 자극이 필요합니다. 감각이 마비된 사람들에게는 자극적일수록 인기가 좋습니다. 시청각 자극이 강한 단기 수업을 진행하는 교육기관이나 대형마트 등의 장소를 즐기는 아이는 명랑하고 밝은 아이가 아니라, 이미 감각이 마비된 상태입니다. 그런 아이들이 단조롭고 단순한 환경에 들어서면 수동적으로 변하면서 지루함에 고통스러워하는 모습을 보면 분명합니다. 왜냐하면 그동안 늘 자극을 받아왔기 때문입니다.

아직 감각이 살아 있는 대부분의 영아나 유아라면 그런 장소와 울음을 터뜨리고 짜증을 내며 불쾌감을 표현합니다. 하지만 감각이 살아 있는 아이라도 지속적으로 그런 장소에서 그런 자극에 자주 노출되면 점점 감각이 무뎌지면서 수동적으로 변하기 시작합니다. 제가 《창의적인 아이로 키우는 발도르프 음악교육》에서 예로 들었던 것처럼 바나나를 먹은 뒤에 파인애플을 먹는 것은 힘듭니다. 바나나를 먹은 뒤에는 초콜릿을 먹어야 맛있습니다. 파인애플보다 바나나가 더 달기 때문에, 바나나를 먹은 뒤에 파인애플을 먹으면 시큼하고 맛이 없죠. 바나나보다 단맛이 더 나는 음식이 필요합니다.

앞에서 언급한 '외적인 화려함'은 치장을 할 때 드러나는 특징입니다. 치장을 한다는 것은 치장을 위한 소비를 한다는 뜻입니다. 즉, 치장을 한다는 것은 그만큼 소비할 정도로 '있어 보이기 위한 것'입니다. 동시에 '오랜 결핍증세'로부터 나오는 행동입니다. 무엇이 결핍되었을까요? 늘 뭐가 없네, 뭐가 모자라네, 뭐가 좁네, 뭐가 낮네, 뭐가 안 되네 하는 부정적인 표현들을 너무 많이 듣고 자란 경우입니다. 부모가 자녀에게 그렇게 말하거나 또는 부부끼리 대화하는 데 있어서도 그런 식의 표현을 입에 달고 산다면, 그것을 듣고 자라는 자녀는 그 말로 인해 충분함이나 충만함을 경험하지 못하고 '부족한' 유년기를 보내게 됩니다. 그 부족함이 결핍증세가 되어 뭐가 되었든 하나라도 더 화려하게 치장하려는 사람이 되기 쉽습니다.

위와 같은 부정적인 표현은 빈부의 상태와는 전혀 관계가 없습니다. 상대적으로 '없이' 살아도 주어진 것에 감사하는 부모와 늘 '돈! 돈!' 하면서 없네, 좁네 하며 불만을 입에 달고 사는 부모의 자녀에게는 완전히 다른 세계관이 존재합니다. 늘 없고 모자라니 그것과 반대되는 환경을 꿈꾸는 것입니다. 하나라도 더 화려한 것을 원하게 되는데, 이는 헛바람이 든 것이 아니라 결핍증세로 고통 받으며 사는 것입니다. 이미 성인이 된 자식들 앞에서도 너는 뭐가 없네, 뭐가 모자라네 하며 늘 부정적인 표현을 아무렇지 않게 툭툭 내뱉는 그런 부정적 성향은 자식의 앞날에 조금도 도움이 되지 않는다는 사실을 빨리 알아차려야 합니다. 그것을 안타까움의 표현이라고 착각해서는 안 됩니다. 그저 "잘 살고 있구나"라고 현재의 상태를 지지해주면 그것으로 큰 힘이 되는데 말이죠.

다시 치장 이야기로 돌아와, 예의를 위한 치장이라면 전혀 화려하지 않습니다. 예의를 위해 치장을 한다면 그것은 치장이라기보다 깔끔하고 단정할 뿐입니다. 단시간에 자극적인 인상을 받는 체험, 그러니까 있어 보이는 화려함에 길들여진 현대인들은 사람을 처음 만났을 때 그 사람의 깊이를 알기도 전에 그의 간판만 보고 그를 판단하는 어리석음을 범합니다. 얼마나 화려한지(소비할 수 있는 능력이 얼마나 있는지)를 먼저 보려고 합니다. 서로 따지고 계산하여 나에게 이득이 될 만한 것이 보이지 않으면 첫 만남을 마지막 만남으로 하고, 그 관계는 시작도 못한 채 끝이 나기도 합니다. 인연인지 아닌지도 모른 채 시작도 못하고 끝이 납니다. 이득이 될 만해서 관계가 형성된 사람들은 남들 사는 만큼은 살아야 된다는 강박관념에 사로잡힌 보여주기 위해 사는 사람들입니다.

서문에서 말씀드렸던 로봇처럼 늘 감시받는 삶을 사는 것이죠. 로봇은 감각이 없기에 사랑을 나누지 못합니다. 현대인들이 결혼을 '포기' 했다고 말하는 것을 들어보셨나요? 경제 위기 때문이기도 하지만 그에 못지않은 큰 이유가 하나 더 있습니다. 바로 사람보다 로봇이 더 많아지고 있으니 어떻게 사랑을 나누고 결혼을 하겠습니까? 감각이 살아 있는 사람의 수가 줄고 있는 것에 대해 심각하게 생각해야 합니다. 사람의 간판이 아닌 깊이를 알기 위해서는 시간이 필요합니다. 그 사람이 나와 맞는지, 내가 그 사람을 원하는지 그 사람의 다른 무언가를 원하는지 제대로 파악하기 위해서는 시간이 필요합니다.

스스로 기회를 만드는 사람,
기회가 주어지기만을 기다리는 사람

앞에서 관계를 맺고 그것을 유지하기 위해서는 끊임없는 움직임, 말하자면 노력이 있어야 한다고 이야기했습니다. 서로가 서로를 알아보고, 서로를 느끼며 행동하는 것 말이죠. 서로를 알아보고 느끼고 행동하려면 다음과 같은 사고가 필요합니다. 예를 들어, 피아노를 배우려고 저를 찾아오는 학생은 '피아노를 배우기 위해'라고 저를 찾아온 목적이 분명합니다. 피아노를 배우는 것, 찾아온 것, 이 모든 것이 이 장의 처음 부분에 설명한 운동, 움직임입니다. 하지만 왜 저를 찾아왔을까요? 피아노를 가르칠 수 있는 사람이 얼마나 많은데! 또 배울 사람이 얼마나 많은데(하필이면? 혹은 감사하게도!) 그 학생이 저를 찾아왔을까요?

　루돌프 슈타이너는 그것을 이렇게 설명합니다. 우리는 이미 세워진 계획에 의해 움직인다고 말입니다. 당연하면서도 어려운 말입니다. 이것은 우리의 삶을 바라볼 때 시간이 흐르는 순서대로 바라보기보다는 알베르트 수스만이 제안한 것처럼 뒤에서부터 거꾸로 살펴본 관점에서 나온 말입니다. 남녀 간의 만남과 사랑을 떠올리면 쉽게 이해하실 수 있을 것입니다. "아! 이 사람을 만나려고 내가 여기에 온 것이구나! 여기에 오지 않았더라면 나는 그 사람을 만나지 못했을 거야"라고 마치 둘의 관계가 이미 정해진, 계획된 운명이라도 되는 듯 이야기합니다. 그 사람을 만나기 위해 거기에 간 것! 그 사람을 만나기 위해 그쪽으로 움직인 것! '우리가 만나려고 여기에 온 것'이라는 말을 곰곰이 생각해 보세요. 우리의 만남에 특별한 이유를 부여하는 말입니다. 그것을 인연이라고 하죠.

만약 교사가 학생들과 마주하면서 이런 생각을 한다면 아이들에게 눈에 보이는 결과물을 가져다주는 지식을 인위적으로 주입시킬 필요가 없습니다. '내가 어디에서 이런 아이들을 만나볼 수 있을까? 이 아이들을 만나려고 내가 이곳에 왔구나!'라고 생각하면 '이 아이들을 만난 것', 이것이 소중한 인연이고 기회가 되는 것입니다. 그것은 '이 아이들'을 통해 이런 저런 것들을 배울 수 있는 기회를 스스로 마련하는 것입니다.

이런 생각을 부모와 자녀 사이, 부부 사이, 형제자매 사이, 의사와 환자 사이, 서비스를 하는 직원과 고객 사이, 관객과 연주자 사이에서 한다면 이것이 바로 스스로 기회를 만드는 일입니다. 보기 싫은, 마주하기 너무나 불쾌한 사람을 만났을 때도 마찬가지입니다. 그 사람을 통해 배울 수 있는 기회를 스스로 만드는 것이죠. '저런 행동은 참 기분 나쁘고 인간적이지 못하네. 그런데 그러는 나는 뭐가 그리 잘났나?'라고 말입니다. 보기 싫은 사람을 만나는 것은 정말로 좋은 기회를 구할 수 있는 인연입니다. 보기 싫은 사람은 사실 나 자신을 돌아보게 하는 누구보다도 고마운 사람이기 때문입니다. 그러나 보기 싫은 사람과 마주하는 것은 고통스럽습니다. 그것을 좋은 기회라고 여기려면 또 다시 꺼내는 이야기지만 우선 고통을 알아차리고 그것을 견뎌낼 수 있는 생명감각부터 잘 발달되어 있어야 하겠죠!

나 스스로를 돌아보게 하고 나 스스로를 가르치는 기회를 놓치지 않으려면 말이죠! 내가 경험하는 안 좋은 일들도 마찬가지입니다. 그래서 위기가 기회라는 말이 있는 것입니다. 안 좋은 일을 초래한 움직임들도 누군가는 배움을 주는 기회 혹은 그 뒤에 맞이하는 좋은 일들을 위한 기회(전화위복)였다고 생각합니다. 하지만 또 다른 누군가는 신세를 한탄하며 그냥 시간을 흘려보냅니다.

계획된 우리의 삶을 뒤에서부터 살펴본다면 결국 우리는 죽기 위해 태어났다는 사실은 분명합니다. 인간은 누구나 (언제인지 알 수는 없지만) 죽음을 맞이하니까요. '결국 죽기 위해 태어난 우리'라는 말을 잘못 해석하면 허무주의와 염세주의에 빠질 수 있습니다. 하지만 부모로부터 물려받은 유전자처럼 내가 바꿀 수 없는 정해진 운명을 가지고 태어난 인간이라면, 그 운명을 통해 또 다른 세계를 개척하는 일은 나의 몫입니다. 그러니까 이 세상에 태어나서 내 몸을 자유롭게 움직일 수 있게 된 후에 발생하는 움직임은 나의 몫이 됩니다. 무엇을 '원하는' 이유가 있는 사람은 그 이유 때문에 원하는 것이 적은 사람에 비해 많이 움직입니다. 무언가에 의해 수동적으로 움직이는 사람과 능동적으로 스스로 움직이며 사는 사람의 움직임은 분명 다릅니다.

그렇게 운명을 스스로 개척해 나갈 수 있는 힘의 원천은 무엇일까요? 어떻게 하면 우리의 삶을 저마다의 빛으로 저마다 의미 있게 마무리할 수 있을까요? 누군가는 인위적이고 특이한 방법으로 운명이 개척되기를 바라거나 이미 정해진 운명은 바꿀 수 없다고 여깁니다. 안 좋은 일은 피할 수 있다는 생각에서 점이라는 것을 보기도 합니다. 문제는 그들이 그것을 맹신하여 정작 좋은 인연과 만남(좋은 기회나 사람 등)을 놓쳐버리는 경우가 허다하다는 것입니다. 기회와 인연을 알아보지 못하는 것처럼 안타까운 일은 없을 것입니다.

앞서 이야기했던 부모들의 '경험기회 제공' 이야기를 다시 꺼내 보겠습니다. 주어지는 기회만 기다리는 사람 또는 좋은 기회도 알아보지 못하는 안타까운 사람으로 자녀를 성장시키시겠습니까? 자기 스스로 기회를 만드는 사람으로 성장시키시겠습니까? 여기에는 유년기 자녀를 키우는 부모님에게 적지 않은 책임이 있습니다. 무언가를 하고 싶은 마음이 생기도록, 무언가를 이루고 싶은 의지가 생기도록 하려면 간헐적으로 간만 보는 경험을 제공해서는 안 됩니다. 아이의 발달에 맞는 고유운동감각이 잘 발달될 수 있는 환경을 조성해야 합니다.

고유운동감각의 발달은 요즘 젊은 부모들이 경시하는 경향이 있는 생존에 필요한 움직임을 스스로 배우는 것부터 시작합니다. 스스로 양말과 신발을 신고 벗고, 단추를 끼우고, 스스로 숟가락을 들고 밥을 먹고, 화장실에서 스스로 바지를 내렸다가 추켜올릴 수 있으며, 수차례 넘어져 무릎에 상처가 나도 수차례 스스로 일어서고, 더 나아가 정해진 동작을 따라하게 하는 것이 아니라 몸을 자유롭게 사용하며 뛰어노는 모습을 지켜봐 주는 것입니다. 또한 자신의 감각을 사용해 원하는 것을 경험하게 하는 것, 즉 내 몸을 내가 원하는 대로 자유자재로 움직일 수 있는 환경을 조성하는 것이 고유운동감각 발달을 장려하는 길입니다. 걸음마를 겨우 배우는 돌 지난 아이에게 선을 긋고 그 선을 따라 걷게 하는 것이 아이의 발달을 돕는 것이라고 SNS를 통해 버젓이 소개하는 사람들도 있습니다.

걸음마는 내 다리를 내가 내딛고 싶은 쪽으로 내딛는 경험을 통해 평생을 배우는 동작입니다. 바르게 걷는다는 것이 얼마나 힘든지 다시 생각해 보세요. 선을 긋고 그 선을 따라 걷는 건 우리 성인들에게도 굉장히 어려운 일입니다. 또한 혼자서 자기 옷에 달린 단추도 아직 끼우지 못하는 아이에게 글을 가르치려고 연필 쥐는 법부터 가르칩니다. 아이가 훈련을 통해 연필은 쥐는데 정작 생존을 위해 기본적으로 필요한 동작은 잘하지를 못합니다.

그뿐인가요? 내가 왜 그쪽으로 움직여야 하는지 그 움직임의 필요성을 아직 알지 못하는 영유아들에게 동작을 따라하게 하는 발레, 태권도, 댄스 등을 두루두루 데리고 다니며 시킵니다. 엄마의 의지가 아닌 옆 엄마의 의지에 이끌려, 이웃 아이들이 하는 것이라면 우리 애도 해야 한다는 생각으로 말입니다. 생존을 위해 필요한 동작이란 함께 더불어 살아가는 데 필요한 동작입니다. 무엇이 더불어 살아가기 위해 필요한 동작인지를 알고, 그것을 먼저 발달시킨 뒤에 위의 학습적인 것을 시켜도 늦지 않습니다. 이 이야기는 뒤에 나올 언어감각의 장에서 조금 더 구체적으로 이야기할 것입니다.

내 몸을 자유롭게 움직일 수 있을 때 내 운명을 내가 원하는 대로 개척할 수 있습니다. 내 운명이 남에 의해 좌지우지 되는 것이 아니라 말입니다. 서문에 등장한 로봇을 다시 한 번 떠올려 보세요.

기역 니은을 배우는 것은 몸을 자유자재로 사용할 수 있게 된 다음에 해도 좋을 일입니다. 왜냐하면 배움 역시 배우고자 하는 의지가 있어야(원해야) 시작할 수 있기 때문입니다. 여기서 저는 의지에 관한 이야기를 다시 꺼낼 수밖에 없습니다. 그 어떤 배움도 의지 없이는 진행될 수 없습니다. 본인의 의지가 아닌 외부의 압력에 의한 배움이 인간의 자유로움을 상징하는 '꿈'을 말살시키는 경우가 너무나도 많습니다. 결국 돈이 될 거라며 부모 손에 이끌려 영ㆍ유아기 때부터 공부를 시작했다면 그들에게는 자유가 없습니다. 자신이 주체가 되어 행위할 기회를 가져보지 않았기 때문에 주체적으로 나서서 꿈을 펼칠 수 없는 것입니다.

시키는 동작이나 행위를 따라하는 것 말고, 마음껏 내 몸을 내가 원하는 대로 움직이는 기회를 만끽하면서 의지를 기르고 그렇게 해서 생겨난 자신의 의지로 공부가 하고 싶어서 공부한 사람들은 자기가 주인입니다. 반면, 자신이 아닌 주인이 원하기 때문에 공부를 한 사람들은 자신의 꿈을 억압하거나 무시하게 됩니다. 그 주인으로부터 감시를 받는 로봇 같은 삶을 살게 됩니다. 주인의 명령을 따르는 것이 과연 자신의 꿈일까요? 다른 사람의 꿈을 모방하는 것일 뿐입니다! 주인의 명령을 따르는 것은 아무런 욕구가 없는 로봇이나 기계가 하는 일입니다. 어떤 분야든 자신의 의지로 그것이 좋아서 공부 혹은 무언가를 한 사람과 '남들 같은' 스펙을 쌓으려고 공부한 사람의 인생은 너무나도 다릅니다. 스펙을 쌓는 사람은 계속해서 주인이 원하는 대로 자기를 만들어야 한다는 강박관념에 사로잡혀 있습니다. 그 과정을 즐길 수도 없습니다. 그럴 여유가 어디 있나요.

즐긴다는 것은 원하는 것을 하는 능동적인 사람만이 느낄 수 있는 감정입니다. 내 의지가 아닌 무언가에 이끌려 남들 다 가는 대학은 당연히 가야 하는 줄 알고 입학하고 졸업 후에는 본인의 의지라기보다 몹쓸 의무감에 어딘가에 취직을 합니다. 그리고 어떤 일이 벌어지던가요? "이 일은 사람이 할 짓이 아니야"라며 자기합리화를 시키고는 참을성 없이 그 일을 단시간에(짧게는 3년 안에) 그만둡니다. 이 세상에 쉬운 일(쉽게 돈 버는 일)은 결코 존재하지 않습니다. 그럼에도 그 '못할 짓'을 이어가는 사람이 있는데 그들은 자신이 원하는 것이 분명하기 때문입니다. 잘 발달된 생명감각을 가지고 고통을 참고 인내하는 것입니다. 그랬을 때 결국 무언가를 이뤄내고야 맙니다.

간혹 자신이 원하지 않아도 책임감 때문에 하는 일을 쉽게 그만두지 못하고 이어나가는 사람들도 있습니다. 내 가족을, 내 삶을 내가 책임져야 한다는 책임감 말이죠. 책임감이나 의무감으로 무엇을 하는 사람들 역시 '즐기는' 것이 힘듭니다. 즐길 수 없는 것은 고통입니다. 그 강도가 적든 세든 말입니다. 어쩌면 우리는 '가장'이라는 이름을 가진 가족구성원과 마주하는 방식부터 바꾸어야 할 것입니다. 가장이 아닌데도 책임감과 의무감에서 무언가를 하는 사람들은 과정보다 결과물에 집착합니다. 우리는 그들이 책임감과 의무감을 갖게 된 근본적인 이유를 살펴볼 필요가 있습니다. 그것이 이 책을 읽는 당신의 이야기일 수도 있기 때문이죠.

제가 생명감각의 장에서 지독한 부족함을 경험하며 성장했을 때 어떤 일이 일어날 수도 있다고 이야기한 것을 기억하시나요? 이제 그 이야기를 하려고 합니다. 너무 어린 나이에(성인이 되기 전에) 스스로를 책임져야 했거나 성장과정에서 다른 이유로 '충분함이나 풍요로움(물질적 여유만을 뜻하는 것이 결코 아님-시각의 장 참고)'을 경험하지 못한 사람은 과정보다는 결과가 중요해질 수밖에 없습니다. 성인이 되기 전에 자신의 삶을 책임져야만 했던 사람이라면 '여유'를 경험할 틈이 없었던 사람입니다. 당장 먹고 사는 문제가 시급했기 때문에 잠깐의 쉼도 허락되지 않는 삶을 살았습니다. 그래서 무언가를 즐기는 것이 거의 불가능합니다. 문제는 나중에 여유가 생겼을 때도 무엇을 하든 '의무적'으로 합니다. 과정보다는 결과에 집착하는 태도가 남아 있기 때문입니다.

무엇을 왜 어떻게 했느냐보다는 "나도 했다!"라는 것에 집착합니다. 더 심한 경우는 내가 한 무언가를 보여주는 것에 집착한다는 것입니다. 자신이 만일 이 경우에 해당한다면, 이제 그때보다는 훨씬 나아진 지금 나의 상황을 보면서, 무턱대고 보여주기 위해 행동할 것이 아니라 '내가' 원하는 것이 무엇인지 곰곰이 생각해 보아야 합니다. '남들 사는 것처럼 사는 것'이 내가 원하는 것일 수는 없습니다. 그것은 남의 삶입니다.

사람은 늦잠을 잘 수도 있으며 쉬는 날에는 아무것도 하지 않고 뒹굴 수도 있습니다. 쉴 틈 없이 움직이는 것만이 생산적인 삶이라고 여긴다면 그것은 큰 착각입니다. 즐기지 못하고 의무감에 움직이는 것은 결코 부지런함이나 성실함과는 거리가 먼 '의미 없는 기계적인 행동'일 뿐입니다. 생산적인 움직임과 단순노동에 대해서는 시각의 장에서 이어서 이야기하겠습니다.

고유운동감각에 대해 알기 위해 알베르트 수스만은 우리의 삶을 끝에서부터 관찰해 보자고 말합니다. 내가 아닌 누군가의 일을 수행하기 위해 우리가 이 세상에 왔을까요? 모두가 자기 삶의 주체가 되어 그 나름의 멋진 주인으로 삶을 마무리 짓기 위해 태어난 것이 아닐까요? 누군가가 세워 둔 계획에 의해 우리의 삶이 진행되는 것일까요? 여기서 지두 크리슈나무르티의 글을 인용해 보겠습니다.

> 만일 내가 당신에게 어떤 체계를 줄 만큼 바보스럽고 또 당신이 그것을 따를 만큼 바보스럽다면, 당신은 다만 베끼고, 모방하고, 순응하고, 받아들일 따름이며… 그 이유는 당신은 그런 일을 해야 한다고 들었기 때문이며…
>
> ─《아는 것으로부터의 자유》에서 발췌

한 번 더 강조하지만, 부모로부터 받은 유전자에 의해 이미 세워진 계획에 의해 수동적으로 움직였다면, 우리에게는 그것을 이어 새로운 계획을 세우고 그것을 실행할 자유가 있습니다. 그 실행능력은 고유운동감각의 발달이 전제가 됩니다. 내 몸을, 나의 마음을, 나의 사고를 자유자재로 움직일 수 있을 때 내 삶은 내 마음대로, 내가 원하는 대로 개척할 수 있습니다. 고유운동감각은 저마다 그 사람 고유의 움직임을 가능하게 하는 감각입니다.

여기서 잠깐!
좋은 장난감 또는 놀잇감에 대하여

장난감 중 인간이 가진 고유의 움직임을 가능하게 하는 좋은 장난감이 있는가 하면 반대로 고유운동감각을 잠들게 하는 장난감도 있습니다. 좋은 장난감이나 놀잇감이란 인간이 행위의 주체가 되는 것입니다. 내가 주체가 되어 '내가 원하는 대로 가지고 놀 수 있는 것'입니다. '놀아주는 것'과는 다르죠. 구체적으로 이야기하기 위해 어른들의 세계에서 종종 놀잇감으로 활용되는 술(알코올)과 좋은 놀잇감이라고 할 수 없는(!) 어린이 장난감의 유사성을 보여드리겠습니다.

먼저 술을 볼까요? 술을 마시는 행위 자체는 능동적이라고 착각할 수도 있습니다. 물론 한 잔을 들어 올리는 그 시작만(!) 능동적이죠. 여기서 술을 마시는 행위를 두고 능동적이라고 생각하는 것이 착각이라는 증거를 보여드리죠. 술을 마실수록 인간은 자기 행위의 주체가 되어 노는 것이 아니라, 서서히 마취되어 내 몸을 내 맘대로 가누지 못하거나 했던 말조차 기억하지 못하게 됩니다. 그러니 인간이 술에 의해 수동적으로 움직이는 것입니다. 술은 적당히 마시면 나쁘지 않지만 '적당히'라는 조절이 불가능한 사람(사람이 술을 부른 것이 아니라 술이 술을 부른다고 하죠)에게는 이렇습니다.

● 술이 없으면 놀지 못합니다. 대체 술 없이 어떻게 놀 수 있냐고 투덜댑니다. 그 물건이 없으면 놀이가 불가능한 것입니다. 그런 사람은 술이 없으면 말수도 적고 감정을 표현하는 것도 어려워집니다.

● 술을 한 잔 마시는 그 단순한 동작 하나로, 힘들이지 않고 원하는 결과를 얻을 수 있습니다. 바로 취하는 것이죠. 취하기 참 쉽죠! 마비되는 것을 원하는 것입니다. '내가 수동적으로 되는 것'을 원하고 있는 것입니다. 취해서 어떤 행동을 하게 될지, 또 어떤 말을 하게 될지는 스스로 결정할 수 없게 됩니다. 그러니 취한 뒤에는 알 수 없는 결과물이 나오겠죠. 결과를 내가 정한 것이 아닙니다. 그 물건이 내놓은 결과입니다.

● 술을 먹는 행위는 그 시작만 능동적입니다. 한 잔 두 잔 마시다 보면 더 이상 나는 그 행위의 주체가 아니라 술이 주체가 되어 더 많은 술을 부릅니다. 사람이 주체가 아니라 그 물건이 주체입니다. 취해서 몸을 내 맘대로 못 가누는 것은 내 의지와 상관없으니 술이 주체가 된 것이 확실합니다. 이제 더 이상 한 잔으로는 만족할 수 없습니다. 한 병 더, 한 병 더, 한 병 더! 더 많이 필요합니다.

● 술에 취한 사람은 아무에게나 나오는 대로 아무 말이나 다 내뱉습니다. 생각이 잠든 것이죠. 술이 생각을 잠들게 한 것입니다.

제가 강조한 부분을 간단히 정리하면 다음과 같습니다.

1. 단순한 동작 하나로 힘들이지 않고 결과물을 얻을 수 있다. 하지만 그 결과는 내가 정한 것이 아니라 그 물건이 정해 둔 것이다.
2. 그 물건이 없으면 놀이가 불가능하다.
3. 사람이 수동적으로 된다. 사람이 주체가 아니라 그 물건이 주체다.
4. 생각을 잠들게 한다.
5. 접할수록 더 많이 필요하다.

이런 특징을 가진 놀잇감이 어린 아이들을 대상으로 판매되는 놀잇감에도 너무나 많습니다. 이런 놀잇감은 좋지 않은 놀잇감입니다. 1번 항목부터 따져가며 보겠습니다. 부모 혹은 조부모라면, 그리고 예비 부모라면 이 정도는 진지하게 생각해 보는 것이 좋습니다.

1. 단순한 동작 하나로 힘들이지 않고 결과물을 얻을 수 있다.

힘들이지 않고 손가락 끝으로 버튼 하나만 누르면 갖가지 소리가 나오고 기계적으로 작동되는 놀잇감을 이야기합니다. 거기서 흘러나오는 소리는 이미 기계에 저장된 결과물이지 그것을 작동시킨 아이가 직접 만들어낸 소리는 아닙니다. 결과는 정해져 있으니 '마음대로 가지고 노는' 것이 불가능한 놀잇감입니다. '가지고 논다'는 말의 뜻을 어떻게 이해하고 계십니까? 예를 들어 누군가가 저에게 "김현경 선생님은 피아노를 가지고 노시네요"라고 말했다면 이것이 무슨 뜻일까요? 피아노를 '자유자재'로 다룬다는 뜻입니다. 자유자재(!) 마음대로 변화시킬 수 있는 것입니다.

감각이 살아 있는 영리한 아이라면 가지고 놀 수 없는 그런 놀잇감에 금방 싫증을 냅니다. 내가 원하는 것을 내가 만들고 싶은데 고작 버튼들에 의해 이미 정해진 결과물들이 나오는 놀잇감이 무슨 재미가 있을까요? 단시간에 그 비싼 놀잇감은 자리만 차지하는 천덕꾸러기가 되기 십상입니다. 그렇게 베란다나 창고에 '가지고 놀 수 없는' 놀잇감들이 쌓여가는 것입니다.

2. 먼저 3번 항목에 대해 이야기한 후에 하도록 하겠습니다.

3. 사람이 수동적으로 된다. 사람이 주체가 아니라 그 물건이 주체다.

1번 항목에 대한 설명을 통해서도 짐작이 가능할 것입니다. 이미 저장된 '주어진 결과물'을 '주는' 놀잇감은 '원하는 결과물'을 '직접 만드는' 행위와는 정반대되는 것입니다. 사람이 장난감을 가지고 노는 것이 아니라 장난감이 사람과 놀아주고 있습니다. 역시 감각이 깨어 있는 아이는 상호작용이 불가능한 이런 일방적이고 기계적인 놀잇감을 거부합니다. 주고받기가 불가능하니 재미가 없는 것이죠. 그래서 자리만 차지하는 폐품이 되기 십상입니다. 이런 특징을 가진 놀잇감'만' 갖고 놀며 성장하는 아이는 어느새 그것에 길들여져 다음과 같이 됩니다. 이제 2번을 설명할 차례입니다.

2. 그 물건이 없으면 놀이가 불가능하다.

1번과 3번 특징을 가진 장난감은 대부분 완성된 형태입니다. 이것이 무슨 뜻일까요? 어른들이 사용하는 물건을 그대로 크기만 축소시킨 장난감을 이야기합니다. 어른의 물건을 그대로 재현해서 만들었으니 그렇게 정교한 만큼 화려하고, 그래서 가격이 싸지도 않습니다. 어른의 물건을 그대로 재현한 장난감만 잔뜩 선물 받아 가진 아이는 이런 말을 자주 합니다. "그게 없는데 어떻게 놀아?" 왜 그런 말을 하는지 다음의 항목에 대해 이야기하며 함께 생각해 보겠습니다.

4. 생각을 잠들게 한다.

2번 항목에서 어른의 물건을 그대로 흉내낸 장난감은 정교하다고 했습니다. 이미 완전한 모습을 갖추고 있기에 그것과 마주하는 아이는 놀이를 할 때 머리로 상상을 할 필요가 없습니다. 예를 들어 나무토막으로 소꿉놀이를 하는 아이는 그 나무토막을 냄비라고 상상하거나, 밥그릇이라고 상상하거나 숟가락이라고 상상하는 등 스스로 자신이 원하는 결과물을 상상합니다.

나무토막이 결과를 정해주지는 않습니다. 나무토막은 그저 나무토막입니다. 그것을 가지고 노는 아이가 상상하여 자신이 원하는 결과물로 정합니다. 그러나 소꿉놀이 풀세트를 가지고 노는 아이는 냄비와 밥그릇과 가스레인지 등 완전한 모양을 갖춘 장난감과 마주하기 때문에 상상을 할 필요가 없습니다. 이미 정해진 결과물들을 가지고 한정된 놀이를 하게 됩니다. 소꿉놀이 풀세트로는 소꿉놀이밖에 할 수 없지만 나무토막으로는 소꿉놀이는 물론이거니와 자동차 놀이, 비행기 놀이, 전화통화 놀이 등 원하는 것은 무엇이든 상상하며 다양한 놀이가 가능합니다.

완전한 모양을 갖춘 장난감만 접한 아이가 왜 "그게 없는데 어떻게 놀아?"라고 이야기하는지 알 수 있습니다. 소꿉놀이는 소꿉놀이 풀세트가 없으면 못하고, 피아노가 없으면 음악회 놀이를 못하는 것이 습관이 되어 버린 것입니다. 스스로 상상하지 않고 생각하지 않는 것이 습관이 된 것입니다. 그런 습관이 길들여진 아이는 나중에는 책상이 낡아서 혹은 좋은 연필이 없어서, 과외를 못 받아서 공부를 못하겠다고 합니다. 이것은 5번 항목도 설명이 됩니다.

5. 접할수록 더 많이 필요하다.

완전한 형태의 물건만 접했으니 조금만 부족해도 허락이 안 되는 것입니다. 어제의 소꿉놀이는 소꿉놀이 풀세트가 있어서 다행히 할 수 있었죠. 오늘은 병원놀이 하고 싶은데 병원놀이 풀세트가 없어서 못하니 그걸 또 사야 합니다. 어른들이 지나치게 마시면 건강을 해치는 술이라는 놀잇감과 어쩌면 이리도 똑같을까요? 기억을 못할 정도로 술에 취하기를 좋아하는 사람들이 술이 없으면 무언가를 잘 느끼지 못하고, 표현도 못하며, 즐기지 못하고, 잘 놀지 못하는 등이 술이라는 어른들 놀잇감의 특징입니다. 이 같은 특징을 가진 장난감을 많이 가지고 노는 아이들의 행태 역시 놀라울 정도로 같습니다.

모양이 예쁘고 비싸다고 다 좋은 장난감이 아니라는 것을 이해하셨나요? 그런 장난감을 선물하는 것은 결코 사랑을 전달하는 것이 아니겠죠? 위에 열거한 특징을 가진 장난감에 길들여지면 스스로 생각하는 능력이 퇴화됩니다. 결국 남들 흉내내기 바쁜 삶을 사는 것입니다. 그러니 불행하죠. 남에 의해 만들어지는 삶을 사니까요. 내가 원하는 대로 사는 것이 아니니까요. 그러면 대체 어떤 장난감을 사 주어야 하느냐고 묻고 싶으신 분들이 혹시라도 아직도 계시다면 그 대답은 이렇습니다.

일상생활에 이미 좋은 놀잇감이 될 만한 물건들이 많습니다. 집에 굴러다니는 깨질 위험이 없는 작은 물건들이나 산책길에 놓인 나뭇가지와 작은 돌멩이 등. 그리고 인간의 온기! 사랑을 밖에서 사오지 말고 내 안에 있는 사랑을 좀 더 표현하는 것입니다. 비싸지 않고 단순한 모양을 하고 있어 아이가 마음대로 상상하며 여러 가지 놀이를 할 수 있는 장난감들은 의외로 많습니다. 그것을 찾는 것은 여러분들의 몫으로 남겨두겠습니다.

—
균형이라는 말은
육체적인 균형부터
정신적인 균형까지
삶 전반에 해당됩니다

4장
균형감각

균형은 저절로 잡히는 것이 아니라
그것을 이루려는 노력에 의해 가능하다

지금까지 촉각, 생명감각, 그리고 고유운동감각에 대해 이야기했습니다. 그 이야기를 통해 감각을 육체적으로만 느끼는 것이 아니라는 점을 알게 되었습니다. 육체적인 감각들이 정신적인 부분에까지 영향을 미칩니다. 아기들은 수차례 넘어지고 다시 일어서기를 반복하면서 걷게 됩니다.

어린 아이는 수차례 넘어지고 : 우리 역시 어릴 때 서는 연습을 하면서 자주 넘어졌고 걷게 되었을 때도 자주 넘어졌습니다. 넘어져 무릎에 상처라도 나면 육체적인 고통을 느낍니다. 원하는 대로 쉽게 설 수도 잘 걸을 수도 없으니 정신적인 고통도 느낍니다.

다시 일어서기를 계속 시도하다가 : 아프지만 그래도 다시 일어서려고 노력합니다. 이것은 의지이고 정신력입니다.

드디어 똑바로 설 수 있게 됩니다 : 반복적인 연습을 통해 드디어 넘어지지 않고 설 수 있습니다. 드디어 원하는 것을 이룹니다. 그리고 직립하는 인간만이 누릴 수 있는 기회를 갖게 됩니다.

이런 육체적인 경험은 성인이 되어 다른 어려운 상황에도 '넘어져도 (잘못되더라도) 일어서면 된다' 혹은 '넘어질 때마다 또 일어서면 된다(될 때까지 하면 된다)'고 생각할 수 있는 정신력의 바탕이 됩니다. 우리의 육체는 정신의 어머니라 해도 과언이 아닙니다. 한 가정 안에서 엄마가 아프면 어떤 일이 벌어지나요? 아빠와 아이들마저 기운이 빠집니다. 몸이 아플 때 정신적으로 쉽게 지치는 것을 경험해 보셨나요? 육체적인 것과 정신적인 것은 따로 떼어 생각할 수 없다는 점을 염두에 두고 균형감각에 대해 알아보도록 하겠습니다.

균형감각은 우리가 익히 알고 있는 감각입니다. 균형이라는 것은 한쪽으로 혹은 한 방향으로 기울거나 치우치지 않은 고른 상태를 의미합니다. 몸무게가 70kg인 사람과 50kg인 사람이 시소의 양끝에 앉으면 어떻게 될까요? 당연히 무게가 더 나가는 사람 쪽으로 기울 것입니다. 하지만 몸무게가 똑같거나 비슷하다면 시소는 어느 한쪽으로 기울지 않고 평형을 유지할 것입니다. 어떻게 보면 이 상태는 공평합니다. 누구만 위로 올라가거나 누구만 아래로 내려가는 것이 아닌 똑같은 위치에 떠 있으니까요. 여기서 어느 누가 욕심을 부리면, 예를 들어 한 사람이 좀 더 내려가고 싶다고 힘을 주면 맞은편에 앉은 사람이 위로 뜨

"균형이 잘 잡혀 있다는 것은 그러려는 노력이 지속되고 있는 것입니다."

겠죠. 이렇게 균형이 깨지면 위로 뜬 사람은 불만이 생깁니다. 위로 뜬 사람이 항의하겠죠. 그리고 힘주어 아래로 내려간 사람은 내가 원하는 대로 좀 해보자고 우기겠죠. 쉽게 말해 둘이 싸우거나, 겉으로는 싸우지 않더라도 그 둘 사이의 관계에 문제가 생기기 시작할 것입니다.

이렇듯 균형이 깨지는 것은 어떻게든 문제가 생긴다는 것이고, 반대로 균형이 잘 잡혀 있다는 것은 어떻게든 균형을 이루기 위한 노력이 지속되고 있다는 뜻입니다. 몸무게가 같은 두 사람이 평형을 이루는 것은 어렵지 않아 보입니다. 하지만 한쪽으로 기울지 않고 중심을 잘 잡아 균형을 이루려면 서로 이기심을 자제하는 노력이 필요합니다. 균형은 저절로 잡히는 것이 아니라, 그것을 이루기 위한 노력이 필요하다는 이 말을 염두에 두고 이 장을 읽어보세요.

우리가 평지 위에 편안히 서 있을 수 있는 것은 균형감각 덕분입니다. 중심을 잡지 못해 균형을 잃으면 똑바로 서지 못하고 비틀거리거나 넘어지는 문제가 발생할 것입니다. 술에 취한 사람이 중심을 잃고 비틀거리기도 하지만 어린 아이들 역시 아직 뒤뚱거리다가 넘어지는 일이 많죠. 그것을 보면 어린 아이들은 균형감각을 기르는 과정 중에 있다는 사실을 알 수 있습니다.

고유운동감각에서 '운동'의 폭넓은 의미에 대해 이야기했듯이 균형 역시 의미가 매우 다양합니다. 균형이라는 말은 우리 삶 전반에 해당됩니다. 육체적인 균형부터 정신적인 균형까지 말이죠. 미끄러운 빙판길이라든지 흔들리는 버스 안에서라면 균형을 잡고 평형을 유지하는 일은 쉽지 않습니다. 혼란스러운 이 세상에서 중심을 잃지 않고 균형을 잡고 사는 것 또한 만만치 않은 일입니다. 또 '균형이 잘 잡혔다'라는 말은 조화롭다, 아름답다, 보기 좋다, 건강하다, 편안하다 등의 다양한 긍정적인 표현을 대신하기도 합니다. 단, 그렇게 균형이 잘 잡혀 있기 위해서는 앞에서 이야기한 것처럼 그러려는 노력이 지속되고 있어야겠죠. 그러면 우선 우리에게 익숙한 육체적인 균형 잡기부터 이야기를 이어가 보겠습니다.

균형 잡는 것이 힘들다면
아직 자신을 믿지 못하는 것이다

평균대를 한 번 떠올려 보세요. 그 위에서 떨어지지 않고 걷기 위해 우리는 무엇을 하나요? 중심을 잡기 위해 어떻게 하나요? 우선 평균대 위에 올라서는 것부터가 그리 간단하지 않습니다. 쉽지 않게 올라서서 평균대라고 하는 그 좁은 길 위에 놓인 우리의 발만 쳐다봅니다. 난생 처음 평균대 위에 올라서면 고개를 들고 저 멀리 앞을 볼 여유가 없습니다. 그럴 정신이 어디 있나요. 시간이 좀 지나서 그 위에 서 있는 것이 익숙해지면, 드디어 우리는 고개를 들고 앞을 볼 수도 옆을 볼 수도 있습니다.

평균대 위에 올라서서 오로지 우리의 '발이 놓인 곳만' 쳐다보고 온 신경을 거기에 다 쏟는 것 → 이것은 집중하는 것입니다.

즉, 중심을 잡기 위해서는 집중을 할 수 있어야 합니다. 집중력이 필요합니다. 만약 처음에 평균대 위에서 집중하지 못하고 평균대 외의 것들, 그러니까 평균대 옆에서 놀고 있는 사람이라든지 그 옆에서 일어나는 일들에 신경을 쓰면 그 위에서 떨어지기 십상입니다. 평균대 위에 처음 올라서서 중심을 잡는 것은 누구에게나 어려운 일입니다. 하지만 중심을 잡기 위해 애쓰는 이 상황을 매우 힘들어 하는 사람이 있는가 하면, 그리 어려워하지 않는 사람도 있을 것입니다.

그 일이 매우 힘든 사람은 어떤 사람인지 볼까요? 평균대가 그리 높지 않은데도 떨어져서 다치는 상상을 합니다. 두려움을 가진 불안한 사람입니다. 떨어지는 것은 실수이며 그 사람은 실수를 용납하기 어렵습니다. 절대 떨어지고 싶지 않은 사람입니다. 그래서 신경이 곤두서 있죠. 이것을 우리는 예민하다고 이야기합니다. 그런 예민한 상태인데 옆에서 누군가가 그 사람을 밀치는 시늉을 합니다. 실제로 밀친 것이 아니라 시늉을 한 것입니다. 그러면 두려움 때문에, 불안감 때문에, 실수가 싫어서 "너 때문에 떨어질 뻔했잖아! 내가 떨어지면 네가 책임질 거야?!"하며 짜증이나 화를 냅니다. 그러다가 혹시라도 진짜 떨어지면 의기소침해집니다. '나는 안 되는 건가? 내가 다시 이 위에 설 수 있을까?' 하고 자신을 의심합니다.

이런 의심은 실수한 횟수가 늘면서 생기는 의심이 아닌 그와 정반대입니다. 단 한 번에 무언가를 잘해야 한다는 생각에서 나오는 의심입니다. 하다 보니 잘하게 되는 것은 자연스럽고 당연한 이치입니다. 그런데 '하다 보니'를 생략하고 처음부터 잘해야 한다는 강박적인 생각은 실제로는 완벽하지 못한 완벽주의자들이 하는 생각입니다. 완벽주의자는 실수를 인간이 할 수 있는 행위로 보지 않고 한 인간의 성격이나 특징이라고 여깁니다. 실수를 용납하지 않기 때문에 그들이 실수하지 않는 방법은 실수할 일을 아예 만들지 않는 것입니다. 즉, 아무것도 안 하는 것입니다. 중심을 잡는 것이 힘들고 어려운 사람은 아직 자기 자신을 잘 믿지 못하는 사람입니다. 그리고 확신이 없는 사람입니다. 떨어져서 다치면 어떡하지? 떨어지면 다칠까? 온통 답이 없는 의문투성이입니다. 아직 일어나지 않은 일들에 대해 걱정하면서 말입니다.

이런 사람이 평균대 위에 처음 올라서면 다른 사람들에 비해 다른 데 신경 쓸 '여유가 더욱 더 없게' 됩니다. 게다가 신경 쓰이게 하는 다른 무언가(떨어뜨리는 시늉을 하는 사람)라도 나타나면 화를 냅니다. 이것은 (정신적인) 여유가 없는 사람이 다른 사건이나 타인을 받아들일 수 없는 것과 같은 이치입니다. 그럼에도 다른 사건이나 타인을 받아들여야 한다면 그는 고통스러울 것입니다. 고통스러워서 화를 내는 것입니다. 그에게는 다른 것을 받아들일 여유가 없습니다. 그는 신경이 곤두서 있는 상태입니다.

그런데(!) 이와는 대조적으로 평균대 위에 서서 중심을 잡는 것이 어렵지 않은 사람이 있습니다. 물론 신체적 균형을 잡는 것이 쉬운 것은 아니지만, 그렇게 중심을 잡는 것을 고통으로 여기지 않는 사람이 있습니다. 그런 사람은 어떤가요? '한 번 해보지 뭐! 나는 할 수 있어!'라고 생각하는 사람입니다. '떨어지면 어때? 몇 번 해보면 될 거야'라고 생각하는 사람입니다. 사람은 실수를 할 수도 있다고 생각하는 사람입니다. 즉, 자기를 믿는 확신 있는 사람입니다. 그런 사람은 평균대 위에 올라서 있을 때 누군가가 옆으로 밀치는 시늉을 하면 "에이~ 왜 그래~" 하고 웃어넘깁니다. 여유가 있죠. 평균대 위에 놓인 발 말고도 다른 것을 받아들일 여유가 있습니다.

피겨스케이트 여왕이라는 멋진 별명을 갖고 있는 김연아 선수를 떠올려 보세요. 그녀는 중심 잡기 어려운 미끄러운 빙판 위에서만 균형을 잘 잡는 것이 아니라, 그 많은 관중들로 인해 어수선한 경기장 안에서도 내적 중심을 잘 잡고 예술적으로 아름다운 연기를 보여줍니다. 그것이 균형감각의 힘입니다. 그녀는 여유가 있습니다. 평균대에서 떨어질 것이라는 불안함이 없는 것이죠. 대신 확신이 있죠! 어떻게 그럴 수 있을까요?

평균대 위에 처음 올라서면 누구나 중심 잡기가 힘들지만 시간이 흐르면서 그곳이 편해지는 시점이 옵니다. 매일 반복해서 그곳에 올라서는 연습을 하기 때문에 그렇죠. 어제 다르고 오늘 다릅니다. 어제까지만 해도 그 위에 서서 중심 잡는 것이 어려웠는데 오늘은 그리 어렵지 않습니다. '하니까 된다'는 진리를 깨닫게 됩니다. 확신이 생깁니다. 더 이상 두렵지 않습니다. 혹시나 평균대 위에서 떨어져도 저번처럼 연습하면 된다는 확신이 생깁니다. 그것이 김연아 선수의 정신이고 자기의 일을 잘 해내는 다른 모든 사람들의 정신입니다. 그것이 그들이 중심을 잡는 방법입니다. 매일 반복적인 연습을 하는 것! 한 가지를 꾸준히 반복하여 자신감을 얻는 것! 누구는 한 달이 걸릴 수도, 누구는 1년이 걸릴 수도 있는 연습입니다.

자극이 많으면
균형 잡기 어렵다

고유운동감각에서도 이야기했듯 저에게 상담을 요청하시는 부모님들 중에는 아이가 예민하고 산만해서 걱정이라고 말씀하십니다. 그런데 그런 분들 중에는 시청각적인 자극이 심한(예를 들어 영아를 데리고 크게 음악을 틀어놓고 마이크를 들고 소리를 고래고래 지르는 것) 수업을 진행하는 곳이나 대형마트 쇼핑을 즐기시는 분들이 많습니다. 그런 곳은 시청각 자극의 극치를 보여주는 장소라는 것을 아실 것입니다. 아직 스스로 중심을 잡는 연습 중에 있는, 이 세상에 적응하는 과정 중에 있는 아이들은 이제 막 평균대 위에 올라선 사람처럼 아직은 불안한 상태에 있습니다. 그것은 아이들이 걷는 모습에서도 드러납니다. 아이들의 걷는 모습을 잘 보면 발이 완전히 땅에 닿지 않고 발뒤꿈치가 들려 있는 상태로 넘어질 듯 넘어질 듯 앞으로 나아갑니다.

평균대 예를 보면서 불안하면 신경이 곤두서는 이유를 알았습니다. 그래서 불안한 사람은 짜증이나 화를 잘 낸다는 것에 대해서도 이해하게 되었습니다. 자극이 많으면 많을수록 더 화가 납니다. 그 많은 자극들 때문에 넘어질까봐 그렇습니다. 그리고 실제로 넘어질 수도 있습니다. 예민한 사람들은 혹시 불필요한 것들과의 관계가 많은 것은 아닌지 살펴볼 필요가 있습니다.

달리는 버스 안에서는 중심 잡고 서 있기 힘듭니다. 버스가 흔들리니까 그렇습니다. 흔들린다는 것은 자극의 일종입니다. 다시 말하면 '자극이 있으면 중심 잡기 힘들다'는 뜻이죠. 흔들리는 버스 안에서 나를 밀치고 지나가는 사람들이 많으면 중심 잡기 힘듭니다. '흔들리는 버스', '나를 밀치고 지나가는 많은 사람들' 모두 자극입니다. 그러니 중심을 잡으려면 내가 중심 잡을 수 있을 정도로 최소의 자극만 허용하거나 아예 자극을 없애야 합니다. 사람에 따라 버스 운전사에게 버스를 좀 천천히 운전해 달라고 하거나, 사람들을 피해 서 있거나 아니면 아예 그 버스에서 내리는 방법으로 말입니다.

우리는 흔들림 없는 맨땅 위에서는(자극이 없는 곳) 힘들이지 않고 편안하게 설 수 있습니다. 엄밀하게 말하자면 유년기를 통해, 돌 전후부터 시작해서 넘어지지 않고 서는 연습을 매일 했으니까요. 그런 노력이 있었으니까요. 하지만 겨울철 빙판길 위에서는 어떤 일이 벌어지던가요? 알베르트 수스만은 우리가 균형을 잡는 원리를 설명하기 위해 이런 이야기를 먼저 꺼냅니다. 우리는 고정되고 단단한 곳에서 중심을 잘 잡을 수 있다고 말이죠. 하지만 이 세상은 빙판길이나 평균대 위처럼 중심 잡기 어려운 혼란스러운 곳입니다. 그런 곳에서 중심을 잡고 정신적인 균형을 유지하려면 김연아 선수처럼 집중할 수 있는 중심이 필요합니다. 연기를 펼치는 그 순간에 그녀는 오직 스케이트하고만 관계를 맺을 것입니다. 불필요한 관계란 인간 관계에만 국한된 것이 아닙니다. 예민한 사람일수록 단순하고 소박한 관계를 맺어야 합니다. 자극을 줄여야 한다는 뜻입니다.

관계도 자극의 일종입니다. 특히 혼자가 될 것이 두려운 사람이라면 더 그렇습니다. 여기 저기 따라다니니 시간도 없고 거기에 '휘둘려서' 피곤하고, 그래서 작은 것에도 화를 내는 신경질적인 사람으로 변하는 것입니다. 너무나 많은 사람들과 관계를 맺거나 무의식적으로 그 사람들을 모방하는 행동에 빠지면 그 관계를 유지하는 데 시간과 정신을 다 소모합니다. 그렇기 때문에 스스로 원하는지 원하지 않는지 판단할 시간이 줄어듭니다. 이렇게 집중력이 분산되어 바쁘고 그래서 화가 나는 것이 ADHD(주의력 결핍 과잉 행동장애)입니다. ADHD 진단을 받은 사람들이 난폭한 것은 바로 그러한 이유들 때문입니다. 어린 아이들이 ADHD 증세를 보인다고 걱정할 것이 아닙니다. ADHD 혹은 이와 유사한 증세로 고통 받는 중심 잃은 어른들이 아이를 양육한다면 어떤 일이 벌어질까요? 혼란 속에서 정신없이 사는 어른들에게 양육되는 아이들이 정신없는 세상에 고통을 호소하는 것에 대해 ADHD 증상을 보인다는 진단에는 문제가 있습니다.

흔히 아이들의 문제라고 착각하는 것들의 대부분은 아이들이 어른들과 이 세상에 보내는 중요한 메시지입니다. 어른들이 두려움 많고 불안하며 자기 확신이 없어 균형을 잡지 못하고 휘청거리며 화를 내고 짜증을 안고 사는 세상이라고 알려 줍니다. 자기 확신 없고 두려움 많은 어른들은 '경험'을 적게 해서 그렇습니다. 익숙해질 때까지 반복해서 자신감을 얻는 경험이 적었다는 뜻입니다. 그렇게 중심 잃은 어른들이 아이들을 양육합니다.

시청각 자극이 강한 장소에서 매번 짜증을 내거나 울던 아이가 어느 시점이 지나면서부터 짜증도 안 내고 울지 않는다고, 오히려 즐긴다고 아이가 적응한 것 같다는 착각은 어리석음입니다. 아이가 적응을 한 것이 아니라 아이의 감각이 마비되기 시작한 것입니다. 이 말이 충격적으로 보일 수 있으나 사실입니다. 많은 자극에 감각이 마비되어 부모 눈에는 마치 적응을 잘한 것처럼 보이는 것입니다. 그 아이는 다양한 종류의 자극들 중에서 자신에게 진짜 필요한 것이 무엇이고, 무엇이 필요 없는지를 구분해내는 감각이 천천히 마비된 것입니다. 이런 경우 대부분 자기가 원하는 것이 무엇인지 모른 채, 남들이 가진 것은 다 가져야 하고 남들이 하는 행위는 다 흉내내야 하는 사람으로 성장합니다.

그런 사람들은 '무엇을 어떻게 했느냐'보다는 '나도 그걸 해봤다'라는 것을 더 중요하게 여깁니다. 또한 '나도 그걸 해봤다'라는 사실을 내적으로 간직하는 것이 아니라, 불특정 다수에게 보여주기 바쁩니다. 이렇게 감각이 마비된 사람들이 부모가 되면 그들 자녀의 감각은 무사할까요? 무감각한 부모가 자녀가 잘 성장하도록 도울 수 있을까요? 남들 하는 대로 따라하는 것은 결코 좋은 양육방식이 될 수 없습니다.

관계도 자극이라고 앞에서 말씀드렸었는데 많은 관계를 지니고 있다는 것은 사람마다 다릅니다. 어떤 사람은 둘 이상의 관계도 많다고 여기고, 어떤 사람은 열 이상의 관계부터 많다고 생각할 수 있습니다. 만약 스스로 무엇을 원하는지 원하지 않는지 남들이 다 하니까 나도 하는 것인지 판단할 시간이 없는 사람이라면, 관계의 수가 얼마가 되었든 줄여야 합니다. 어떤 행위를 하면서 그것이 정말 내가 원하는 것인지 아닌지를 혼자 판단할 시간이 생길 만큼 말입니다. 나를 피곤하게 뒤흔드는 관계는 유익한 관계가 아닙니다.

우리는 가정으로부터 관계 맺는 법과 관계가 무엇인지를 배웁니다. 아이러니한 것은 그렇게 가족을 중요시 여기는 한국에서(결혼만 보더라도 두 남녀의 만남이 아니라 두 가족의 결합이라고 강조합니다) 내부 관계보다 외부

관계(남들에게 보여지는 것과 남들의 평판)에 더 집착하고 그 외부 관계에서 버림받지 않으려고 애를 쓴다는 것입니다. 그것은 애초에 내부 관계가 튼실하지 못하다는 뜻입니다. 내부 관계가 깊게 맺어지지 못한 것입니다. 먼저 한 곳에서 중심 잡고 균형을 이루는 연습을 잘해두면(한 가지와 깊이 있는 관계를 잘 맺어두면) 다른 곳에서도 곧 적응하고 균형을 잘 잡을 수 있습니다. 사회의 시작은 가정에서 출발한다는 진부한 말을 새롭게 느껴야 할 시대입니다.

자극이 많으면 감각은 수동적으로 자극을 받습니다. 자극이 적어 나의 감각을 능동적으로 사용하며 클 수 있는 환경에서 감각 깨우기는 시작됩니다. 자극이 많은 곳에서는 무엇이 진짜 필요하고 무엇이 불필요한지 알 수 없지만(수십 가지 음식이 나오는 뷔페에서 무엇을 먹어야 할지 모르는 것처럼), 자극이 적은 곳에서는 내가 원하는 것을 가려내는 것이 어렵지 않습니다. 그렇게 중심을 잡아 놓으면 나중에 자극이 많은 곳에서도 내게 필요한 것에만 반응할 수 있는 사람으로 성장할 수 있습니다.

앞서 알베르트 수스만의 이야기를 인용했듯 우리는 단단하고 고정된 곳에서만 중심을 잘 잡고 균형을 유지할 수 있다고 했습니다. 단단하고 고정된, 불안감이 없고 자기 확신이 있는 어른이 필요합니다. 단단하고 고정된 곳에서 균형을 잘 잡는 사람은 평균대 위에서도 몇 번의 연습 후에 잘 적응하여 균형을 잡고 바로 설 수 있습니다.

제가 하고 싶은 이야기는 균형 잡기 연습은 처음부터 평균대가 아니라 단단하고 고정된 평지에서 먼저 시작해야 한다는 것입니다. 자극이 없는(혹은 적은) 맨땅에서도 못 걷는 사람이 평균대 위에서 잘 걸을 수 있을까요? 여기서 중심을 잡는 원리가 어떻게 이루어지는지 명확하게 일깨워 주는 글귀를 인용하려 합니다. 2013년 가을 삼성미술관리움에서 있었던 기획전인 '알렉산더 칼더의 모빌 전시회'에서 본 칼더의 글귀는 너무나도 인상적입니다. 쉬운 글은 아니기에 제가 설명을 시도해 보겠습니다. 모빌이 균형을 유지할 수 있는 원리를 설명한 글귀이지만, 우리에게도 해당되는 말입니다.

나는 작은 끝부분부터 시작한다.
그리고 무게중심을 찾았다는 생각이 들 때까지 균형을 잡아간다.

첫 줄의 '작은', '부분부터'라는 것은 처음부터 서서 걷기 어려운 평균대 위에서 중심 잡는 연습을 하는 것이 아니라, 평지에서부터 서는 연습, 걸음마 연습을 시작하는 것에 비유할 수 있습니다.

무게중심은 단 한 군데만 존재하기 때문에 이 과정은 매우 중요하다.

'단 한 군데'는 내 안을 상징합니다. 균형을 잡기 위한 중심은 내 안에 존재한다는 뜻이죠.

작품이 자유롭게 매달려 있거나 회전되려면 이 지점이 정확해야 한다.

내가 외부의 영향에 의해 쉽게 움직이는 것이 아니라 내가 원하는 대로 '자유롭게' 움직이려면 중심이 확고해야 한다는 것입니다.

균형을 잘 잡는
사람들

지금까지 이야기한 넓은 의미에서의 균형감각이 뛰어난 사람은 어떤 모습을 하고 있나요? 이 질문에 대한 답을 구하기 위해 먼저 조화로운 (균형 있는) 관계에 대해 살펴보겠습니다. '우리가 어떤 사람과 사이좋게 잘 지낸다'는 것은 그 사람과 나 사이에 균형이 잘 잡혀 있다는 말입니다. 나의 자아와 타인의 자아가 함께 평형을 유지하고 있다는 뜻입니다. 이 장 초반에 예로 들었던 시소 타기를 떠올려 보세요. 둘 중 한 사람의 힘이 너무 세면 균형은 깨지고 그때 우리는 불쾌감을 경험합니다. 그래서 싸우거나 관계를 완전히 정리하고, 싸운 뒤 다시 균형을 잡기도 합니다.

균형을 잡는다는 것은 균형을 이루기 위해 지속적으로 노력하는 것이라고 이야기했습니다. 평균대 위에서 중심을 잡을 때 연습이라는 노력이 있는 것처럼 말이죠. 타인과의 관계, 어떤 사물과의 관계, 어떤 상황과의 관계를 위해 노력을 하는 것입니다. 노력에 의해 관계가 건강하게 유지된다는 사실을 우리는 알고 있습니다. 그런데 잘 유지되는 관계 같아도 속을 들여다보면 일방적인 관계도 있습니다. 한쪽이 강압적으로 영향력을 행사하여 다른 한쪽이 희생당하고 있음에도 불구하고, 겉으로 보기에는 균형 잡힌 것처럼 보이는 건강하지 못한 관계가 존재합니다.

코스모스는 바람이 살랑살랑 가볍게 불기만 해도 휘청휘청 춤을 춥니다. 반면 소나무는 살랑살랑 바람이 분다고 춤을 추지 않습니다. 웬만한 강한 바람에도 쓰러지지도 않습니다. 꿋꿋하죠. '언제나 푸른 네 빛'이라고, 변함없는 꿋꿋함이 노래 가사에 드러나 있습니다. 코스모스처럼 외부의 작은 자극에도 휘청휘청 흔들리는 사람을 두고 (중심이) 약하다고 합니다.

물론 코스모스 자체는 그렇게 약한 식물이 아니지만, 우선 외부의 영향에 대한 외형적인 변화만을 놓고 비교하겠습니다. 살짝만 건드려도 휘청거리니 중심이 약하다고 표현하겠습니다. 반면 소나무와 같은 사람을 두고 중심이 잘 잡혀 있는 사람이라고 합니다. 이렇듯 인간이라면 그 누구나 자기 안에 중심이 하나 있습니다. 그 중심이 사람에 따라 약하거나 강하거나 차이는 있지만 중심이 없는 사람은 아무도 없습니다. 그 중심을 나의 자아라고 이름 붙여 보겠습니다.

'코스모스 같은 여자'라는 표현은 보호본능을 자극하는 연약한 여자를 두고 하는 말입니다. 코스모스가 풍기는 이미지는 연약함입니다.

이미지라는 것은 그냥 만들어지는 것이 아니라 코스모스가 가지고 있는 특성입니다. 연약함을 풍기는 것이 코스모스의 힘입니다. 그것을 영향력이라고 합니다. 내가 외부에 풍기는 힘, 그것을 나의 영향력이라고 합니다. 그렇다면 외부로 풍기는 나의 영향력과 내 안에 들어 있는 나의 중심(나의 자아)은 어떤 관계일까요? 안에 존재하는 자아가 자리를 잘 유지하며 중심을 잘 잡고 흔들리지 않는 사람일수록, 소나무 같은 사람일수록 그 사람의 영향력이 외부에 미치는 범위가 큽니다. 쉽게 말해 중심을 잘 잡는 사람은 많은 사람들에게 영향을 미치고 많은 사람들이 그를 따르고 의지합니다.

중심을 잘 잡는 김연아 선수의 모습은 남녀노소를 불문하고 모두에게 귀감이 됩니다. 확신에 찬 그 모습이 신뢰감을 주니까요! 반면 안에 존재하는 나의 자아가 (자기 영역을 지키지 못하고) 흔들리는 사람이라면, 그러니까 살랑 부는 바람에도 흔들리는 코스모스 같은 사람이라면 그 사람은 타인에게 영향을 미치기는커녕 아무도 그에게 기댈 생각을 하지 못합니다. 중심이 흔들리지 않게 균형을 잘 잡고 서 있는 사람을 누군가 실수로 치고 지나가도 그 사람은 넘어지지 않을 것입니다. 하지만 중심을 잡지 못하고 서 있는 사람을 누군가 실수로 치고 지나가면 당연히 넘어집니다. 넘어지면 다치겠죠. 이것이 우리가 균형감각을 발달시켜야 하는 이유입니다.

부모 혹은 선생님이 중심을 잘 잡지 못하는 사람이라면, 옆 사람이 하는 행위가 나에게 맞는지 내가 원하는지도 모른 채 영향을 받으며 따라합니다. 진짜 나의 의사와는 관계없이 말이죠. 못된 사람들의 눈에는 그렇게 중심이 나약한 사람들이 우스워 보이기까지 하기 때문에 그들을 상대로 속이거나 사기를 칩니다. 그들은 쉽게 흔들리니까요. 그래서 모든 허위 과장 광고에서 하고자 하는 말은 이렇게 요약됩니다. "너만 안 가지고 있는 거 알아? 아직도 이게 없는 거야?" 단지 이 말을 예의 있고 정중하게(?) 돌려서 할 뿐입니다.

이 말에 흔들려 물건을 사들이는 사람이라면 중심이 흔들리는 것입니다. 나에게 무엇이 필요한지 불필요한지 모르는 것입니다. 비유하자면 자신이 고혈압인 줄도 모르고 짜게 먹는 걸 좋아하는 옆 사람을 따라 먹는 것입니다. 김태희가 하는 머리띠를 내가 하면 나도 김태희가 될까요? 그 머리띠는 김태희에게 어울리는 것입니다. 나에게 어울리는 것은 따로 있습니다. 그것을 찾아볼 생각을 못해서 그럴 뿐이죠. 제시된 것을 따르는 일에만 익숙해진 탓입니다.

내 안에 자리한 자아가 그 자리를 지키지 못하거나 그 자리를 빼앗기면 그 사람의 정신은 그만큼 약한 것입니다. 그러나 내 안에 자리한 자아가 그 자리를 굳건히 지키고 있으면 나의 영향력은 무한히 뻗어 나갑니다. 그렇게 영향력이 무한히 뻗어나가는 사람이 교사라면 부모라면 얼마나 좋을까요? 공인을 영향력 있는 사람으로 볼 것이 아니라(맹신할 것이 아니라) 그 공인의 옷을 입고 있는 사람의 자아를 알아볼 수 있는 눈을 길러야 하지 않을까요. 타인을 알아보는 눈을 기르는 이야기에 대해서는 마지막 장에서 이어가기로 하겠습니다.

평균대 위에서 균형 잡는 것에 대해 이야기한 것을 떠올려보세요. 평균대 위에서 중심을 잡기 위해서는 시간이 필요하다고 했습니다. 그 위에서 편해질 수 있도록 적응하는 시간 말이죠. 그 적응은 그냥 이루어지 않습니다. 매일 반복적으로 연습하면 어제 다르고 오늘 다릅니다. 이것이 중심을 잡는 방법입니다. 이 방법을 안다면 무대 공포증이나 발표 공포증을 어느 정도 극복할 수 있는 기회를 스스로 가질 수 있습니다. 다시 반복해서 말씀드리고 싶습니다.

시간이 필요합니다! 하루 이틀이 아니라 장기간에 걸친 시간! 그냥 흘려보내는 시간이 아니라 반복이라는 노력을 하는 시간입니다!

균형감각을 위해 필요한 고유운동감각

무대에 서는 사람이거나 프레젠테이션을 해야 하는 사람 혹은 소수 또는 다수의 많은 사람들 앞에서 무언가를 이야기해야 하는 상황이라면 누구나 두려움을 느낄 수 있습니다. 무대 위에서 사람들 앞에서 자유롭게 발표를 할 수 있으려면 관객이나 청강자들을 일방적으로 압도해서도 안 되고(나의 영향력이 너무 세도 안 되고), 그들에게 일방적으로 압도당해서도 안 됩니다(그들의 평가를 두려워해서 나의 영향력을 펼치지 못해서도 안 됩니다). 그들과 조화롭게 균형을 맞춰야 하는데 그러기 위해서는 우선 내가 확신을 가지고 중심을 잡을 수 있어야 합니다.

내가 만약 듣는 이들(관객이나 청자)에게 일방적으로 압도당하면, 그러니까 그들을 지나치게 의식하면 공연이나 발표에서 실수를 연발하게 되겠죠. 그 경우 나는 듣는 이들에게 긍정적인 영향을 미치기 어렵습니다. 나의 자아, 나의 영향력은 중심을 잡는 정도와 비례합니다. 그렇기 때문에 나의 영향력을 확장시키는 일은 반복적인 '연습'을 통해 가능합니다. 가족이라는 작은 그룹에서부터, 작은 무대에서부터 시작해 천천히 확장시켜 나가는 것입니다.

《발도르프 음악교육과 놀이》에서 사회성에 대해 이야기할 때 이런 비유를 했었습니다. 욕실의 작은 욕조에서조차 물놀이를 해보지 않은 사람이 처음부터 바다에서 수영을 배운다면 얼마나 큰 공포감에 휩싸일지 말입니다. 이는 무대 공포증에만 해당되는 이야기가 아니라 관계에도 해당되는 이야기입니다. 1:1의 소박한 인간적인 관계에서 내 중심을 찾는 연습이 잘 되면, 그 이후에 많은 사람들을 만나는 것이 힘들지 않습니다. 여담입니다만, 여러 사람들 앞에서 혼자 무언가를 할 때 일방적으로 나의 영향력이 터무니없이 너무 세도 그 공연이나 프레젠테이션 혹은 발표는 나 혼자 신난, 하지만 듣고 보는 이들에게는 지루하거나 형편없는 아까운 시간이 되어 버립니다. 그 경우 우리는 이렇게 말하죠. 오버한다, 불쾌하다, 억지스럽다. 한편 무대를 장악한다거나 관객을 압도한다는 표현을 쓰는 때는, 사실 그것을 보고 듣는 사람들의 영향력과 그것을 행하는 사람의 영향력 사이에 균형이 잘 이루어져 공연자도 즐기고 관객도 즐기는 즐거운 순간입니다.

저의 경우 공연 때마다 관객과의 균형을 유지하기 위해 피아노 독주회에서 연주하게 될 곡을 매 곡마다 연주 전에 해설을 해드립니다. 클래식 음악회는 자칫 관객의 입장에서는, 연주자 혼자 이해하기 어렵고 고상한(?) 음악을 연주하며 그에 대해 모르는 관객들은 즐기지 못하는 경우가 다반사입니다. 사람들이 공연을 보다가 또는 강의를 듣다가 즐거워하는 경우는 자기가 아는 것, 자신에게 익숙한 것이 나왔을 때입니다. 그때가 바로 공감의 순간입니다. 그래서 저는 클래식 음악을 평소 가까이 하지 않는다면 잘 모를 수 있는 곡을 연주할 때는 그 작곡가의 유명한 곡을 짧게 연주해 들려줍니다. 아주 유명하다는 것은 곡이 훌륭하다기보다는 (당연히 훌륭하지만) TV 광고에 많이 나오는 음악입니다. 또 다른 방법으로 클래식 문외한도 풀 수 있는 객관식 퀴즈를 냅니다. 물론 퀴즈를 맞힌 사람은 음악회에서 연주된 곡이 들어 있는 CD를 선물로 받아갑니다. 가령 멘델스존의 곡을 연주하기에 앞서 그가 작곡한 곡 제목을 맞히는 퀴즈를 내는데, 답이 〈한 여름 밤의 꿈〉이고 객관식이므로 보기를 이렇게 이야기해 줍니다. 1번 한 여름밤의 꿈, 2번 한 여름밤의 껌, 3번 한 여름밤의 꿀. 처음 듣는 제목일지라도 여기저기서 웃음이 터지면서 누가 봐도 정답이 1번이라는 것을 알아 모두가 손을 번쩍 들고 아이 어른 할 것 없이 자신 있게 정답을 외칩니다.

제 팬들이 해주시는 이야기로는 그렇게 알게 된 음악 상식을 절대로 잊을 수 없다는 것입니다. 또 앵콜곡은 늘 관객 두 명과 함께 연주합니다. 피아노 한 대에서 세 사람이, 즉 1 Piano 6 Hands입니다. 피아노를 전혀 쳐본 적이 없어도 손가락 두 개로 똑같은 건반만 누르면 저와 함께 연주했을 때 모두가 아는 노래가 만들어집니다. 고상하지 않고 어렵지 않아 공감대가 형성되니 함께 즐길 수 있다는 팬들의 제일 감사한 말은 "선생님, 다음 공연에서 뵙겠습니다"입니다. 지인도 아닌데 공연을 통해 처음 만난 분들이 계속해서 찾아와 주십니다. 이제는 지인이 되어 버렸죠. 늘 객석에 앉아 계시는 것만 봐도 마치 가족을 만난 듯 반가우니까요. 한 번 오신 분들은 거의 계속 오시니 말입니다.

이때 알 수 있는 또 하나의 사실이 있습니다. 고유운동감각에서 이야기했듯이 관객이나 청강자 등을 인연으로 알아볼 수 있어야 합니다. 그들이 내 앞에 나타나준 것을 인연으로 소중하게 생각하는 사람이라면 공연이나 프레젠테이션 등을 준비할 때 정성을 다해, 최선을 다해 준비할 것입니다. 그들과의 만남이 헛되지 않도록 반복 연습을 하면서 말이죠. 그렇게 연습으로 중심을 잘 다져놓고 그들을 만나면, 그러니까 반복적인 연습을 통해 '할 수 있다'는 사실을 경험한 사람은 자신감으로 충만할 것이고, 그런 사람은 많은 사람들에게 긍정적인 영향을 미칠 것입니다. 그러니까 사람과 마주하며 사는 우리들에게 고유운동감각과 균형감각은 따로 떨어뜨려 생각할 수 없는 감각들입니다.

유년기에는 균형감각을 밖으로 나가서 연습하는 시기가 아니라 가정에서 연습하는 시기입니다. 집 안에서 말이죠. 이렇게 이야기했다고 설마 집 안에서 자녀에게 발표하는 훈련을 시키는 부모는 없기를 바랍니다. 내 자녀가 나중에 어디에 가서도 중심 잡고 발표하는 혹은 중심 잡고 본인의 의사를 전달하는 사람으로 자라기를 바란다면, 식구들 앞에서 발표하는 연습을 할 것이 아니라 자기 확신을 먼저 심어주어야 합니다. 부모가 자녀를 믿는 것이 바로 자기 확신을 심어주는 방법입니다.

균형의 의미에 대해 이야기하면서 균형이 잘 잡혔다는 말이 건강함을 의미한다는 것을 다시 떠올려 보세요. 균형감각은 단지 넘어지지 않기 위해, 그러니까 신체적인 균형을 잡기 위해서만 필요한 감각이 아니라 아프지 않기 위해, 건강하기 위해서도 반드시 필요한 감각입니다. 우리에게 무엇이 부족하고 무엇이 넘쳐나는지 살펴보고 그 균형을 유지하기 위해 노력하는 것이 건강의 비결이니까요. 배가 많이 나오면 각종 성인병에 노출될 위험이 크기 때문에 전체적인 신체와 조화를 이룰 정도로 뱃살을 줄이기 위해(균형을 잡기 위해) 노력합니다. 또한 근육량이 적은 사람은 관절염을 예방하기 위해 근육을 키우는 방법으로 신체적 균형을 잡기 위한 노력을 합니다. 여기까지만 보더라도 균형감각이 잘 발달되려면 중심을 잡으려는 움직임이 있어야(노력해야) 한다는 사실을 알아차려야 합니다.

균형감각이 바람직하게 작동하기 위해서는 균형을 잡아야 한다고 알아차리는(기회와 때를 알아보는) 고유운동감각의 발달이 필수입니다! 인간의 머리와 몸을 상징하는 사고와 의지가 균형 있게 고루 발달하지 못하고(균형을 잃고) 사고하는 힘만 커지거나 반대로 의지만 커진다면 그때 인간은 아픈 상태입니다. 육체 또는 정신이 병들거나 장애가 생기는 이유는 균형이 깨져서 그렇습니다.

수동적인 주입식 교육: 어렸을 때 시키는 무분별한 경험이 독이 될 수 있다

머리(사고)만 키우려는 수동적인 주입식 교육에 대해 한번 살펴보겠습니다. 사실 주입식 교육은 학교에서가 아니라 가정에서부터 시작됩니다. 이것에 대해 이해하려면 우선 수동적인 주입식 교육에 대한 개념부터 상세히 살펴봐야 합니다. 수동적이라는 것은 내가 스스로 움직이는 것이 아니라, 다른 누군가 혹은 다른 무언가에 의해 움직이는 것입니다.

우리가 흔히 주입식 교육이라고 하는 '암기'는 결코 수동적이지 않습니다. 어떤 이론을 외우라고 시켜보세요. 아무나 못 외웁니다. 외우겠다는 의지가 있는 사람만 외울 수 있습니다. 우리는 학창시절에 배웠던 갖가지 이론들을 다 외울 수 없었습니다. 외우고자 하는 의지가 있는 친구들만 열심히 반복해서 외웁니다. 같은 것을 수차례 반복하는 일은 누가 시켜서 되는 것이 아닙니다. 그러니 '암기'는 지극히 능동적이고 자율적인 교육입니다. 잘 외우는 사람들과 잘 외우지 못하는 사람 사이에는 아주 큰 차이가 있습니다. 잘 외우지 못하는 사람들의 특징은 수동적이라는 것입니다. 시키는 그 이상은 할 생각을 못합니다.

고유운동감각 때도 했던 이야기지만 부모들은 자녀들에게 이것저것을 시켜 주십니다. 혼자서 놀 수 있는 시간과 스스로 무언가를 해볼 수 있는 시간을 없애고 이것저것을 시켜주십니다. 가능한 한 많은 자극을 받게 해주십니다. 자기 스스로 감각을 사용하여 자극을 경험하는 것이 아니라, 시키는 대로 따라하는 수업이나 놀이동산 같은 일방적으로 자극받는 환경에 항상(어쩌다 한두 번이 아니라) 노출시키기에 바쁩니다. 정작 성장기에 필요한 고통과 같은 자극은 웬만해서는 받지 못하게 미리 막습니다. 걸음마하는 아이가 넘어졌을 때 경험하는 육체적 고통을 느끼지 못하게 무릎 보호대를 미리 마련하는 것처럼 말입니다. 이는 나중에 성인이 되어서 작은 고통도 이기지 못하는 나약한 사람으로 만들기 십상입니다.

육체적 고통을 이기는 힘이 정신적 고통을 이기는 힘으로 승화되는 경험을 우리는 누구나 했고 여전히 하고 있습니다. 넘어져 상처가 나도 일어서서 약을 바르고 또 넘어져도 또 일어섭니다. 돌이 지나기 전부터 평생을 말입니다. 상처의 고통을 모르는 사람은 위험으로부터 자신을 보호할 수 없거나 아주 작은 상처에도 쉽게 다치고 흔들립니다. 이런 의미를 모르고 내 자녀를 남의 자녀와 비교하기에 바쁩니다. 쟤도 하는데 우리 애도 해야 한다고 생각합니다. 이렇게 중심을 잃고 무언가를 억지로 주입하는 수동적인 교육을 시키는 가정에서 자란다면 그 사람은 자신에게 내려지는 지시만 따르는 경험만 쌓습니다. 지시가 없으면 움직이는 방법을 모릅니다.

머리를 사용하려면 그에 필요한 의지를 성장시켜야 하는데 그러지 못해, 머리가 원하는 것을 손발이 하지 못하는 결과를 낳습니다. 이로 인해 열등감과 자격지심, 우울증 등 정신적인 고통으로 힘들어 합니다. 이것이 바로 '내 삶이 불행하다'라고 생각하는 사람들의 시작점입니다. 실제로 학창시절 자기가 원해서라기보다는 부모나 그 외의 다양한 외부 압력(대학에 가야 한다는 압박)에 의해 순종적으로 공부를 했던 사람들 중 다수는 '원하는 것(의지)'이 없거나 막연한 경우가 많습니다. 대부분 평생을 부모에게 기대어 살거나 일방적으로 기댈 수 있는 배우자를 선택하는 것을 당연히 여깁니다. 그리고 그것(기댈 수 있는 부모나 배우자)을 자신의 능력이라고 착각합니다. 그들이 선택한 사람들이 어느 날 갑자기 사라지면 그들은 무너지고 맙니다. 그러니 안전한 삶을 사는 것이 아닙니다.

의지가 성장하려면 순종적으로 받아들이는 시간보다 스스로 움직일 수 있는 기회가 더 많아야 합니다. 그런 기회는 무엇을 의미할까요? 바로 '모방'입니다. 모방은 누군가 혹은 무언가를 따라하는 것이니, 그것도 수동적이 아니냐고 묻고 싶으실 것입니다. 모방은 강요가 들어간 수동적 따라하기와는 전혀 다릅니다. 수동적이라는 것은, 가령 엄마가 아이에게 어떤 책을 주고 "이걸 다 외우기 전에는 나오지 마라! 나오고 싶으면 나를 밟고 가라"면서 문지방에 드러눕는 것입니다. 사람을 수동적으로 만들고 무언가를 주입하기 위해서는 강요가 필요합니다. 그렇다면 모방은 어떤가요? 따라하고 싶은 것을 내가 결정하고 내가 따라 하고 싶을 때 따라하는 것을 모방이라고 합니다.

무엇을 따라할 것인지, 언제 따라할 것인지를 내가 결정한다는 뜻입니다. 매우 능동적입니다. 어린 아이들이 다 따라한다고 착각해서는 안 됩니다. 아이들은 자기가 내킬 때 자기가 원하는 것만 골라서 따라합니다. 능동적인 모방을 하며 자라는 사람과 수동적 주입식 교육을 받고 자라는 사람은 8세에 학교에 입학하고 계속 성장하는 과정에서 같은 내용을 가지고도 이해하는 정도가 다릅니다. 수동적 주입식 교육에 길들여진 사람은 책 속의 글자만 달달 외우고, 능동적인 사람은 그 글의 의미를 알 수 있을 때까지 반복하여 보고 또 봅니다. 대단한 의지입니다. 반복으로 다져진 자신감을 가지고 있는 사람이 능동적인 사람입니다.

수동적인 사람은 시키는 것 외에는 하지 못하기 때문에 글자만 달달 외우는 것입니다. 그러니 똑같은 학교에서 똑같은 선생님께 교육을 받아 누구는 배운 것을 활용하고 재창조하며 살고, 다른 누구는 그저 앵무새처럼 뜻도 모르고 떠드는 현상이 벌어집니다. 간혹 부모님들 중에는 "우리 애는 뭐 하나를 끝까지 하지를 못해요"라며 한탄하시는데 그렇게 이야기하는 부모님들은 뭐 하나 끝까지 해본 것이 있냐고 스스로에게 물어야 할 것입니다. 부모님들이 아직(!) 안 하고 있는 것처럼 당신의 자녀들도 못 하는 것이 아니라 안 하고 있는 것입니다.

모방을 즐기는 유년기 아이들은 자기 마음대로 모방할 것을 결정하고, 자기가 원할 때 모방하기 때문에 주변에는 좋은 본보기가 필요합니다. 아무것이나 자기에게 매력적인 것은 다 모방할 수 있기 때문에 건강한 본보기가 있어야 합니다. 모방이 무서운 이유는 그 모방이라는 것이 10년 뒤, 20년 뒤에도 이루어지기 때문입니다. 가령 '맞아… 우리 엄마가 그랬었지…'라고 회상하며 20년 뒤 성인이 된 우리는 20년 전의 엄마를 따라하기도 합니다. 흔히 말하는 수동적 주입식 교육의 피해자는 학교 교육의 피해자가 아닌 가정 교육의 피해자를 이야기합니다. 같은 학교를 졸업하고도 너무나도 다르게 살고 있는 우리의 모습을 좀 보세요.

균형이 깨진 것에 대한 또 다른 예가 다운증후군입니다. 몸을 사용하기를 즐겨하고 굉장히 유쾌하며 사교적이지만 지적 능력은 부족한 장애입니다. 이 예시와 주입식 교육의 예는 사고와 의지 간에 균형이 깨진 상태를 보여줍니다. 물론 다운증후군은 선천적으로 균형을 잃은 장애인 데 반해, 첫 번째의 예시는 부모나 교사의 의지만 있다면 얼마든지 예방이 가능한 경우입니다. 이렇듯 우리가 균형 잡힌 삶에 촉각을 곤두세워야 할 이유는 그것이 우리의 육체적·정신적 건강과 직결되기 때문입니다.

혹시 당신은 문맹인으로 키우는 부모가 아닙니까?

균형감각을 발달시키는 방법에는 어떤 것이 있을까요? 계속 강조했듯이 평균대 연습처럼 스스로 중심을 잡을 때까지 시간을 두고 반복 연습을 하는 것입니다. 이제 갓 돌이 된 아이는 스스로 중심을 잡고 설 수 있을 때까지 땅 위에 서는 연습을 해야 합니다. 돌이 지났는데도 혼자서지 못한다고, 인위적으로 서 있게 하는 보조기구를 집 안에 들여다 놓을 것이 아니라 스스로 설 수 있을 때까지 기다려 줘야 합니다. 될 때까지 했을 때의 성취감을 맛보게 하는 것입니다. 될 때까지 하면서 '하면 된다!'는 것을 스스로 느끼게 됩니다. '하니까 된다!'라는 것을 안다면, 그보다 더 확신과 자신감을 얻을 수 있는 경험은 없습니다. 중심 잡힌 사람은 뚱뚱하고 힘센 사람이 아니라 자신감이 넘치는 사람입니다. 물론 자만심이 아닙니다. 우리 인간은 그렇게 중심을 잡고, 균형을 잡는 연습을 아주 어린 시절부터 하고 있는 것입니다.

아이들을 태권도장이나 무술 학원에 보내는 부모의 경우 아이가 힘만 세지면 중심이 잘 잡혀질 것(자아가 세질 것)이라고 생각합니다. 그러나 그것은 착각이며 착각은 버려야 합니다. 만약 태권도를 통해 아이가 중심 잡힌 아이로 성장했다면, 그것은 단지 힘을 길러서가 아니라 같은 동작을 반복하면서 무언가를 외우고 익히며 할 수 있다는 확신과 자신감을 얻었기 때문입니다! 또한 외형적으로 코스모스처럼 연약한 사람도 얼마든지 중심을 잘 잡고 '고운 빛깔'이라는 강한 영향력을 행사할 수 있습니다.

영아 자녀를 둔 부모라면 스스로 서고 걷는 행위를 가볍게 여기지 마세요! 공원에 나가보면 가끔 발바닥이 땅에 제대로 닿지도 않는 아이를 양쪽에서 부모가 한 손씩 잡고 억지로 걷도록 시키는 것을 볼 수 있습니다. 이것이 수동적인 주입식 교육의 시작입니다.

옆집 아이는 걷는데 내 아이는 못 걷는다고 속으로 내 아이를 못난 아이로 만들지 마세요! 이건 단지 서고 걷는 것만을 이야기하는 것이 아닙니다. 받아쓰기에서 100점을 받아야 할 시기는 과연 언제일까요? 쓰고 싶은 말, 하고 싶은 말이 분명하고 그것을 당당히 공개할 수 있는 용기가 충분히 생겼을 때입니다.

쓰고 싶은 말, 하고 싶은 말이 있으려면 생각이 있어야 합니다. 다시 말하자면 나만의 생각이 분명하고 그 생각을 당당히 공개할 수 있을 때가 한글 맞춤법에 유의해야 할 때라는 것입니다. 맞춤법을 틀리는 사람보다 부끄러운 사람은 할 말이 없는, 그러니까 생각이 없는 사람입니다. 유년기에 맞춤법을 틀렸다고 화를 낼 필요는 없습니다. 아직 그 시기는 생각이라는 것을 키우기 위해 이것저것을 경험하는 시기이기 때문이죠. 사람의 생각은 무언가를 느낄 때 나오는 것이며, 무언가를 느끼기 위해서는 경험이 필요합니다.

앞서 강조했던 다양한 경험! 난잡한 경험이 아니라 하나에서 여러 가지를 발견하게 하는 경험! 문맹은 단순히 한글을 못 읽고 쓰는 사람이 아니라 할 말과 쓸 말이 없는 생각 없는 사람입니다. 가, 나, 다, 라는 아는데 그것을 어떻게 사용하는지 모르는 사람이 문맹입니다. 그들이 할 수 있는 일이란 자기의 생각이나 의견을 설득력 있게 표현하는 것이 아니라, 남의 이야기나 비생산적인 뒷담화 또는 연예인 험담을 하는 일뿐입니다. 언어라는 것은 그렇게 사용하기 위해 만들어진 것이 아닙니다. 나의 느낌과 생각을 표현하기 위해 만들어진 언어를 두고 유년기의 한글 교육에서 맞춤법에 초점을 두면 어떤 일이 벌어질까요? 외국어를 똑같은 기간에 배우고도 누구는 대화가 가능한데, 누구는 대화하지 못하는 경우가 있습니다.

제가 독일에서 살던 시절의 이야기입니다. 매일 오랜 시간을 책상 앞에서 독일어 단어를 외우는 사람들이 있었는데 그들의 어휘력은 상당했습니다. 그런데 그들이 독일 사람들 앞에만 서면 꿀 먹은 벙어리가 되는 것입니다. 그래서 제가 그 이유를 물었더니 대답은 이렇습니다.

"매 상황마다 무슨 말을 해야 할지 모르겠다."

언어를 몰라서 못하는 것이 아니라 무슨 말을 해야 할지 몰라서 못한 것입니다. 실제 저의 경험으로, 아무리 엉망진창 독일어를 구사하더라도 하고 싶은 말(전달하고 싶은 생각)이 분명하면 아는 단어를 모조리 나열만 해도 상대방이 알아듣습니다. 앞의 경우 그들은 왜 무슨 말을 해야 할지 몰랐을까요? 낯선 나라에 갔으면 이것저것 몸으로 움직이고 경험해야 느끼는 것이 생기고 생각이 자랍니다. 그런데 매일 독방에 앉아 단어를 외우면 맞춤법은 알아도 그것을 언제 쓰는 것이 좋을지 결정하기가 쉽지 않은 것입니다. 조금 과장하자면 가령 '(과일) 사과'라는 단어는 익히고 외웠을지언정 그 단어는 진짜로 '사과'를 봤을 때만 사용할 수 있고, '사과 같은 내 얼굴'처럼 비유적인 표현을 한다던지 연상하는 것은 힘든 것입니다.

영유아들은 아직 경험을 통해 무언가를 느끼고 생각을 키워나가는 과정 속에 있습니다. 그런데 부모들 중에는 영유아들을 데리고 한글을 가르친 뒤 그것을 잘 따라한다고 좋아하는 사람들이 있습니다. 그리고 받아쓰기를 틀려서 오면 집안을 발칵 뒤집어 놓습니다. 틀린 것과 맞는 것에 길들여지면 틀리는 것이 비정상적인 것이 되고, 그 비정상적인 것(?)을 피하는 방법은 말을 아끼는 것입니다. 이것이 문맹을 기르는 방법입니다. 언어를 알고도 사용할 수 없게 하는 문맹.

한쪽 면에 그림이 그려져 있고, 그 뒷면에 단어가 쓰여진 낱말카드를 가지고 언어를 가르치고 있다면 그것이 문맹을 양성하는 것입니다. 언어는 무언가를 몸소 체험하는 가운데 그것에 대해 누군가와 주고받으며 배우는 것입니다. 기계적으로 똑같은 단어를 반복하면서 배우는 것이 아닙니다. 언어는 인간만이 가진 특권, 즉 생각을 표현하기 위한 수단입니다. 사회적 동물이 생각을 교환하기 위한 수단이라는 것입니다. 그러니 맞춤법은 생각을 스스럼없이 공개할 수 있을 때 완성시켜도 늦지 않습니다. 맞춤법을 완벽하게 알고 있으면 뭐 합니까? 그것을 사용하는 방법을 모르는데 말이죠.

생각이 없는 사람, 무슨 말을 해야 할지 모르는 사람이 부모가 되면 자녀를 문맹으로 키울 수밖에 없습니다. 그런 문맹 부모가 할 수 있는 일은 내 아이의 받아쓰기 점수를 남들에게 뒤지지 않게 만드는 일 뿐입니다. 맞춤법이 완벽하다고 스스로를 자랑스럽게 여기고 있나요? 할 말을 해야 할 때 못하는 (때에 따라 비겁한) 사람이 스스로를 자랑스럽게 여기기는 아마도 쉽지 않을 것입니다. 글씨를 바르고 예쁘게 쓰도록 돕는 역할을 하는 곳이 학교라면, 그렇게 글을 쓰기 위한 생각을 키우는 기초 작업이 이루어지는 곳이 초등학교 입학 전에 다니는 이곳저곳입니다. 만약 초등학교 입학 전에 아이들이 다니는 '이곳저곳'에서 학교의 역할을 탐낸다면 한국은 지속적인 문맹 생산국이 될 것입니다. 입학 전에 한글을 배워 오라고 요구하는 초등학교 교사들은 혹시 '(비겁한) 문맹인'이 아닌지 살펴봐야 할지도 모릅니다.

이 사실을 알고도 다들 그렇게 하니 어쩔 수 없다고 생각하는 그 비겁함은 어디서 나오는 걸까요? 비겁함은 용기가 전혀 없을 때 생깁니다. 우리는 간혹 '조심스러운 사람'을 겁 많은 사람이라고 착각하는 오류를 범합니다. 비겁한 사람과 조심스러운 사람은 다릅니다. 어떻게 다른지 알기 위해 용기 있는 사람부터 보겠습니다. 용기 있는 사람은 용기 내야 할 때 용기를 발휘합니다. 아무 때나 나서지 않는다는 뜻이죠. 만약 때를 가리지 못하고 아무 때나 나서는 것이라면 그것은 폭력성이나 무식함으로 드러납니다. 그러니 용기 있다는 것은 아무 때나 나서는 아둔함 대신 조심성을 가지고 있다는 것입니다. 용기 있는 사람은 조심성도 함께 가지고 있다는 것입니다. 아이들이 '못'한다고 생각하는 것들의 대부분은 못하는 것이 아니라, 아직 '안' 하고 있는 것이라고 다시 한 번 말씀드리고 싶습니다. 아직 안 하고 있는 아이에게 "얘는 그걸 못해"라고 주문 걸 듯, 밥 먹듯이 아이가 듣는 앞에서 이야기합니다. 그러면 아이를 포함해서 대부분의 사람들은 '나는 그걸 못 하는 사람'으로 여기며 그걸 못하는 것을 당연하게 여깁니다. 그러면 그것을 충분히 할 수 있을 때가 와도 나서서 그것을 할 수 없습니다. 이것이 비겁함입니다! 비겁한 문맹은 내 자식을 잘난 놈과 못난 놈으로 분류합니다.

내 자식을 '못난 아이'로 보는 나의 불신이 아이에게 그대로 전달된다는 사실을 꼭 알아야 합니다! 내부에서 날 믿어주지 않는데 외부에서 누가 날 믿어줄까요? 인간의 자신감과 자존감은 '할 수 있다'는 믿음과 확신이 전제가 되는 것입니다. "넌 모자라구나, 넌 안 될 수도 있어"라는 마음을 가진, 확신 없는 부모의 자녀는 중심이 잘 잡힌 사람으로 성장하기 어렵습니다. 내 자녀를 모자라게 보는 것은 내 자녀가 더 나아질 것이라는 믿음과 기대를 이미 접어버린 것입니다. 중심을 잡는 균형 감각이 잘 발달하려면 유년기에 스스로 될 때까지 연습하고 결과물을 얻어 자신감을 얻는 경험이 많아야 합니다.

내부에 존재하는 자아가 흔들려 중심을 잃고 제자리를 지키지 못하는 사람들에게 이 세상은 멀미나는 세상입니다. 그리고 짜증나는 세상입니다. 차 안에서 멀미하며 구토하는 사람이 옆 사람을 돌볼 정신이 있나요? 엄마가, 아빠가 그렇다고 생각해 보세요. 이미 다 큰 성인이 균형감각을 되찾는 길은 다시 강조하건데, 멀미나는 차에서 내려서 그 차를 타고 가는 것이 정말로 '내가 원하는 것'인지 진지하게 생각하는 시간을 갖는 것입니다. 앞의 장에서도 이야기했지만 사회성은 인간적인 관계를 맺을 수 있는 능력을 뜻하는 말이지, 물건이나 행위와 관계를 맺는 것을 가리키는 말이 아닙니다. 진정한 인간적인 관계를 맺고 유지하기 위해 노력하는 것이 균형 잡힌, 조화로운 삶입니다.

후각은 호흡과 함께
이루어지며
인간의 호흡은
감정과 깊이 연관되어 있습니다

5장
후각

냄새를 맡는다는 것은
호흡한다는 뜻

우리는 후각이라는 감각기관을 통해 냄새를 맡을 수 있습니다. 후각과 연관된 신체부위를 떠올려 보세요. 코입니다. 촉각이나 생명감각이 우리 몸 전체에 자리하고 있는 것과는 달리, 후각은 오직 코에만 자리한 감각이라 여길 수 있습니다. 냄새를 맡는 기능을 생각했을 때 가장 먼저 떠올리는 코, 그래서 후각이 어떤 정신적인 기능을 가지고 있을지 짐작하기란 쉽지 않습니다.

  냄새를 맡는다는 것은 숨을 들이마신다는 뜻입니다. 이상한 냄새든 좋은 냄새든 어디서 나오는지 모르는 알 수 없는 냄새를 한 번 맡게 되었을 때, 대체 무슨 냄새인지 알기 위해 짧게 숨을 들이마셨다가 내쉬기를 반복합니다. 냄새를 맡는 것은 호흡을 통해서 가능합니다. 그러니 호흡하는 데 문제가 생기면 냄새 맡는 일은 쉽지 않겠죠? 그러므로 냄새를 맡는다는 것은 호흡한다는 뜻이기도 합니다.

조금은 강한 냄새가 호흡을 통해 들어오거나, 강하지 않아도 특정한 냄새를 오랜 시간 맡으면 어떤 일이 벌어지던가요? 더 이상 그 냄새가 나는지를 알지 못합니다. 이때 잠깐만 밖으로 나갔다 들어오면, "이럴 수가! 내가 이런 냄새 속에서 있었다니!"라고 생각했던 경험들이 모두 있을 것입니다. 한 곳에 오래 머물면 그곳의 냄새에 대해 알 수 없습니다. 총각들만 사는 방에 들어가 보셨나요? 그 총각들은 자기들 방에서 즐겁고 행복하게(?) 잘 지냅니다. 하지만 우리는 그 방문을 여는 순간 코를 틀어막죠. 그리고 그 총각 대신 창문을 열어줍니다. 그런 총각이 다른 곳에 가서는 안 좋은 냄새가 난다는 이야기는 참 잘합니다. 참 신기하죠?

냄새를 맡는다는 것은 냄새의 정체를 파악하기 위한 것, 냄새의 특성 또는 그것이 좋은지 나쁜지를 가려낸다는 뜻이기도 합니다. 그렇게 냄새를 잘 가려냈음에도 불구하고 짧은 시간 내에 그 냄새에 둔감해집니다. 그래서 수시로 창문을 열어 집안 공기를 환기시키는 사람들도 있습니다. 후각은 쉽게 마비됩니다. 이것을 정리하면 이렇습니다. 냄새를 맡는다는 것은 호흡을 한다는 뜻입니다. 냄새를 맡는 순간에는 그 냄새에 대해 이렇다 저렇다 느낄 수 있습니다. 하지만 호흡하며 냄새를 맡는 도중에 그 냄새 맡는 기능은 단시간에 마비됩니다. 이것을 염두에 두고 후각에 대해 함께 알아보겠습니다.

후각에 대해 이야기할 때 호흡과 냄새, 냄새의 구분, 후각의 마비 현상, 이 세 가지를 따로 분류해서 하나씩 보는 것이 어렵습니다. 이 세

가지가 단독으로 작용하는 기능들이 아니기 때문입니다. 그래서 이 세 가지의 복합적인 기능들이 함께 등장할 것입니다. 이 점을 염두에 두시기를 부탁드립니다. 호흡을 하지 못하면 냄새를 아예 맡을 수 없고, 냄새를 맡기 시작한 순간부터 단시간 내에 후각이 마비되니까요. 그럼 본격적으로 이야기를 시작해 보겠습니다. 호흡 없이 냄새를 맡는 일 자체가 불가능하기 때문에 우선은 호흡 이야기로 시작하겠습니다.

호흡이란 받아들이기와 표현하기가 반복되는 것

코의 호흡하는 기능은 배워서 가능한 것이 아니며, 무의식중에 이루어지는 생명을 유지시키는 기능입니다. 숨을 들이마시고 내쉬는 것을 의식하며 사는 사람은 없습니다. 호흡법을 연습해야 하는 특별한 상황이 아니라면 말이죠. 호흡이 멈추면 우리는 영원히 잠들게 되겠죠. 이런 호흡을 한 차원 높은 단계에서 바라보겠습니다. 호흡은 숨을 들이마신 후 내쉬는 들숨과 날숨이 반드시 한 번씩 번갈아가며 이루어집니다. 정상적인 호흡에서 말이죠.

루돌프 슈타이너는 우리가 무언가를 인지하는 과정이 우리가 섬세하게 호흡하는 과정(숨을 들이마신 후 내쉬는 들숨과 날숨이 번갈아가며 이루어지는 과정)과 같다고 이야기합니다. 즉, 우리는 감각을 통해 외부로부터의 인상을 받아들이고(들숨) 그것을 내뱉습니다. 말하자면 우리가 보거나 듣거나 경험한 것에 대한 잔상과 여운이 남아 그것을 겉으로 혹은 내적으로 표현합니다(날숨).

예를 들어 음악회를 보고 나면(인상을 받아들임) 그것으로부터 감동을 받아 내적인 변화가 일어나거나 그것의 감동에 대해 이야기를 나누는 것이죠(표현). 또는 무언가 만지고 싶은 물건을 보았다면(인상을 받음) 만지고 싶은 그 욕구를 발산하기 위해 만져보기도 합니다(표현). 무언가를 내뱉지 않고 받아들이기만 한다면, 무엇을 느꼈는데 표현할 기회가 없는 것입니다. 그것은 마치 숨을 들이마시기만 하고 내쉬지 않는 것과 같습니다. 그런 일방통행적인 호흡(억지와 억압)이 얼마나 지속될까요? 실제로 들숨만 있다면 그것은 호흡곤란을 뜻하며 특단의 조치를 취하지 않는다면 결국 호흡이 끊어질 것입니다.

사람마다 받아들이는 것이 다 다르고, 느끼는 것이 또 다 다르기 때문에 인상을 받아들이고 그것을 표현하는 과정은 주관적입니다. 많이 받아들이고 조금만 표현하는 사람이 있는가 하면, 조금만 받아들이고도 많이 표현하는 사람이 있습니다. 똑같은 것을 보고 누구는 별 감흥이 없는데, 또 다른 누구는 큰 감동을 받아 그것을 표현하기까지 합니다. 그러나 슈타이너는 바로 이러한 호흡하는 듯한, 즉 누구나 하는 받아들이기와 표현하기(들숨과 날숨)를 모두 경험하고 있기 때문에 객관적이라고 말합니다. 들숨이 있으면 날숨이 순차적으로 이루어지는, 당연하지만 무의식중에 이루어지는 이 사실이 객관성을 띠는 것이죠.

알베르트 수스만은 호흡하는 과정에서 자연스럽게 이루어지는 냄새 맡는 일 자체가, 일상에서 무의식적으로 이루어지는 경우가 대부분이라고 이야기합니다. 냄새를 맡기 위해 작정하고 향수 파는 코너에 가서 냄새를 맡지 않는 한, 공기를 타고 퍼지는 냄새는 우리의 의식과는 상관없이 숨을 쉬는 과정에서 수동적으로 받아들입니다. 우리가 가장 오랜 시간 동안 무의식적으로 냄새를 맡으며 사는 장소, 그러니까 일상에서 가장 오랜 시간을 보내는 곳이 바로 우리가 가장 많은 호흡을 하며 사는 장소입니다. 그런 장소가 어디인가요?

이 책을 읽는 여러분은 이미 그곳에서 나는 냄새에 적응한 지 오래되었을 것입니다. 대체 그곳이 어디일까요? 아마 대부분이 집일 것입니다. 가정 말이죠. 그곳에서 나는 냄새는 분명 다른 곳에서 나는 냄새보다 더 많이 맡을 것입니다. 그래서 집의 냄새는 각자에게 매우 익숙합니다. 집집마다 풍기는 냄새는 다 다릅니다. 저는 제 부모님 댁에서 오래 살았기 때문에 그곳에서 나는 냄새에 적응한 지 오래됐습니다. 그 냄새는 저에게 전혀 이상하지 않습니다. 오히려 안심이 되고 편안하고 계속 맡고 싶을 정도로 좋습니다. 냄새에 적응되어(후각이 마비되어) 어떤 때는 냄새가 나는지 안 나는지도 모릅니다.

좋은 냄새와 나쁜 냄새에 대하여

우리에겐 이미 익숙해졌으니 우리 집에서 나는 냄새가 나에게는 좋거나 아무렇지도 않은데, 처음 방문하는 다른 사람에게는 낯설고 그다지 좋지 않을 수 있습니다. 오랜 시간을 보낸 장소에서 나는 냄새에 익숙해져 더 이상 그 냄새가 좋은지 나쁜지에 대해 판단하지 않으며 억지로 판단할 수도 없습니다. 의식적으로 창문을 열어 환기를 시키지 않으면 지금 나는 냄새의 특성에 대해 알 수 없습니다.

냄새에 반응하는 우리의 보편적인 모습을 한 번 들여다볼까요? 예를 들어 음식물 찌꺼기를 공동으로 사용하는 음식물 쓰레기통에 버려본 사람이라면, 그 쓰레기통의 뚜껑을 여는 순간 풍기는 악취가 얼마나 불쾌한지 압니다. 그래서 그때 우리는 어떻게 하나요? 쓰레기통의 뚜껑을 열자마자 최대한 재빠르게, 순식간에 음식물 쓰레기를 투척하고 뚜껑을 확 닫아 버립니다. 평소에 별 냄새가 나지 않는 또는 나쁘지 않은 냄새가 나는 환경에서 생활하다가, 갑자기 음식물 쓰레기통 속의 냄새를 맡으면 그 냄새가 우리를 불쾌하게 또는 짜증나게 만드니까 얼른 피하고 싶은 것입니다. 반면 빵 굽는 냄새나 화병의 꽃향기, 다 말린 빨랫감에서 날듯 말듯한 은은한 세제나 비누 냄새는 얼마든지 맡고 있어도 좋은 냄새입니다. 그런 좋은 냄새를 맡게 되었을 때 우리는 음식물 쓰레기통의 뚜껑을 열었을 때보다는 훨씬 여유가 있습니다. 오히려 그 냄새를 더 잘 맡고 느끼려고(음미한다고 하기도 하죠) 숨을 깊이 들이마십니다.

어떤 냄새를 맡게 되면 우리는 냄새를 맡는 즉시 그 특성을 판단합니다. 이 냄새는 계속 맡고 싶은 기분 좋은 냄새, 저 냄새는 나쁘지 않은 냄새, 또 어떤 냄새는 싫은 냄새 혹은 불쾌한 냄새 등으로 말입니다. 그리고 그로 인해 기분이 좋아지거나 나빠지는 등으로 감정의 변화가 생기기까지 합니다.

다 말린 깨끗한 빨래나 갓 구운 빵 = 좋은 냄새를 풍기는 것
더러운 음식물 쓰레기통 = 불쾌한 나쁜 냄새를 풍기는 것

지금 당장 좋은 냄새가 나는 것을 상상해 보고 이어서 나쁜 냄새가 나는 것을 상상해 보세요. 거의 대부분의 좋은 냄새는 깨끗한 것과 연관이 있고 불쾌한 냄새는 더러운 것과 연관이 있다는 것을 일상에서 경험합니다. 냄새를 맡고 좋다 나쁘다를 판단하는 것은 어른들로부터 배운 학습에 의한 것입니다. 성장과정에서 어떤 냄새를 얼마나 자주 접하느냐, 주변 환경에서(본보기가 될 만한 양육자나 교사와 같은 어른들로부터) 그 냄새가 어떻게 평가되느냐에 따라 우리 머릿속에 깨끗하고 더럽다(좋은 냄새와 나쁜 냄새)는 것을 학습합니다. "더러우니까(냄새 나니까) 씻어야지!"라는 청결과 관련된 행위는 알베르트 수스만이 이야기하듯이 아주 어린 시절부터 학습합니다. 즉 양육하거나 교육하는 어른들이 그것이 더럽다, 안 된다, 하지 마라와 같은 표현을 함으로써 더럽고 불쾌

"성장과정에서 어떤 냄새를 얼마나 자주 접하느냐,
주변 환경에서 그 냄새가 어떻게 평가되느냐에 따라
우리 머릿속에 깨끗하고 더럽다는 것을 학습합니다."

한 냄새를 학습니다.

만일 우리가 앞을 볼 수 없다고 가정합시다. 이 경우 불쾌한 냄새와 상쾌한 냄새를 구분하지 못한다면 상한 음식을 아무렇지 않게 입으로 가져가겠죠. 상한 음식은 건강을 해칠 수도 있으므로 청결한 것과 더러운 것을 구분하는 일상의 경험을 통해 학습의 기회를 제공하는 어른들이 필요합니다. 어린 자녀를 둔 엄마들은 물론이거니와 이미 성인이 된 자녀를 둔 엄마들 역시 종종 이렇게 말합니다. 육체적 건강은 물론이거니와 정신적 건강까지 생각하는 엄마들 말입니다. "너 철수 같은 애랑 놀지 마(어울려 다니지 마)!" 여기서 철수는 어떤 아이인가요? 엄마의 눈에 철수는 우리 애를 나쁜 길로 유도하는 아이이며, 그 아이로부터 우리 애가 안 좋은 물이 들까봐 걱정합니다.

이처럼 엄마들은 잘 발달된(?) 후각으로 철수에게서 안 좋은 냄새가 난다는 것을 알아차릴 정도로 좋은 냄새와 나쁜 냄새를 구분합니다. 뿐만 아니라 후각의 마비 현상에 대해 더 잘 알고 있는데, 다음과 같은 의미입니다. 철수는 내 친구고, 어른들의 눈에 그다지 모범적인 사람은 아닙니다. 그런데 우리가 늘 붙어 있으니 철수에게서 나는 냄새에 내가 마비가 됐을 거라고 생각한 엄마는 철수에게서 떨어져 코에 신선한 바람 좀 넣으라고 하는 것과 같습니다.

성장 과정에 있는 자녀에게는 말로 가르치는 것보다 본보기가 되는 행동을 보여줘야 합니다. 그들이 자신들의 감각을 사용해서 깨끗함과 더러움이 무엇인지 경험할 수 있는 기회를 스스로 만들게 해야 합니다. 여기서 한 번 생각해 보아야 할 것은 지금 이야기하는 깨끗함과 더러움, 그러니까 좋은 냄새와 나쁜 냄새를 풍기는 청결함과 불결함이 어디까지인가 하는 점입니다. 청결함과 불결함의 기준을 두고 하는 이야기가 아닙니다. 그 기준이라면 사람마다 조금씩 차이가 있을 테니까 촉각에서 이야기했던 보편성을 생각하면 됩니다. 보편적으로 청결한 것과 더러운 것 말이죠. 하지만 후각이 감지하는 청결함과 불결함이 과연 단순히 깨끗이 빨아 놓은 옷과 흙탕물이 묻거나 땀범벅이 된 옷처럼 눈으로 볼 수 있는 물질의 깨끗함과 더러움을 두고 하는 이야기일까요? 이제 그것에 대해 이야기해 보려 합니다.

들숨과 날숨이 번갈아가며 존재하는 삶이어야 한다

저 멀리에 기름진 산발머리에 찢어지고 거뭇거뭇한 얼룩이 묻은 옷을 입은 사람이 걸어간다고 상상해 보세요. 거리가 멀어서 실제 냄새를 맡지 못하지만, 그럼에도 불구하고 그 사람에게서 불쾌한 냄새가 날 거라고 상상합니다. 어떤 사람은 그런 행색의 사람을 상상만 해도 실제 냄새가 나는 것 같다고 말하기도 합니다. 더러운 것이 무엇인지 배웠기 때문에 그 기억에 의해 냄새를 연상합니다. 우리는 더러운 것을 피하거나 삼가는 학습을 통해 삶을 청결하게 유지합니다. 땀을 흘리거나 흙탕물이 튀면 샤워를 하는 것처럼요. 반대로 곱게 화장하고 단정한 하얀색 원피스를 입은, 머리는 깔끔하게 뒤로 묶은 여자가 저 멀리에 서 있다고 상상해 보세요. 당연히 그녀에게서 향기가 날 것이라고 믿습니다.

그러나 우리 주변에는 자연스러운 진짜 냄새보다 인위적으로 만든 가짜 냄새가 많습니다. 더러운 것에 좋은 향기를 입히는가 하면 아무 향기가 나지 않는 것에 좋은 향기를 입힙니다. 상한 음식 같은 부패한 공무원은 참 말끔하게, 깔끔하게 잘 차려입고 다니지 않나요? 깨끗한 것이 좋은 냄새를 풍긴다는 것이 이론으로 주입식으로 교육되어서는 안 된다는 사실을 반증합니다. 말끔하게 차려입은 부패한 공무원에게서 나는 냄새가 과연 좋은 냄새일까요? 부패한 사람이 깨끗한 옷을 입으면 향기가 나고 청결한 것일까요?

우리는 후각이 가진 대단한 기능, 즉 호흡 중에 코로 들어온 냄새가 좋은지 불쾌한지 구분할 수 있는 기능을 성장기에 일상에서 자연스럽게 경험해야 합니다. 그렇지 않고 '이렇게 생긴 것은 이런 냄새를 풍긴다'는 식의 이론으로 배운다면 그것은 편견과 선입견을 갖게 합니다. 실제로 깨끗한 옷을 입고 말끔한 외모를 가진 사람이 의외로 좋지 않은 냄새를 풍기는 경우도 많습니다. 겉으로 보이는 것에 숨겨진 냄새에 속으며 살아서는 안 됩니다.

우리는 얼마나 '진짜' 세계와 접촉하며 살고 있을까요? 바나나 혹은 딸기가 들어간 우유가 아니라 바나나향이 나고 딸기향이 나는 우유를 마십니다. 장미꽃을 보고 향기를 맡는 것이 아니라, 책 속의 장미 그림을 손가락으로 문지르면 장미향을 흉내낸, 하지만 기분 좋은(?) 가짜 향기가 솔솔 납니다. 여기서 잠시 지두 크리슈나무르티의 글을 인용해 보겠습니다.

> 문명은 점점 대도시를 향해 가고 있다. 우리는 점점 더 도시인이 되어가고 있고, 밀집한 아파트촌에서 살고 있으며, 저녁 하늘이나 아침 하늘을 바라볼 공간조차도 거의 없다. 따라서 우리는 상당한 아름다움과의 접촉을 잃고 있다. 우리가 해뜨거나 해지는 것, 달빛 또는 물 위의 빛의 반사를 얼마나 보지 못하며 살고 있는가에 대해 당신은 주목해 본 적이 있는가?
> 자연과 접촉을 하지 않게 되면 우리는 자연히 지적 능력을 발전시키게 된다.
>
> - 《아는 것으로부터의 자유》에서 발췌

12감각에서 후각을 포함한 네 개의 감각, 그러니까 후각, 미각, 시각, 열감각은 우리에게 외부세계에 대한 정보를 주는 감각으로 분류합니다. 그 감각들을 통해 외부세계와 만납니다. 냄새 맡고, 맛보고, 보고, 느끼면서 말이죠. 하지만 지두 크리슈나무르티가 이야기한 것처럼 현대의 우리는 진짜 외부세계와 만나는 것이 아니라 멀어지고 있는 것은 아닐까요? 우리에게 어디까지가 진짜일까요? '진짜' 청결함이 무엇인지 알게 하고, 유지하는 방법은 무엇일까에 대해 물음표를 던지면서 저는 다시 호흡 이야기를 꺼낼 수밖에 싶습니다.

'더럽다', '안 된다', '하지 마라' 등 그러한 어른들의 말을 통해 우리는 더럽고 깨끗한 것을 구분해냅니다. 하지만, 이것이 지나치면 이 말들은 감정을 억압하는 3종 세트일 뿐입니다. 안 된다는 이유로 내 감각을 사용할 기회가 적다면(못 만지고, 못 들어보고, 못 보면), 나에게는 나를 표현할 기회가 적다는 뜻입니다. 즉, 무언가로부터 인상은 받아들였는데(들숨) 그것을 표현할 길(날숨)이 없는 것이죠. 만져보고 싶을 정도로 호기심을 자극하는 어떤 물체를 보았는데(들숨) 그것을 만져볼 수 없다면(날숨이 없다면) 어떨까요? 그 만져보고 싶은 욕구를 방출할 길이 없다면? 언젠가는 호흡이 끊어지고 말겠죠(감정 폭발). 들숨만 존재하는 셈입니다.

우리는 놀라면 재빠르게 숨을 들이마시고, 안심을 하면 긴 날숨을 내뱉는 것처럼 인간의 호흡은 감정과 깊이 연관되어 있습니다. 그렇기 때문에 호흡의 과정이 제대로 이루어지지 않는다는 것은 감정에 문제가 생기는 원인이 됩니다. 물론 만져보고 싶을 정도로 호기심을 자극하는 어떤 물체가 인간의 신체적·정신적 건강을 위협하는 것이라면 당연히 만져서는 안 될 것입니다. 하지만 위험하지 않은데도 양육자나 교육하는 사람이 자신의 편의 때문에 만지지 못하게 하는 경우가 많습니다. 드라마에 자주 등장하는 재벌가의 막내 아들이라는 캐릭터는 도덕적으로 쉽게 타락한 인물로 나오곤 합니다. 그 이유를 위의 사실로 설명할 수 있습니다. 그들은 품위 있고 단정해야 합니다. 아니 그렇게 보여야 합니다. 그들의 부모가 그것을 요구합니다. 개인적인 욕구나 본능을 억누르고 참으며 예의를 지켜야 합니다. 그런 식으로 외적인 청결을 유지하는 것이죠. 그들은 어려서부터 지나치게 요구하는 가정에서 날숨을 위해 투쟁하는 셈입니다. 인간의 삶에 들숨만 있으면 안 된다는 것을 자신을 망가뜨려, 문제아로 낙인이 찍히면서까지 보여주는 셈이죠.

성장과정에서 자신이 원하는 욕구를 충분히 풀어보지 못한 사람들(내 맘대로, 내가 원하는 대로 경험해 보지 못한 사람들)이 권력을 쥐게 되었을 때 도덕적으로 쉽게 타락하고 무례해지는 것을 볼 수 있습니다. 호흡은 냄새를 맡기 위한 중요한 기능이기 때문에, 호흡에 문제가 생겼다는 것은 냄새 맡는 기능에도 문제가 생겼음을 의미합니다. 냄새를 맡는다는 것은 냄새의 특성을 파악하고, 그것이 좋지 않거나 위험하다고 판단되면 어떻게든 피해 건강을 지킬 수 있게 하는 기능입니다. 그런데 그것이 불가능해졌다는 뜻입니다. 돈의 노예들이 살고 있는 자본주의 사회에서는 권력(재력)을 이용하면 내 맘대로 가능하다고 착각합니다. 특히 약자를 마음대로 가지고 놀 수 있다고 여기죠. 호흡에 문제가 생겨 냄새의 특성을 구분하지 못하는 사람이 한 곳에 오래 머물면 그곳의 냄새에 적응(마비)되어 당연하게 여깁니다. 마찬가지로 돈으로 거의 모든 것을 해결하는 것이 가능하다는 것을 늘 접하고 자란다면, 그리고 더러운 냄새를 풍기는 권력자들과 오랜 시간을 함께 보낸다면 더 이상 그 냄새를 알지 못하고 자신도 그 악취에 물듭니다. 의식적으로 창문을 열고 환기를 시키려는 의식이 깨어 있는 사람이 아닌 이상 말입니다.

권력이 있으면 부하 직원이나 제자를 성추행하고 아래 사람들의 재물을 갈취하는 것이 가능하다고 생각하는 집단이 있습니다. 내 맘대로 살아보지 못한 사람이 이런 집단과 자주 접하면, 어리석게도 권력이 있으면 원하는 것은 다 가질 수 있다고 믿습니다. 그래서 권력을 얻기 위해 학력도 위조하고, 논문도 표절하는 등 수단과 방법을 가리지 않습니다. 개인의 욕구와 본능을 억누르며 자란 사람이 권력자가 되면 이렇게 도덕적으로 타락하기 쉽습니다. 그런데 권력자가 아닌 경우는 좀 다를까요?

개인의 욕구와 본능이 부모에 의해 억눌렸고, 자신을 표현할 기회가 없이 들숨만 존재하는 삶을 살았다고 합시다. 자녀는 부모의 욕구를 만족시키며 살았다는 뜻입니다. 말 잘 듣는 착한 아이는 정말 착한 사람으로 자랄 수 있을까요? 부모 말을 잘 들으면 부모는 자식을 예뻐합니다. 자녀를 자신의 통제 하에 두고 싶은 부모들이 대개 그렇습니다. 내가 원하는 대로 다 이행하는 자식이 예쁘기만 합니다. 밖에 나가서 자식을 자랑한답시고 하는 말은 "우리 애는 참 키우기 쉬워요. 참 말을 잘 들어요"입니다. 이상하게도 그렇게 이야기하는 부모의 자녀는 어린이집이나 단체생활을 하는 데 있어 많은 어려움을 겪는 경우가 적지 않습니다. 집에서 억눌린 억울함을 집 밖에서 표현하더군요. 친구들을 괴롭히거나 행동이 거칩니다.

물론 제일 첫 장에서 이야기했던 것처럼 촉각이 발달하는 과정 중에 있어서 그런 거친 행동을 할 수도 있습니다. 하지만 집에서 말 잘 듣는 소위 말하는 '문제 없다는 아이'가 집 밖에서는 사뭇 다릅니다. 정말로 억울하다는 것을 온몸으로 표현합니다. 그러니 집에서 '키우기 쉬운 아이'는 건강한 아이가 아닌 경우가 대부분입니다. 그런 방식으로 사랑(?)을 받는 자녀는 부모의 사랑이 사라질 것에 대한 두려움이 굉장히 큽니다. 더 정확히 말하자면 부모의 '화'가 두려운 것입니다.

계속되는 부모의 요구(부모의 욕구이기도 하죠)에 부응하기 위해 숨통이 끊어질 정도의 들숨으로 가득한 삶 속에서 허덕입니다. 압박이죠. 부모의 말 한 마디 한 마디가 자녀를 더욱 더 긴장하게 만듭니다. 예를 들어 친구 자식이 취업해서 잘 살고 있는 모습을 보고 아직 취업을 못한 자녀 앞에서 한탄합니다. 숨이 끊어지기 직전까지 와 있는 이 자녀는 무엇을 할까요? 부모를 기쁘게 해드리기 위해 바로 대기업에 취직해서 돈을 벌어 집으로 가지고 옵니다. 부모는 기뻐합니다. 하지만 알고 보니 대기업에 취직한 것이 아니라 사기꾼으로 부정하게 돈을 벌어 부모님께 가져다 드린 것입니다. 실제로 해외로 유학을 떠난 사람들 중 20~30% 이하만이 졸업을 하고 돌아옵니다. 나머지는 졸업을 못하거나 중도 탈락하거나, 아예 학교에 입학조차 하지 못합니다. 그들이 한국으로 돌아와 하는 행위는 부모를 속이는 일입니다. 부모를 속이려면 이 세상을 먼저 속여야 합니다.

가짜로 취업한 자녀와 마찬가지로 말이죠. 극단적인 표현이지만 남을 속여 돈을 버는 사기꾼이 됩니다. 프로필을 속이고, 없는 학위를 만들거나 학위를 한두 단계 높이는 방식으로 남을 속입니다. 어린 아이의 경우 부모의 사인을 받아 오라는 성적표에 자신이 부모 사인을 흉내내 위조합니다. 그들은 밖에서 있었던 일을 부모에게 솔직하게 털어놓지 못하고 혼자 처리하느라 끙끙 앓는 경우가 다반사입니다. 어디한 곳 마음 편히 말할 곳이 없다고 생각해 보세요. 집 안에서 부모 앞에서도 껍데기를 하나 쓰고 살아야 합니다. 나 자체로 허심탄회하게 살지 못합니다. 심지어는 다친 것조차 부모에게 말하지 못합니다. 어디다치기라도 하면 조심성이 없다고 부주의한 자녀를 탓하며 부모가 화를 내거나 짜증을 낸다는 것을 경험으로 알기에 다친 것을 숨깁니다.

내가 하고 싶은 것을 부모가 싫어하면 부모 모르게 합니다. 이것은 부모자녀 간의 이야기만이 아니라 모든 관계에 해당합니다. 관계를 맺고 있는 상대가 내가 숨을 못 쉬게 만든다고 생각해 보세요. 숨쉬게 해줄 다른 누군가 혹은 다른 어떤 것이 필요합니다. 그것이 바로 비밀이라는 것입니다. 어떻게든 부모의 눈 밖에 나지 않기 위해 노력하지만, 안타깝게도 그 노력은 참으로 부도덕하고 부정하거나 위험합니다. 특히 부도덕한 노력의 경우 그 부도덕함은 누군가를 따라서 시작한 행위라는 것입니다. '저 사람이 저렇게 했는데 문제없이 해결되네. 그럼 나도 저렇게 하자! 저렇게 하니 다들 속네. 나도 저렇게 하자!' 누군가로부터 시작된 그 행위에 몰드는 것은 후각의 마비 증세와 같습니다. 그것이 악취를 풍기는지도 모르고 말이죠. 반복해서 말씀드리지만 의식적으로 창문을 열어 환기를 시키지 않으면 후각이 마비된 상태로 사는 것입니다. 그래서 알베르트 수스만에 의하면 후각이 마비된 사람들은 결국 도덕적으로 타락한 사람들입니다.

앞에 등장시켰던 곱게 화장하고 단정한 하얀색 원피스를 입은, 머리는 깔끔하게 뒤로 넘겨 묶은 여자는 어쩌면 실제로는 악취를 풍길지도 모릅니다. 그녀에게서 향기가 나는지 악취가 나는지 냄새를 맡아보기 전에 우리는 알 수 없습니다. 우리가 향기와 악취를 구분하려면 진짜 냄새를 맡으며, 늘 바람이 잘 통하는 환기가 잘 되는 환경에서 성장해야 합니다. 그래야 음식물 쓰레기통에서 풍기는 냄새가 악취라는 것을 알고 뚜껑을 재빠르게 확(!) 덮어버릴 수 있습니다.

다시 본론으로 돌아와 좋은 냄새가 나는 곳과 불쾌한 냄새가 나는 곳, 그것은 깨끗한 곳과 더러운 곳입니다. 오염된 곳, 더러운 곳 하면 어디가 떠오르나요? 사회, 정치, 문화, 예술, 스포츠 등의 다양한 분야를 두고도 '더러운 OO판' 혹은 '더러운 OO계'라고 표현하기도 합니다. 또 순수하고 깨끗한 사람이나 그런 분야를 두고는 '청정지역'이라고 표현하기도 합니다. 한 집 안에서 나는 냄새는 그 집에서 사는 사람들이 함께 만들어 내는 냄새입니다. 두 사람 중 한 사람만 방귀를 뀌어도 냄새가 진동합니다. 어디 집 안에서만 그런가요? 예술계는 예술인들이 함께 만들고 정치판은 정치인들이 함께 만듭니다. 이 사회는 우리가 함께 만듭니다. 이 사회가 풍기는 냄새는 우리가 함께 만들어내는 것입니다.

부모의 지나친 욕구를 채우기 위한 자녀의 노력이 결국 이 사회를 더러운 곳으로 만들 수도 있습니다. 깨끗한 곳이란 숨길 필요가 없는 곳입니다. 거짓말할 필요가 없는 곳입니다. 그곳이 집이어야 합니다. 집 안에서만큼은 그럴 수 있어야 합니다. 그것이 결국 집 밖에서도 진실하고 깨끗하게 살 수 있는 길입니다. 이렇게 전반적인 분위기라는 것은 가정이라는 작은 울타리에서 시작해 모두 함께 만드는 것입니다. 그것이 관습이나 문화가 되고 경우에 따라서는 법이 되기도 합니다.

후각이 만드는 문화와 관습,
그리고 법

후각이 마비된 상태에서 관습과 문화가 만들어지기도 합니다. 어떻게 그럴까요? 냄새나는 자기 방에서 아무렇지 않게 잘 지내는 것처럼 한 가지 냄새에 오래 노출되어 그것에 마비되고, 그래서 그것을 아무렇지 않게 당연하게 여깁니다. 그렇게 그것은 관습이 되고 문화가 됩니다. 나도 모르게 마비되는 후각처럼 '나도 모르는 사이에' 물들어 버리는 것들에는 자본주의가 만들어낸 모든 것을 돈으로 해결하는 풍토도 포함됩니다.

한국의 문화가 아니라 자본주의가 만들어낸 문화를 한국의 문화라고 착각하며 살고 있는 사람들이 많습니다. 각종 경조사를 한 번 떠올려 보세요. 그것이 가진 본래의 의미와 가치는 사라진 지 오래 되었습니다. 보여주기 위한 목적이 더 커졌습니다. 필요한 것인지 필요하지 않은 것인지 구분하지 못하고 옆 사람이 하는 대로 따라합니다. 필요한지 불필요한지 구분하지 못하는 것은 나도 모르게 마비된 후각이 그 기능을 하지 못하는 것과 유사합니다. 특정 사람들과 과도하게 밀착된 생활을 하면 거기에 물들어, 그곳에서 이루어지는 것들과 자기를 비교하며 자신도 모르게 그곳에 자기를 맞추려 합니다. 그래서 불행이 시작되죠. 비교하기 시작하면서부터 말이죠. 가령 외국에서 살다 온 사람들 중에 한국으로 돌아와서는 외국의 것이 대부분 합리적이라거나 우월하다고 여기는 것도 해당됩니다.

그 사람들이 입은 옷 나도 입어야 되고, 그 사람들이 하는 행동 나도 해야 하니 "그건 원래 이래야 돼"라는 말을 습관적으로 내뱉습니다. '원래' 그런 것이 이 세상에 어디 있나요? 원래 경조사가 그런 것인가요? 마치 적금 통장마냥 장부를 만들어 놓고 내가 그 경조사 때 갔으니 반드시 돌려받아야 하고 그걸 안 돌려주면 욕하거나, 딱 받은 만큼만 돌려주는 것이 '원래' 그런 것인가요? '원래' 대학에 가야 합니까? '원래' 그런 것은 없습니다. '원래'는 안 그랬지만 사람들이 돈의 노예가 되고 나서부터 피해도 주지 않고 손해도 보지 않으려는 속물로 변한 것이죠. 심지어 부부 간에도 말이죠. 손해 보기 싫다는 것은 정을 나누기 싫다는 것입니다. 그래서 현대인들이 더 외로운 것입니다. 누군가가 나 좀 봐줬으면 좋겠고, 내 마음 좀 만져 주었으면 좋겠는데 정작 자기는 타인에게 그렇게 하지 않고 있는 것입니다.

무엇이 필요하고 무엇이 불필요한지 가리지 못하는 이유는 환기가 안 되는 곳에서 후각이 마비되어 '원래' 그런 줄 아는 것입니다. 정말로 '원래'를 생각하는 사람이라면 '원래'의 것, 그러니까 전통과 본질을 되찾기 위해 힘써야 합니다. '원래' 안 그랬던 그것이 왜 지금 이런 모습을 하고 있는지 돌아볼 수 있어야 합니다. 그렇게 돌아보는 것은 어울리던 사람들과 거리를 두고 혼자 잠시 밖에 나가서 바람을 쐴 때 가능합니다. 사람들이 밀집된 공간에서는 불쾌한 냄새가 쉽게 만들어지기 때문에 잠시 문을 열고 바깥바람을 쐬고 올 수 있어야 합니다. 사람들과 어느 정도 붙어서 어울리는 시간을 가졌으면 잠시 거리를 두고 스스로를 환기시킬 수 있어야 합니다. 사람과 사람 사이의 거리가 비교적 먼 혼자만의 시간(!)을 가지세요. 그래야 마비되었던 후각이 되돌아올 수 있습니다.

후각이 마비된다는 것은 심지어 '나만 가진 나만의 고유의 냄새'를 없애는 일이기도 합니다. 이제 옆 사람에게서 나는 냄새가 나에게도 나고 아랫집 사람에게도 나고 윗집 사람에게도 납니다. 어쩜 그리도 똑같을까요? 자본주의가 만들어낸 문화에서 소박함은 찾아보기 어렵습니다. 딱 옆 사람이 한 만큼 나도 그렇게 똑같이(!) 해야 합니다. 이것은 다시 균형감각의 문제이기도 합니다. 중심을 잃고('나'는 온데간데없고) 남들이 하니 나도 따라합니다. 이 책에서 계속 이야기하는 것이지만, 그것이 내가 원하는 것인지 남이 원하는 것인지 구분하지 못한 채 행동합니다. 오랜 시간 호흡하며 산 곳인 '집'에서 나는 냄새, 그 냄새는 어떤 특징을 가지고 있을까요? 집에서 나는 냄새는 눈에 보이는 것이 아니라 어디선가 풍겨 나오는 것입니다. 그것은 '가풍(家風)'입니다. 가

풍은 각 가정만이 가진 고유의 분위기, 즉 한 집안의 습관이나 관습과 예절 등을 말합니다.

현대의 한국 사회에서 각자의 가풍을 가진 집은 많지 않을 것입니다. 이렇게 획일적인 곳에서 말이죠. 옆집 엄마가 들고 다니는 가방을 우리 엄마도 들고 다니지 않던가요? 아이를 데리고 방송에 출연하는 연예인들을 보고서는 그것이 나에게 유익한지 아닌지 판단도 하지 않은 채 그들을 흉내내려 하지 않던가요? 우리의 마비된 후각은 이렇게 드러납니다. 냄새를 맡고 판단하려면 호흡을 잘할 수 있어야 하는데, 위와 같은 상황이라면 호흡에도 문제가 있는 것이죠.

진짜 냄새는 자연에 존재하고 자연스럽게 공기로 퍼져나갑니다. 진짜 사람의 냄새는 진짜 관계 속에서만 맡아볼 수 있습니다. 책 속의 장미향과 같이 인위적인 냄새를 너무 자주 접한 현대인들은 아마도 그래서 향기와 악취를 구분하지 못하고, 그렇게 기이한 방식으로 학습된 냄새를 기억 속에 저장해 두었다가 겉만 보고 향기가 난다고 속단을 내리나 봅니다. 아래의 고민을 함께 볼까요?

"나같이 생긴 사람을 이성이 좋아할 리 없어요"

아래는 저에게 들어오는 상담내용 중 20~30대의 젊은층들이 자주 하는 고민입니다. 똑같은 고민 상담을 요청하는 분들이 많은데 그들의 고민은 이렇습니다.

"외모에 자신이 없고, 나에게는 절대로 이성친구가 생기지 않을 것 같습니다. 나처럼 생긴 사람을 이성이 좋아할 리 없습니다. 그래서 좋아하는 사람이 생겨도 고백할 자신이 없고 괴로운데 어떻게 해야 하나요?"

위의 고민이 귀엽다고 웃을 일만은 아닙니다. 이 고민은 우리의 후각이 이미 마비됐다는 증거를 명백히 보여줍니다. 마비된 후각으로 무슨 냄새를 어떻게 구분하고 맡을 수 있겠습니까? 가짜 냄새로 학습되고 교육된 후각을 갖게 되면, 보기가 좋아야 좋은 향기가 날 거라는 착각에 빠지고 그래서 보기 좋은 것들만 갈구합니다. 자기도 잘 차려 입으면, 즉 코를 높이고 눈을 크게 만들고 키높이 신발을 신으면 좋은 냄새가 날 거라고 착각합니다. 그리고는 그렇지 않은 자신을 추하게 바라보면서 자기를 좋아할 사람은 없다고 착각합니다. 자신에게서 어떤 냄새가 나는지 모릅니다. 우리는 자신의 냄새를 못 맡거나 맡기 힘듭니다. 마치 익숙한 우리 냄새를 잘 못 맡듯이 말입니다.

저는 위의 고민을 가진 사람들에게 늘 비슷한 이야기를 합니다. 호감이 가는 사람은 우선 냄새가 다르다고 말이죠. 그 냄새란 마치 가풍처럼 눈에 보이지 않지만 어디선가 풍기는 것입니다. 한 사람의 냄새는 그 사람의 자세에서부터 시작합니다. 언행에서 풍겨져 나옵니다. 외모에서 풍겨져 나오는 것이 아닙니다. 사람이 예쁘고 멋진 이유는 소위 말하는 '하는 행동'이 예쁘고 멋져서 그렇다는 것을 아실 것입니다. 인위적으로 만든 행동이 아니라 몸에 밴 행동입니다. 사람마다 이미 배어 있는 그 사람만의 고유한 살 냄새가 있듯이 그렇게 몸에 밴 행동을 두고 하는 말입니다. 좋은 냄새가 납니다. 향수냄새가 아닙니다. 표정에서 냄새가 납니다. 숨길 수 없는 표정이 있습니다.

만약 외모가 멋져서 모두의 호감을 사는 사람이 있다면 우리는 그에게 기대하는 바가 큽니다. 그에게서는 실제로 좋은 향기가 날 것이라고 말이죠! 하지만 그 사람이 그 외모와는 다른 (더러운) 언행을 보인다면 우리는 컸던 기대만큼이나 크게 실망합니다. 멋지게 생긴 연예인이 아주 조금만 잘못해도 크게 실망하는 우리를 보면 그렇습니다. 그런데 외적으로 보았을 때 기대를 불러일으키지 않는 사람이 마음에서 우러나오는 표정을 짓고 진심으로 예의를 표한다면 우리는 그 사람을 다시 봤다라고 이야기합니다. 호감이 급상승하게 되는 것이지요.

결국 호감이 가는 사람은 꾸며낸 것이 하나씩 들통나는 사람이 아니라 '다시 돌아보게 만드는 (마비된 후각이 다시 돌아오도록) 환기시키는 역할을 하는(우리를 깨어나게 하는)' 진실된 사람이라는 이야기입니다. 진심을 가지면 자신감이 생긴다는 것은 우리가 "진짜야!"라고 진짜 사실을 이야기할 때 큰 소리로 주장할 수 있는 것을 말합니다. 반면 거짓말은 끝까지 우길 수가 없죠. 끝내 들통이 나니까요. 이것이 우리가 자신감 있는 사람을 좋아하고 그런 사람에게 호감을 느끼는 이유입니다. 자신감이 있는 사람의 언행은 깨끗한 척, 말끔한 척 꾸며낸 가짜가 아닌 진짜니까요! 진짜로! 내가 진짜가 되면 되는 것입니다.

좋은지 나쁜지 그 가치를 판단하는 후각의 기능을 발달시키는 방법

중 하나는 다시 강조하지만 '자연스러운 진짜'의 냄새를 맡으며 성장하는 것입니다. 직접 맡아보지도 않은 냄새를 책을 통해 기계적으로 학습하여 머리로만 판단하는 것이 아니라, 자연의 냄새를 본연의 냄새를 맡는 것입니다. 그리고 말로 "안 된다, 더럽다, 하지 마라"라고 이야기하며 아이들이 직접 경험할 수 있는 기회를 축소시키는 것이 아니라, 가정에서 부모가 교육의 현장에서 교사가 정신적인 청결을 유지하면 됩니다. 속이거나 기만하지 않고 정직하게 사는 것이죠. 그렇게 늘 환기가 되는 청결한 환경에서 성장하는 사람이라면 나중에 음식물 쓰레기통과 같은 악취가 나는 사람 또는 그런 상황과 마주하게 되었을 때 그것을 알아차리고 망설임 없이 쓰레기통 뚜껑을 닫듯 재빠르게 피할 것입니다.

미각, 시각뿐만 아니라 다른 모든 감각을 살리고 발달시키는 방법은 동일하다고 볼 수 있습니다. 내가 어떤 감각기관을 가지고 있다는 사실을 인지하는 것이 그 첫 번째 열쇠입니다. 그리고 진짜와 진심과 진실이 모든 감각기관을 발달시키는 두 번째 열쇠입니다.

낯선 음식을
맛보는 게 어렵지 않다면
자신이 원하는 것을
실천하는 용기 있는 사람입니다

6장

미각

미각은 취향과
연관된 감각이다

미각은 우리의 신체기관 중 혀를 통해 느낄 수 있습니다. 미각의 대표적인 기능은 맛이 어떤지 구분하는 것이죠. 혀를 통해 단맛, 짠맛, 신맛, 쓴맛을 경험할 수 있습니다. 어떤 사람은 단맛이 강조된 음식 특히 디저트 종류를 좋아하고, 또 어떤 사람은 시큼한 맛이 강조된 음식이나 과일을 좋아합니다. 또 다른 누군가는 짠 음식을 좋아합니다. 하지만 쓴맛이 나는 음식을 좋아하는 사람은 드물죠. 간혹 덜 익은 과일을 맛보면 쓴맛이 나는데 그때는 인상을 찌푸리며 바로 뱉으려고 합니다.

누군가에게는 단 것이, 또 누군가에게는 신 것이, 또 다른 누군가에게는 짠 것이 각각 맛있는 음식이라고 하는 것을 보면 미각은 상당히 주관적으로 작용합니다. 이것을 두고 알베르트 수스만은 취향에 대해 이야기합니다. 우리는 각자 취향에 따라 선호하는 맛이 다릅니다. 쓰고 단맛이 나는 믹스커피에 밥을 말아먹는 것은 일반적으로 상상하기 쉽지 않기 때문에, 그런 사람을 보고 취향이 독특하다고 이야기하기도 합니다. 좋아하거나 선호하는 맛이 각기 다르듯 반대의 경우도 마찬가지죠. 싫어하는 맛 역시 각기 다릅니다. 하지만 바로 그렇기 때문에 주의해야 할 점이 있습니다.

미각은 좋아하는 것만 받아들이기 때문에 이기적으로 기능할 가능성이 높다는 것입니다. 그러므로 균형감각에서 이야기했던 불균형을 주의해야 합니다. 영향의 불균형 말이죠. 의식적으로 균형을 이루기 위해 노력하지 않으면, 맛있는 것만 먹고 산다면 어떤 일이 벌어지나요? 단 음식을 맛있는 음식이라 여기는 사람이 그것만 먹고 산다면 탄수화물 중독이 될 것이고, 신 음식을 맛있다고 여기는 사람은 위에 문제가 생길 것입니다. 짠 것을 좋아하는 사람은 각종 성인병을 얻게 될지도 모릅니다. 그렇다면 어떤 특정한 맛을 선호하는 경향 이런 취향은 어디에서 어떻게 만들어지는 것인지 보도록 하겠습니다.

어릴 적에 자연스럽게 받아들인 식단에 비해 새로운 식단에 적응하는 것은 새로운 언어를 배우는 것과 같이 어렵다.

－《미각의 지배》에서 발췌

위의 발췌문은 우리의 입맛이 환경과 문화에 적응하는 과정에서 길들여지며 그렇게 한 번 자리잡은 입맛은 쉽게 바뀔 수 없다는 것을 이야기합니다. 입맛이 어떻게 자리잡느냐가 중요한 이유는 바로 위에서 이야기한 것처럼 영양분의 섭취와 그에 따른 건강이 걸린 문제이기 때문입니다. 건강과 관련해서는 뒤에서 이야기하겠습니다.

입맛이 잘못 자리잡았다는 것은 편식을 한다는 뜻입니다. 편식하는 사람을 떠올려 보세요. 다른 맛을 받아들이려 하지 않습니다. 어떤 특정 음식을 잘못 먹고 체했거나 식중독에 걸려 그 음식에 대한 트라우마가 있는 경우에 그럴 수 있습니다. 또는 맛을 볼 때 자동으로 작용하는 후각의 영향으로 익숙하지 않은 냄새 때문에 못 먹는 경우도 있습니다. 비린내를 꺼리는 사람들은 생선류나 해산물 종류를 잘 먹지 못합니다. 여기서 후각과 미각의 차이를 실감할 수 있습니다. 후각은 호흡 중에 무의식적으로 작용하기 때문에 우리 뜻대로 받아들이거나 거부할 수 없습니다. 물론 손으로 코를 막으면 되지 않겠냐고 생각할 수 있습니다. 하지만 이미 냄새를 맡고 불쾌함이나 위협을 느낀 뒤입니다.

이미 학습으로 어떤 것이 불쾌한 냄새이고 어떤 것이 좋은 냄새인지 알고 있지만, 후각은 호흡과 같이 작용하기 때문에 누가 미리 정보를 주지 않는 한 부지불식간에 맡아지는 냄새까지 선택할 수는 없습니다. 반면 미각은 원하는 맛과 원하지 않는 맛을 경험한 후에는 내 의지로 받아들이거나 거부할 수 있습니다. 선택이 가능하다는 이야기입니다. 후각은 선택해서 받아들일 수 없어 (유독가스 같은 경우) 위험할 수 있습니다. 그런데 미각은 선택할 수 있다는 것 때문에 영양의 불균형이라는 위험을 초래하게 됩니다.

먹고 싶은 것만 골라 먹는 사람을 떠올려 보세요. 먹고 싶은 것만 먹는 사람과 함께 식사를 할 때는 메뉴를 고르는 것이 쉽지 않습니다. 그 사람이 먹지 않는 음식은 피해야 하기 때문이죠. 만약 그 사람이 "신경 쓰지 말고 모두가 원하는 것으로 먹자"고 제안한다면 모를까, 그렇게 말하지 않는 이상 메뉴를 선택하고 결정하는 일은 그 사람 위주로 돌아갑니다. 그 사람이 원하는 대로 진행됩니다. 다시 말하면 편식하지 않는 다른 사람들이 그 사람을 배려하고 그 사람에게 기꺼이 양보합니다. 편식하는 사람이 겪는 불균형은 단지 영양의 불균형만을 초래하는 것이 아니라 관계의 불균형으로 확장됩니다. 편식은 까다로움으로 드러나기도 하니까요. 못 먹는 것이 많기 때문에 맞춰줘야 하는데, 그렇게 항상 자기가 원하는 대로 일이 돌아가야 하는 사람이라면 균형을 유지하는 관계, 동등한 관계를 맺기 힘들 것입니다.

균형감각을 떠올려 보세요. 서로가 서로의 영향력이 동등해지도록 노력해야 관계가 순조롭게 유지됩니다. 만약 편식하는 사람이 기꺼이 양보하며 다른 사람들을 배려하는 순간 그 사람은 더 이상 편식을 하는 사람이 아닙니다. 편식의 의미를 생각해 보세요. 우리는 편식이라는 단어를 다양하게 사용합니다. 책도 사람도 편식하면 안 된다는 이야기를 자주 합니다. 무엇이든 균형을 잃는 행위는 좋지 않다는 뜻이죠. 맛보기 싫은 것을 조금이라도 맛보려고 노력하는 사람은 정신적으로 편식을 하지 않는 사람입니다. 싫어하는 음식도 여러 사람이 함께 하는 자리에서는 종종 아무렇지 않게 먹기도 하는 것이죠. 실제로 우리는 성격 좋은 사람이 음식을 앞에 두고 자기가 먹을 수 있는 것과 먹지 못하는 것을 까다롭게 구분 짓지 않는 것을 자주 경험합니다. 그들은 함께 먹는 사람들을 불편하게 만들면서까지 예민하게 굴지를 않죠.

평소에 싫어하거나 난생 처음 보는 음식을 맛보는 것은 일종의 도전이며, 그런 도전에는 용기가 필요하기 마련입니다. '난 그거 한 번도 안 먹어 봤는데 한 번 먹어보지 뭐!' 하고 결심하기 위한 용기 말입니다. 알베르트 수스만이 말하듯 실제로 어린 아이들은 또래의 다른 아이들이 꺼려하는 새로운 음식(어른들의 입맛에 맞춰진 음식)을 먹고는 굉장히 자랑스러워 하는 것을 볼 수 있습니다. "나는 이것도 먹을 수 있다!" 하고 말이죠. 자신의 도전에 대한 뿌듯함과 미각의 범위를 확장시킨 것에 대한 기쁨입니다. 마치 평균대 위에서 한 발짝도 앞으로 나가지 못하던 아이가 드디어 결심을 단단히 한 뒤 '용기 내서' 한 걸음 앞으로 내딛었는데 그것이 위험한 일이 아니었다는 것을 알게 되는 것, 그리고 힘든 일이 아니었다는 것을 알게 되는 것과 같습니다.

음식의 원재료와
단절된 삶

해외여행을 해본 사람이라면 경험하는 것이 하나 있습니다. 낯선 나라에 머무는 동안 일행 중에는 현지 음식을 아무렇지 않게 맛있게 먹는 사람이 있습니다. 새로운 음식을 맛보는 것이 어렵지 않은 사람은 대부분 본인이 원하는 것을 실천하는 용기 있는 사람입니다. 용기가 있다는 것은 달리 말하면 두려움이 없다는 뜻이기도 합니다. 그렇게 두려움이 없는 사람은 새로운 것을 받아들일 수 있을 만큼 열려 있습니다.

열려 있는 사람은 그 누구와도 잘 지내는데 그런 사람을 두고 우리는 성격 좋은, 사회성이 뛰어난 사람이라고 이야기합니다. 그들은 타인의 마음을 쉽게 움직일 수 있을 만큼 기발한 생각들을 잘 펼쳐냅니다. 그것이 바로 유머감각입니다. 유머를 사용하려면 자기와는 다른 사람 또는 다른 것을 이해하는 능력이 우선적으로 필요합니다. 그래야 사람에 따라 '통하는 유머'를 사용할 수 있으니까요. 나와 다른 것을 이해한다는 것은 나와 다른 것을 고치거나 바꾸려 하지 않고 그대로 인정한다는 뜻입니다. 이런 자세는 낯선 음식을 맛볼 때의 상황과도 연결됩니다.

낯선 음식을 잘 먹는다는 것은 어디에서나 새로운 곳에서도 적응을 잘한다는 것이기도 하고, 음식은 그것이 만들어지는 장소의 문화를 대변하기 때문에 그것을 받아들인다는 것은 문화를 인정한다는 것입니다. 그렇기 때문에 거부하지 않고 받아들이며 경험합니다. 맛을 본다는 것이 꼭 음식에만 사용되는 말은 아닙니다. 무언가 새로운 경험을 했을 때 '색다른 맛을 보았다'고 표현합니다. 그런데 현대인들은 간만 보고 맛을 봤다고 착각합니다.

추어탕의 간만 보는 것과 추어탕 한 뚝배기를 맛보는 것은 아주 다릅니다. 간만 보고 그것을 먹어 봤다고 이야기하는 것은, 마치 외국에 열흘 여행 다녀온 사람이 한 10년은 살다 온 것처럼 "거기 사람들은 그래"라고 말하는 것과 흡사합니다. 거기 사람들이 그런 것이 아니라 당신이 '그런 사람'을 만난 것입니다. 일주일 만에 국민성을 파악하는 것은 초능력자가 아니고서야 불가능합니다. 오래 살다 온 누군가로부터 어깨 너머 주워들은 이야기라면 모를까요. 그러니 열흘 여행 후 "거기 사람들은 그래"라고 판단하는 것이 얼마나 경솔하고 섣부른 판단인지 알아야 합니다. 그리고서는 나랑 맞네 안 맞네라고 이야기한다면 웃음거리가 될지 모릅니다. 물론 감각이 잘 깨어 있어서 한 가지로부터 많은 것을 발견하는 '다양한 경험'에 익숙한 사람이라면 어느 정도 파악이 가능할 수도 있습니다. 하지만 몇 백 년간 만들어진 한 나라의 국민성을 열흘 만에 파악하는 것은 어렵습니다.

우리는 미각이 있기에 맛있는지, 맛없는지, 싱거운지, 짠지, 아니면 단지를 평가합니다. 그러나 제대로 평가하려면 간만 볼 것이 아니라 한 그릇 제대로 먹어 봐야 합니다. 미각이(후각도 마찬가지로) 입으로 들어오는 음식을 두고 좋은지 나쁜지, 그만 먹어야 할지 더 먹어도 좋은지 평가를 내리는 이유는 1차적으로 우리의 건강을 지키기 위한 것입니다. 미각은 우리의 건강과 떼어 놓고 생각할 수 없는 감각 중 하나입니다. 《미각의 지배》의 저자인 존 앨런은 그에 대해 다음과 같이 이야기합니다.

오늘날 선진국은 물론 개발도상국의 도시에서도 언제나 음식을 먹을 수 있지만 실제로는 많은 사람들이 이러한 도시 환경에서 위험에 직면한다. 현대인이 직면하는 위험은 생존이 아니다. 이제는 신생아가 성인까지 무사히 성장하는 것은 특별한 일이 아니다. 현대인이 걱정해야 할 것은 바로 장기적인 건강이다.

존 앨런은 식량이 풍족한 시대를 사는 현대인들이 설탕이나 지방이 많이 든 음식처럼 건강에 좋지 않은 음식들을 습관적으로 섭취하면서 음식의 원재료와는 단절된 삶을 사는 것에 대해 이야기합니다. 이것은 건강을 생각하기보다는 원하는 맛만을 좇는 현대인들에 대한 걱정입니다. 현대인들이 '원하는 맛'에는 건강을 생각하지 않는 자극적인 음식들만 해당되는 것이 아닙니다. 힘을 들이지 않고 쉽고 편하게 먹을 수 있는 것도 포함됩니다. 과정(노력) 없이 쉽게 구할 수 있고 빠르게 먹을 수 있는 음식을 찾는 것은 물질주의 시대에 두드러지는 특징입니다. 왜냐하면 이 시대 사람들은 '몸이 편하다'는 뜻을 잘못 이해하고 있기 때문입니다. 몸이 편하다는 것은 몸을 안 써도 된다는 뜻이 아니라, 몸을 내가 원하는 대로 움직일 수 있어 마음까지 편한 것을 의미합니다.

사람이 몸을 안 쓰면 어떤 일이 벌어지는지 볼까요. 몸을 안 쓰면 일시적으로 몸과 마음이 편합니다. 그것은 바쁜 일상 속에서 잠시 쉴 때 느낄 수 있습니다. 몸과 마음이 편한 것은 왜 일시적인 것일까요? 사람은 자기가 스스로를 가치 있고 쓸모 있다고 느낄 때 자존감이 높아집니다. 나는 이 세상에 필요한 꽤 괜찮은 사람이라는 것을 느낄 때 그렇다는 이야기입니다. 그런데 몸을 안 쓰는 시간이 길어지면 나 자체로는 '아무짝에도 쓸모없는 인간'이 됩니다.

나 자체가 보잘 것이 없어지면 나는 나를 빛나게 해줄 그 어떤 물질이 필요합니다. 몸을 안 쓰는 것이 습관이 되었다는 것은 몸을 안 쓰고 무언가를 쉽게 획득하는 것이 습관이 되었다는 뜻입니다. 이 세상에서 몸을 쓰지 않고 쉽게 얻는 것은 거의 없습니다. 그런데 몸을 쓰지 않고 얻는 방법에 바로 돈이 있습니다. 비유를 든다면, 선풍기는 부채질이라는 움직임이 필요 없게 해줍니다. 선풍기를 살 돈과 전기세를 낼 돈만 있으면 말입니다. 그런데 그 돈은 어떻게 만들어지나요? 몸을 쓰지 않고 돈을 만들어낼 수 있나요? 어려서부터 부모님이 거의 모든 것을 해결해준 사람은 성인이 되어도 계속해서 부모님의 경제적 지원을 받습니다. 하지만 나이는 이미 서른 넘은 성인이 됐기 때문에 염치없음을 느낍니다. 그래서 부모님 눈치 보느라 마음대로 원하는 것을 못하기 시작합니다. 그러니 몸을 많이 안 움직여도 될 정도로 부모님 돈을 쓰면서 마음은 불편합니다. 몸을 안 써서 몸이 편한데 마음까지 편하다는 것은 이렇게 불가능한 일입니다.

몸과 마음 둘 다 편하려면 내 몸을 내가 원하는 대로 움직여야 합니다. 내가 하고 싶은 것을 할 수 있어야 합니다. 이 시대는 물질로써(돈) 거의 모든 것이 해결 가능하다는 것을 아이들에게 행동으로 가르치고 있는 시대입니다. 돈을 사용하면 지지고 볶는 과정이 필요한 요리를 하지 않아도 되며, 김치는 순식간에 초인종 소리와 함께 나타납니다. 아이들은 채소가 원래 어떻게 생겼는지 알지 못하며, 그것을 먹을 수 있기까지 얼마나 많은 (사람들의) 땀과 노력이 필요한지 알지 못합니다. 쉽게 얻을 수 있기에 그 가치를 모릅니다. 안타까운 이야기지만 우리 삶에 '많은 돈'이 있어야 한다는 것 하나만은 확실하게 배웁니다. 돈으로 무언가가 쉽게 해결되는 것을 너무나 자주 접하기 때문입니다.

과정 없이 결과물을 얻을 수 있는 이유는 바로 돈이 있기 때문이라는 것입니다. 무언가를 쉽게 얻을 수 있으면 그것의 소중함을 느끼기 힘듭니다. 그래서 물질을 좇는 사람들의 눈에는 가지고 있는 것보다는 가지고 있지 않은 것이 눈에 더 잘 들어옵니다. 그들이 괴로운 이유는 분명합니다. 가진 것에 대한 소중함과 그 가치를 아는 사람은 '결과는 과정이 있어야 나온다'는 것을 잘 아는 사람입니다. '쉽고 편하게 빠르게'를 외치는 사람들이 무언가를 '음미'할 수 있을까요? 아마 모든 것을 씹지도 않고(힘들이지 않고) 그냥 삼키는 식으로 접할 것입니다. 신체적으로는 물론 정신적인 소화불량 증세를 경험할 것입니다. 무언가를 음미하려면 그것을 입 안에 넣고 느껴 볼 수 있는 시간이 필요합니다.

우리가 먹는 것은
음식만이 아니다

알베르트 수스만은 우리가 먹는 것은 단지 음식만이 아니라 문화의 산물이라고 이야기합니다. 이것이 무슨 이야기인지 함께 생각해 보겠습니다. 우리는 수동적으로 음식을 받아들이기만 하는 것이 아닙니다. 그것을 먹고 소화시키고 배출하며 다시 창조하는 데 적극 동참합니다. 실제로 요리를 즐기는 사람들은 무언가를 먹으면 그것을 맛본 뒤에 그 음식을 다르게 활용할 수 있는 가능성을 고민하고 결국 그 음식을 베이스로 둔 새로운 음식을 만들어냅니다. 말하자면 그냥 흔한 고추장 떡볶이가 카레 떡볶이로 재탄생하는 것과 같습니다. 그렇게 만들어낸 음식은 특이할수록, 독창적일수록, 그리고 자극적일수록 더 인기를 얻습니다. 자극은 더 큰 자극을 불러일으키니까요. 이것이 말 그대로 음식에만 해당되는 이야기는 아닙니다.

  돈으로 쉽게 사 먹고 입을 수 있는 돈의(자본주의) 문화에 길들여져서 몸을 움직이지 않는 것이 습관이 된 우리는 거의 모든 것을 돈으로(물질로) 해결하려는 또 다른 문화를 만들어냈습니다. 인간의 갈등마저 돈으로 해결하려는 것도 그 중 하나입니다. 이것이 문화의 산물을 섭취하고 다시 문화를 만드는 일이죠. 무언가를 경험하고 그것과 밀접하게 연관되는 또 다른 무언가를 만들어내는 것입니다.

돌잔치는 본래 한 인간의 탄생, 그리고 탄생 이후 1년을 큰 탈 없이 무사히 보낸 것에 대한 감사함을 표하기 위한 가정의 축제 혹은 마을의 축제입니다. 하지만 2015년 현재 그 축제는 어떻게 재창조되어 있나요? 이제 1년 가까이 산 아이가 감당하기에는 너무나도 자극적인 소음, 마이크에 대고 큰 소리로 외치는 돌잔치 진행자는 한 테이블에 앉은 사람들끼리 대화가 불가능할 정도로 시끄럽습니다. 쉴 새 없이 흐르는 신나는(?) 배경음악은 돌잔치 주인공인 아기(과연 아기가 진짜 주인공일까요?)의 고통스러운 울음과 뒤섞입니다. 아기는 자기를 한 번씩 만지고 지나가는 많은 사람들과 많은 자극들에 대해 '도저히 내가 감당할 수 없을 정도로 고통스럽다'고 울어댑니다. 그 속에서 이루어지는 현대판 축제는 즐거운 축제일까요? 꼭 필요하지 않은 것도 패키지 상품으로 끼워 넣은 상술과 비용에 부모들은 스트레스를 받으면서도 그 정체 모를 행사를 업체에 맡깁니다.

부모가 직접 아이를 위한 마음이 담긴 선물을 준비하는 것이 아니라, 업체에 그 행사를 맡긴 것을 '아이를 위한 마음이 담긴 선물'이라고 생각하는 것입니다. 남들만큼 돈을 지출하는 것이 마음을 더 많이 쓰는 것이라고 착각하고 있습니다. 본래 마음은 돈으로 살 수 없으며 어디에서도 팔지 않는다는 사실을 망각한 것입니다. 또는 실제로 그것이 돈을 버는 일이라고 여기고 행하는 사람들도 적지 않습니다. 잔치에 오는 하객들이 설마 빈손으로 오지는 않을 테니까요. 저는 그것을 아무렇지 않게 '남는 장사'라고 이야기하는 부모들을 많이 봤습니다. 대체 누구를 장사에 이용하고 있는 건가요? 마치 한 번 접한 냄새에 후각이 마비되어 그 냄새를 맡는 일이 당연한 것처럼 말이죠. 무언가를 먹을 때 미각과 후각이 동시에 작용한다는 사실을 이렇게 다시 확인하게 됩니다. 마비된 후각으로는 그 어떤 맛도 느낄 수 없습니다. 쓴 약을 먹을 때 코를 막는 이유를 생각해 보세요. 맛을 느끼고 싶지 않기 때문에 코를 막죠.

부모들은 몸살이 날 정도로 정신적 스트레스를 받으면서까지 돌잔치를 용하게 해냅니다. 엄밀히 말하면 업체에서 시키는 것을 수동적으로 따르는 부모들 혹은 결국 남는 장사니 하루만 참자는 부모들의 모습입니다. 코를 막고 쓴 약을 꿀꺽 삼키는 것! 그런 부모들은 내 아이를 '내가' '어떻게' 축하할 것인가에 대해서는 고민해 보지 않았을 것입니다. 다만 어떤 업체가 더 다양하고 화려한 패키지 상품을 제공하면서도 저렴한지를 비교하는 일은 확실하게 했을 것입니다. 몇 가지 과일과 의미 있는 떡을 올리는 아기 백일상도 돈으로 사는 시대입니다. 시간이 없다면서 돈을 쓰는 데는 시간을 넉넉히 투자합니다. 돈으로 해결하는 문화는 전통을 심하게 훼손시키고 있습니다. 돈이 돈을 낳는 행위를 반복하면서 말입니다. 왜 그리 많은 돈이 필요할까요? 남들 하는 만큼 따라하고 살려니 그렇습니다. 기준을 자기가 아닌 타인에게 두고 있기 때문입니다. 내 능력 안에서 해결하는 것이 아니라 남의 능력을 따라하려니 그렇습니다. 앞집 아이와 옆집 아이 돌잔치가 거의 같은 모습을 하고 있습니다. 하지만 그것조차 인지하지 못하고 삽니다.

후각의 장에서 이야기했던 모두 다 똑같은 냄새를 풍기는 것, 모두가 같아지려고 하는 것, 이것은 화합이 아니라 집단마비 증세입니다. 어느새 그런 문화에 젖어 그것을 당연하게 여기는 것이 바로 후각의 마비 증세와 똑같습니다. 후각이 살아 있어야 맛을 제대로 느낄 수 있습니다. 미각의 전제조건은 바로 후각입니다! 건전한 문화, 건강한 문화가 확산되어야 하는 이유는 그 문화를 우리가 맛보고 섭취하기 때문입니다. 문화라는 것은 우리의 신체적 · 정신적 건강과 직결되는 것이니까요.

의무적으로 먹는 음식은 소화시키지 못한다

미래에는 한끼 식사를 대신할 수 있는 약이 개발될 것이라고 합니다. 음식물을 씹어 넘기는 시간이 아까워서인지 아니면 귀찮아서인지는 모르겠습니다. 먹는 데 있어 쓸데없이 힘과 시간을 들이지 말라고(?) 하니 정말로 문제가 심각합니다. 맛을 음미하지 않는다는 것은 무의식 중에 쫓기듯 의무적으로 꿀꺽 삼켜 버린다는 뜻이 되기도 합니다. 의무적으로 꿀꺽 삼킨 음식은 소화되지 못하고 체외로 배출됩니다. 구토하거나 장 내에서 문제를 일으켜서 말입니다. 다시 말해 남는 것이 없게 됩니다. '그동안 나는 한 것이 없다'고 생각하는 사람들이 허탈감을 느끼는 이유는 무언가를 음미해본 적이 없기 때문입니다. 의무감과 강박관념에서 모든 것을 꿀꺽 삼켜 버렸으니 '나에게 남은 것은 무엇인가'라는 의문을 갖게 되는 것입니다. 의무감에서 기계적으로 행한 일 뒤에는 아무것도 남지 않습니다.

현대사회는 자격증 취득을 위한 '단기 속성' 강의가 너무나도 많습니다. 실제로 인사위원으로서 면접관의 자리에 앉아본 저는 지원자들의 이력서를 보고 놀랄 수밖에 없었습니다. 자격증은 많은데 자격증을 취득한 날짜들과 지원서를 낸 날짜를 비교해 보면 그것과 관련된 경험을 쌓을 시간이 전혀 없었다는 것을 알 수 있습니다. 간헐적으로 맛만 보고 아직 삼켜보거나 소화를 하지 못한 것입니다. 그렇게 음미할 줄 모르는 사람은 전문적인 분야에서 원하지 않는다는 사실을 알아야 합니다. 그런데 우리 사회는 왜 이렇게 자격증을 쉽게 남발할까요? 앞서 이야기한 '돈의 문화' 때문입니다. 자격증을 취득하는 방법은 돈을 지불하는 것입니다. 어떤 능력이 필요하다기보다는 '얼마에 몇 개의 자격증을 취득할 수 있다'고 하는 광고 문구들을 보면 그렇습니다. 미각이 기능을 할 때는 후각이 함께 한다고 앞서 이야기했습니다. 자격증을 부여하는 위치에 있는 사람들이 돈을 맛보고 그 냄새에 마비되어 있기 때문에 자격증을 남발하는 것입니다. 미각이 후각과 다른 또 한 가지는, 후각은 마비되어 그 기능을 상실했어도 신선한 공기를 쐬고 나면 빠르게 다시 회복이 되지만 미각은 그렇지 않다는 것이죠.

다음은 제가 독일에서 경험한 것입니다. 독일에 처음 가서 감자칩을 사 먹었는데 처음에는 한 봉지의 10분의 1도 먹지 못하고 버렸습니다. 한국에서 먹던 그 감자칩이 아니었습니다. 혀가 쪼그라들고 통증까지 느껴져 조금 먹고는 버릴 수밖에 없었습니다. 그러던 어느 날 한 봉지(한국의 과자 한 봉지는 보통 50~100g이지만 독일은 기본이 200g입니다)를 아무렇지도 않게 다 먹고 있었습니다. 어떤 때는 두 봉지를 연달아 먹기도 했습니다. 미각이 마비되면 더 강한 자극이 필요하며 그것은 중독 수준에 이릅니다. 그 맛의 중독에서 벗어나는 데 4년이 걸렸습니다. 이것이 후각과 미각의 차이입니다. 그 중독에서 벗어나지 못하는 사람들도 많습니다.

다시 자격증 이야기로 돌아와서 자격증이 흔한 만큼 그것이 발급되는 분야의 질은 매우 낮습니다. 마트에서 바로 살 수 있는 생활용품처럼 자격증이 팔리니까요. 쏟아지는 정보들 속에서 무엇이 우리를 건강하게 먹여 살리는 것이며, 무엇이 우리를 병들게 하는지 구분할 수 있으려면 중심을 잘 잡고 있어야 합니다. 건강한 것을 선택하기 위해 우리의 균형감각을 먼저 돌이켜봐야 할 것입니다. 이것은 비단 음식에만 해당되는 이야기가 아닙니다. 미각을 건강하게 발달시키는 방법은 성장기에 어떤 음식을 먹든 그 음식을 음미하며 먹을 수 있는 식습관을 갖는 것부터 시작할 수 있습니다. 음미하기 위해서는 셀 수 없이 다양한 종류의 음식으로 이루어진 뷔페식이 아니라, 소박한 식단으로 그 음식 안에서 다양한 맛을 느끼는 시간을 갖는 것입니다. 모든 것을 다 갈아서 후루룩 넘기는 것이 아니라 오래 꼭꼭 씹으며 음미하는 시간을 갖는 것입니다.

무언가를 배울 때도 단기적으로 잠깐 배우는 것이 아니라 길게 보고 끈기를 가지고 경험하는 것입니다. 또 영양의 불균형이 일어나지 않도록 주의해야 합니다. 때로는 먹기 싫은 것도 받아들이고 먹는 것이죠. 이 세상에서 타인과 더불어 살아가려면 하고 싶다고 다 할 수 있고, 하기 싫다고 해서 무조건 안 할 수도 없습니다. 그것을 미각을 통해서도 배우는 것입니다. 또 남들이 먹는 것을 그들만큼 나도 먹는 것이 아니

라, 무엇이 나의 건강을 위한 것인지 잘 생각하여 고루 섭취합니다. 무엇보다도 중요한 것은 인위적인 맛에 길들여지는 것보다 그 본래의 맛을, 진짜의 맛을 보며 성장하는 것입니다. 그 의미는 원재료의 맛을 느낄 수 있는 음식을 자주 접하며 자란다는 뜻입니다. 실제로 간을 적게 하여 원재료의 맛을 최대한 살린 음식을 먹는 것도 좋은 방법이며, 그것을 통해 '원래의 것'을 경험하게 됩니다. '원래의 것'에 자꾸만 무언가를 첨가시키면서 우리의 미각은 마비되어 그 기능을 하지 못하는 것입니다. 처음부터 소금과 설탕을 잔뜩 넣은 제육볶음을 맛본 사람은 "제육볶음이란 원래 그래야 돼. 원래 그런 거야"라고 여기는 것이죠. 원래 그래야 한다는 생각이 무엇을 초래할까요? 설탕과 소금을 잔뜩 먹는 것을 당연하게 여기는 사람의 건강이 과연 무사할까요?

불필요한 성형수술과 필요 이상으로 화려한 경조사 등은 '본래의 것'을 훼손하기에 이르렀습니다. 사람들은 더 이상 원래의 것에는 관심이 없고 치장하는 것에만(얼마나 더 화려한지) 더 관심을 두고 있습니다. 그것을 보며 자라는 아이들은 그것이 '원래' 그런 줄 압니다. 각종 경조사는 '원래' 그래야만 한다고 생각합니다. 잘 깨어난 후각과 미각은 전통 훼손을 예방하는 데도 한몫할 수 있습니다. 믹스커피는 단맛을 좋아하는 사람들을 위해 커피 본연의 맛을 느끼기 어렵게 만들어졌습니다. 본질을 가린 가짜 맛에 길들여진 사람은 진짜에 대해 알 수 없으며 꾸며진 가짜 맛만 원합니다. 인공 첨가물에 의해 본래의 맛이 사라진 음식에 길들여지면 그런 자극적인 음식만 찾습니다. 자극을 주지 못하는 음식은 맛이 없는 것이죠. 나의 신경을 자극할 수 있는 것이 가장 맛있는 것이라고 착각합니다.

자극은 더 큰 자극을 부릅니다. 심심한 맛보다는 조금 짭짤한 것이 맛있고 바나나보다는 초콜릿이 더 맛있죠. 자극적인 것은 육체적 건강을 위협하지만, 심심하다고 도박이나 마약 등이 주는 자극적인 맛에 잘못 빠지면 정신적인 건강도 위협당합니다. 그래서 후각처럼 미각도 의식적으로 환기시키며 도덕적으로 기능할 수 있어야 합니다.

—
현대인의
깊이 없는 경험이
우리의 시각을
성숙하게 발달시키지 못합니다

7장
시각

판타지 놀이를 하는 아이들에게
실수하는 어른들

시각은 우리의 눈과 연관된 감각입니다. 무언가를 보는 것과 연관이 있습니다. 그럼 앞이 보이지 않는 사람은 시각이 없는 것일까요? 시각이 단지 눈하고만 연관이 될까요? 지금까지 살펴본 방식을 통해 여러분들은 감각의 기능에 대해 다시 생각하게 되었을 것입니다. 즉, '다른 또는 새로운 시각'으로 감각을 바라보게 되었을 것입니다. 여기까지 마음을 열고 글을 읽으신 여러분의 시야에 변화가 생겼을 것입니다. 여러분의 시각은 요즘 말로 표현하자면 한층 업그레이드가 되었을지도 모릅니다. 여러분의 시각은 얼마나 섬세할까요? 독일의 철학자 니체는 다음과 같이 말했습니다.

대부분의 사람은 사물이나 상황 그 자체를 보지 않는다. 그것에 사로잡힌 자신의 생각이나 집착, 고집, 그 상황에 대한 자신의 감정 또는 머릿속에 멋대로 떠올린 상상을 본다. 결국 자신을 이용하여 사물이나 상황 자체를 감추고 있다.

－《니체의 말》에서 발췌

니체의 이 말이 사실이라는 것을 직접 보여주는 이들이 바로 어린이들입니다. 어린이들이 어떻게 위의 사실을 증명하는지 한번 보겠습니다.

판타지 놀이하는 아이들한테 어른들이 하는 실수 중 가장 큰 실수가 무엇인지 아시나요? 판타지 놀이란 보이지 않는 것을 볼 수 있는 능력이 아직 퇴화되지 않은 어린 아이들이 잘하는 놀이입니다. 작고 단순한 나무토막을 자동차 삼아 놀거나, 탬버린을 밥그릇으로 사용하는 식으로 놀이를 합니다. 그것은 아이들이 가진 상상력과 창의력의 극치를 보여줍니다. 그러므로 판타지 놀이가 가능하려면 상상할 필요 없는 완성된 형태의 물건보다는 단순한 형태의 장난감이 좋습니다.

여기서 판타지 놀이는 말 그대로 현실과는 다르지만 현실과 실제를 바탕으로 이루어진다는 점에 주목해야 합니다. 예를 들어 엄마가 아이에게 읽으라고 사준 위인전 30권을 아이는 엄마 속이 터지는지도 모른 채 읽지를 않습니다. 대신 책들을 다 펼쳐 빙 둘러 세우고는 집이라고 하며 놉니다. 집은 현실세계에 실제로 존재합니다. 하지만 책은 집이 아니죠. 다만 사실을 표현할 도구로 눈앞에 보이는 책을 이용한 것입니다. 창의력 만점입니다.

판타지 놀이의 중요성

인간이 판타지 놀이를 하는 이유 중 하나는 현실세계에서 받은 인상을 표현해내기 위해서입니다. 잠시 집중해 주세요! 무언가로부터 인상을 받으면 그것을 표현해냄으로써 우리 인간은 호흡의 조화를 이룹니다. 후각의 장에서 이야기했듯이 들숨과 날숨처럼 말이죠. 숨을 들이마셨으면 내쉬어야 살 수 있습니다. 한 편의 연극을 봤다고 합시다. 그 연극에서 강한 인상을 주는 장면이나 대사가 우리의 머리와 마음을 뒤흔듭니다. 그래서 공연장을 나와서도 장면의 일부나 대사 일부를 따라해 봅니다. 또는 일상에서 그 연극에서 본 장면과 비슷한 상황이 보이면 그 대사를 되새겨보는 시간을 갖기도 합니다.

이것은 그 인상을 소화시키는 과정입니다. 소화가 충분히 될 때까지 그런 시간이 지속됩니다. 아이들만 판타지 놀이를 하는 것이 아니라 어른들도 이런 식으로 판타지 놀이를 합니다. 인상을 받고 그것을 표현하는 수단으로 판타지 놀이를 하는 것입니다. 판타지 놀이를 하는 사람은 아이나 어른이나 즐겁습니다. 반면 연극을 보긴 봤고 그 연극 속에서 인상적인 부분도 있었는데 아무런 표현을 못하는 경우를 생각해 보세요. 웃겨도 맨 정신(?)에는 체면 때문에 웃음을 참고, 슬퍼도 눈물을 참는 사람의 정신이 건강할 수 있을까요? 인상을 받았는데 표현하지 못하는 것은 다음과 같습니다.

첫째, 음식물을 섭취했는데 배설이 전혀 안 됩니다.

둘째, 먹은 음식물을 소화시키지 못하고 먹자마자 그대로 다 토해내

몸에 남는 것이 전혀 없습니다.

먹기만 하고 배설이 안 된다면 무슨 일이 일어날까요? 변비가 생기면서 체내에 독소가 쌓이고 몸이 불편해집니다. 현대인들은 너무나 많은 인상을 받으면서 살기에 정신적인 변비로 고생합니다. 이런 저런 갖가지 자극들에 시달립니다. 인간 관계 또는 갖가지 정보들에 휘둘리면서 말이죠. 먹자마자 토하는 경우는 어떤가요? 먹은 것을 소화시키지 못한 채 속만 버리는 것입니다. 마치 술을 많이 마셔 속에 무리한 자극만 주고는 술과 함께 먹은 음식들이 제대로 소화되지 못한 채 구토로 다 빠져나가는 것입니다. 현대인들 중에는 변비로 고생하면서 변비를 키우는 음식들을 마구잡이로 먹는 사람들이 있습니다. 그런가 하면 술이 없으면 놀지 못하는 사람들이 수두룩합니다. 술이 없으면 하고 싶은 이야기(표현)도 제대로 못하죠.

정신없이 주어지는 인상을 받기만 하고 배설을 못하거나, 자극적인 인상은 흡수를 못한 채 몸만 버리고 토해 버립니다. 이것은 판타지 놀이를 하는 방법을 몰라서 그렇습니다. 판타지 놀이는 '내가 느껴서 원하는 것을 내가 알고 그것을 위해 내가 움직이는 것'입니다. 그런데 그것이 안 되는 것입니다. 안 되는 이유는 어려서부터 판타지 놀이를 해보지 못했기 때문입니다. 어려서부터 자기표현이 허락되지 않는 환경에서 지냈거나 똥과 된장을 구분할 수 없이 난잡하게 많은 인상들(시청각적으로 과도한 것들)로 가득한 환경에서 지낸 것입니다. 경험한 것들을 소화해내지 못하게 하는 환경에서 성장한 것입니다.

요즘은 어린 아이들도 정신적인 변비나 정신적인 구토 증세를 보입니다. 판타지 놀이를 잘 못하는 아이들은 부모가 시켜주는 경험이 너무 많아서 그렇습니다. 소화를 못할 정도로 너무 많은 것들을 경험하기 때문에 무엇을 보았고 무엇을 들었는지 알지 못합니다. 그러니까 남는 게 없습니다. 남은 인상이 없으면 판타지 놀이를 할 소재가 없습니다. "그깟 판타지 놀이 안 하면 되지"라고 생각하시나요? 판타지 놀이는 자유롭고 능동적인 인간의 상징입니다. 판타지 놀이를 안 한다는 것은 외부의 지시가 없으면 움직이지 못하는 창의력 제로의 로봇과 다름 없습니다. 가령 아이들은 책만 가지고도 집을 짓고 놀지만, 판타지가 없는 사람은 벽돌과 시멘트와 철근이 없는데 집짓기 놀이를 어떻게 하냐고 합니다. 책상이 없는데 어떻게 공부하냐는 핑계의 마왕은 수두룩합니다.

　　판타지 놀이가 중요한 이유는 가진 것을 활용하는 능력을 기르는 토대가 되기 때문입니다. 그럼 이제 판타지 놀이를 하는 아이들 옆에서 판타지가 부족한 가여운 어른들이 저지르는 실수에 대해 이야기해 보겠습니다. 아이들은 단순한 물건 하나를 놓고 여러 가지를 발견합니다. 이와 달리 우리는 하나의 물건에서 쓸모 있다고(?) 여기는 한두 개의 기능 정도만 봅니다. 즉, 유용성만 볼 줄 아는 가여운 어른입니다. 아래 사례는 흔히 일어나는 상황입니다. 판타지 놀이를 하는 아이가 자기만의 무언가를 상상하여 잘 놀고 있는데, 우리 어른들은 끼어들어 이런 말을 합니다.

"자동차구나?"

그러면 아이는 황당해 하며 이렇게 말합니다.

"자동차 아닌데… 이거 배에요."

그러면 어른은 또 이렇게 말합니다.

"그게 배라면 물이 있어야지~ 왜 땅에서 달려~"(틀에 박힌 어른)

아이는 더 황당해 하며 이렇게 말합니다.

"이 배는 땅에서도 달리고 물 위에도 뜨는 거예요!"

이런 일은 너무나 빈번하게 일어납니다. 보고 싶은 대로 보는 것이
죠. 그래서 어른들의 세계에는 오해라는 것이 존재합니다. 만약 시각

이 보는 기능으로만 끝나는 것이라면 모를까, 시각은 무언가를 보는 즉시 이해를 요구하는 감각입니다. 우리의 오해는 자꾸만 단시간에 무언가를 섣불리 이해하려고 하기 때문에 생깁니다. 깊이 있는 이해력 또는 이해심을 가진 어른이라면 판타지 놀이를 하는 아이들 곁에서 이와 같은 말실수는 하지 않을 것입니다. 대신 "잘 놀고 있구나!"라고 놀이를 독려하는 한마디 정도는 건넬 수 있겠죠. 괜히 아이가 빠져들어 있는 놀이의 맥을 끊어 놓는 것이 아니라 말입니다. 단시간에 하려는 이해가 오해를 부르는 일은 뭐든 단기간에 끝내려는 우리들 세상에서 일어나는 당연한 일입니다. 앞의 장들에서 이야기한 것처럼 우리의 시각이 성숙하게 발달하지 못하는 데는 깊이 없는 경험이 한몫을 하겠죠.

반복적인 행동이 갖는 의미

유아기의 자녀에게 눈에 보이는 성과물을 바라는 부모들이 참 많습니다. 상담을 요청하시는 부모님들, 그리고 어린이집 교사들 중 상당수는 아이를 키 작고 팔다리가 짧은 '어른'으로 생각하시는 것 같습니다. 그분들에게는 빠른 시일 내에 '그럴싸한' 성과물이 보여야 합니다. 그럴싸한 성과물이라는 것은 아이가 빨리 부모가 원하는 실용적인 결과물을 보여주는 것입니다. 어디 아이들에게만 바랄 뿐인가요? 어른들도 눈에 보이는 그럴싸한 결과물이 없으면 아무것도 한 게 없다고 한탄합니다. '왜 아무것도 안 하면 안 되는 건지, 왜 무언가를 꼭 해야 하는지' 스스로에게 물어본 적이 있나요? 자기가 원해서 하는 것인지 남이 원하는 것을 따라 하는지도 모르는 상태에서 반드시 무엇을 해야 한다고 여긴다면 반드시 앞의 질문들을 늘(!) 지니고 다녀야 합니다.

많은 부모들이 자녀가 어떤 행위를 반복적으로 하는 것에 대해 굉장히 걱정합니다. 왜냐하면 그 반복적인 행위 끝에 (부모 자신이 원하는) 눈에 보이는 물질적인 결과물이 나오지 않기 때문이죠. 예를 들어 어떤 아이가 흰 종이 위에 매일 동그라미만 그립니다. 벌써 한 달이 지났습니다. 이 아이 부모의 걱정은 '그림이 안 나온다'는 것입니다. 그렇게 오래 동그라미를 그렸으면 사람 얼굴이라도 그려야 되는데… 사람 얼굴이라고 하는 눈에 보이는 결과물이 안 나오니 부모는 안달이 납니다. 또 다른 예로, 어떤 아이의 부모는 아이가 방문을 열었다가 닫는 행위를 계속 반복한다고 걱정합니다. 문을 열고 닫는 것은 아무리 반복해도 부모가 원하는, 눈에 보이는 성과가 드러나는 행위가 아니기 때문이겠죠. 매일 무언가를 반복하는 아이들의 모습은 우리가 걱정해야 할 것이 아니라 배워야 할 자세입니다. 니체의 다음과 같은 말을 보면 아이들이 질리지 않고 반복하는 이유를 알 수 있습니다.

좀처럼 간단히 손에 넣을 수 없는 것일수록 간절히 원하는 법이다… (중략) 그것은 사물이든 인간이든 마찬가지다. 이미 손에 넣어 익숙해졌기에 싫증이 난다. 그러나 그것은 자기 자신에게 싫증나 있는 것이다. 손에 넣은 것이 자기 안에서 변하지 않기에 질린다. 즉, 대상에 대한 자신의 마음이 변하지 않기 때문에 흥미를 잃는다. 결국 계속해서 성장하지 않는 사람일수록 쉽게 싫증을 느낀다. 오히려 인간으로서 끊임없이 성장하는 사람은 계속적으로 변화하기에 똑같은 사물을 가지고 있어도 조금도 싫증을 느끼지 않는다.

-《니체의 말》에서 발췌

이것을 보면 같은 행위를 반복하는 아이들은 그 행위를 통해서 계속 무언가 새로운 것을 발견할 정도로 나날이 성장하고 있다는 뜻입니다. 그 성장의 결과물은 후에 성인이 되어 인생의 끝자락에서 만날 수 있습니다. 이미 익숙해진 것으로부터 싫증을 느끼는 이유는 내가 함께 변하지 않기 때문이라는 이야기입니다. 즉, 싫증을 잘 느끼는 사람은 성장하고 있지 않다는 교훈적인 이야기입니다. 실용성 혹은 유용성과 연관된 결과물이 당장 보이지 않는, 그래서 부모님들의 눈에는 '쓸데없는 반복'으로 보이는 그 행위가 무가치하다고 생각한다면 그것은 정말로 대단한 오해입니다. 이 글을 쓰고 있는 저는 25년째 늘 피아노를 연습하고 있습니다.

그것은 제 직업이기도 하지만 저는 그 반복적인 행위를 늘 기꺼이 합니다. 하지만 25년간 매일 피아노를 연습하면서 아직 물질적인 결과물을 본 적은 단 한 번도 없습니다. 아마 죽을 때까지 물질적인 결과물은 나오지 않을 행위입니다. 배고픈 예술가에게 간혹 농담으로 이렇게 말씀하시는 분들도 있습니다. "피아노를 치면 밥이 나오니 떡이 나오니~" 걱정하는 부모님들께 이 이야기를 들려드리면 부모님들은 이렇게 말하십니다. "에이~ 선생님이 하시는 건 가치 있는 일이잖아요~ 우리 애는 쓸데없는 반복을 하고 있구요." 그러면 저는 철학자 강신주의 가치에 대한 이야기를 들려드립니다. 가치가 있는지 없는지를 먼저 계산한 뒤에 그 행위를 하게 되면 거기에 몰입할 수가 없습니다. "이 일이 가치 있는 것이니까 이걸 해야지"라고 마음먹는 순간 그것은 의무가 되기 때문입니다. 그래서 강신주는 현대인들이 진짜로 사랑하지 못한다고 이야기합니다.

사랑에 빠질 가치가 있는 사람인지 아닌지(재력과 같은 물질적 요소)를 먼저 보고 계산이 나오면 사랑하려 합니다. 하지만 아무 계산 없이 반복적으로 행위 하게 만든 그것이야말로 나에게 그럴 만한 가치를 가지고 있는 것입니다. 그 행위를 하는 나는 그것의 가치를 전혀 생각하지 않습니다. 그것에 대한 가치를 논할 수 없을 정도로 대단한 가치를 가지고 있기 때문입니다. 나는 자장면을 좋아하고 당신은 짬뽕을 좋아하는 것처럼 가치는 옳고 그름의 문제가 아니라는 뜻입니다.

경험의 깊이를 만들어내는 반복의 힘

물질적인 결과물이 나오지 않는 그 무수한 반복으로 이루어진 행위는 경험의 깊이를 더해줍니다. 그리고 그러한 경험의 깊이가 얼마나 쌓였는가에 따라 사람의 깊이도 달라집니다. 단, 그것이 신체적·정신적 건강을 위협하는 것이 아니라면 말이지요. 반복적인 행위를 통해 싫증을 느끼지 않고 늘 새로운 것을 발견할 정도로 매일 성장하고 있는 아이의 그 모습에 기뻐해야 합니다. 우리 인간은 그렇게 깊이를 갖게 됩니다. 사람의 깊이는 물질이 아니지만 눈으로 볼 수 있습니다. 제가 25년간 아무런 물질적 결과물도 얻지 못하고 한 반복이 저에게 무엇을 가져다 주었는지는 열감각에 대한 장에서 이야기하도록 하겠습니다.

여기서 하고 싶은 이야기는 25년째 한 가지를 쉼 없이 하고 있는 저는 아직도 경험을 하는 중(과정 중)에 있습니다. 바로 그렇기 때문에 몇 개월 혹은 몇 년을 접한 무언가를 두고 "경험했다. 하지만 성과가 없었다"라고 과거형으로 이야기하는 분들께 다시 한 번 생각해 보라고 권하고 싶습니다. 섣부른 판단을 내리는 것은 아닌지 말입니다. 싫증이 난다는 것은 니체의 말처럼 나의 성장이 멈췄다는 뜻입니다. 한 우물을 파는 반복행위(그것이 가여운 어른들의 눈에는 무의미하게 보일지라도)를 걱정할 것이 아니라, 오히려 반복하지 않은 채 이것저것 들추며 늘 새로운 것만 요구하는 행동을 걱정해야 합니다. 이것저것 잠시 잠깐 간헐적으로 들추기만 하는 행동이야말로 무의미한 행동입니다. 어린 시절 한 가지에 몰입하여 같은 것을 반복하는 경험은(그것이 단지 서랍을 열고 닫는 단순해 보이는 행동일지라도) '충분함'을 경험하는 것입니다.

원하는 것을 하고 싶은 만큼 하는 충분함 말이죠! 쓸데없다고 그만 두게 하면 늘 배고픈 사람으로 클 수밖에 없습니다. 충분함을 경험하는 것이 왜 중요한가요? 배고픈 사람들은 아무리 먹어도 채워지지 않는 사람들입니다. 원래 인간의 배고픔이란 먹고 싶은 것을 먹었을 때 채워지기 때문입니다. 내가 먹고 싶은 것이 아니라 부모가 원하는 것을 먹은 사람(부모가 원하는 대로 행동해야 하는 사람)은 그것을 먹은 뒤에도 반드시 내가 먹고 싶은 것을 먹기 위한 허기가 여전히(!) 남아 있습니다.

문제는 내가 원하는 것을 충분히 맛볼 기회도 없이, 늘 외부에서 요구하는 것만을 먹은 사람(외부의 지시만 따른 사람)은 그것이 습관이 되어 자기가 원하는 것을 잘 모른다는 것입니다. 그래서 먹어도 배고픈 것이죠. '이걸 먹으면 채워질까? 저걸 먹으면 채워질까? 이게 아니네… 저것도 아니네…' 그러니 아이들이 하는 반복 행위를 바라보는 시선을 바꿔야 합니다. 어떤 행위를 쓸데없다고 그만두게 하는 순간 당신은 아이 자체를 쓸모없는 인간으로 본 것입니다. 아이들이 하는 행동은 지금 아이가 무엇에 목말라 있는지 보여줍니다. 목말라 하면 충분히 물을 마시게 해주고 배고파 하면 충분히 밥을 먹게 하는 것이 어른의 역할입니다. 단, 다시 강조하지만 그것이 정신적 · 신체적 건강을 위협하는 것이 아니라면 말이죠. 예를 들어 아이가 TV나 스마트폰 보는 것을 좋아한다고 하루 종일 그것만 들여다보게 할 어른은 없겠죠.

의미 있는 행위는 인간의 의지가 사용되는 행위입니다. 내가 원하는 것을 내가 행하는 것! 나 스스로가 '나는 참 괜찮은 사람이다'라고 느낄 수 있는 것들입니다. 내가 움직이지 않아도 혹은 조금만 움직여도 다 이루어지고, 내가 상상하지 않아도 다 보여주는 물건에 길들여지는 것은 몸이 편하려면 물질(돈)이 있어야 한다고 착각하도록 만듭니다. 물질은 우리의 의지를 덜 사용하게 만듭니다. 바로 이것이 상상력이 필요한 판타지 놀이를 방해하는 요인이기도 합니다. 뉴스에 등장하는 무인자동차는 인간의 의지를 더 이상 쓸모없게 만드는 아주 편리한 (?) 물건입니다. 대신 그것을 구입할 돈만 있으면 되는 것이죠! 그런 물건은 정말로 필요한, 가령 운전을 할 수 없는 이유가 분명한 사람에게만 허용해야 할 물건입니다.

몸이 편하려면 우선 마음이 편해야 하고 마음이 편하려면 내가 원하는 대로 움직이는 것이 가능해야 합니다. 남이 원하는 것을 모방하는 것이 아니라 내 삶을 내가 꾸려나가는 것 말입니다. 내가 마음 먹은 대로 움직이면 아무리 움직여도 힘들지 않기에('내가' 좋아하는 건 하루 종일 할 수 있지 않나요?) 이때 육체적 편안함과 정신적 행복감이 공존할 수 있습니다. 내 마음이 어디로 가길 원하는지 알지 못하면 남의 삶을 모방하기 위해 늘 전전긍긍하며 채워지지 않는 삶을 살게 됩니다. 꼭 옆 사람 가진 만큼은 나도 가져야 하고, 옆 사람 먹는 만큼은 나도 먹어야 하며, 옆 사람 입는 만큼은 나도 입어야 하는 그런 삶 말입니다. 그렇다면 여기서 다음의 질문에 대해 생각해 보겠습니다.

물질적 결과물(혹은 돈)에 집착하는 배고픈 사람들이 쓸데 있는 활동이라고 보는 그런 활동들이, 정말로 그보다 덜 쓸데 있는 활동들과 확연한 차이를 가질까요? 물질적 결과물에 집착하는 사람들은 그 결과물이 크면 클수록, 그 결과물을 가져다준 혹은 앞으로 가져다줄 것 같은 행위에 더 높은 가치를 부여하죠. 예를 들어 성적, 학력, 간판, 연봉 등입니다. 그런데 그것들이 정말로 더 높은 가치를 가지는지 두 눈을 크게 뜨고 함께 들여다보겠습니다. 그러기 위해 물질적 결과물의 노예가 된 그들이 말하는 높은 학력의 소유자들이 가진 직업의 세계를 관찰해 볼까요.

잠든 시각을 깨우려면
과정을 경험하는 것이 중요하다

어떤 직업 또는 어떤 일을 하든 간에 반복되는 자신의 일을 단순한 기계적인 노동이라 느끼는 위기는 누구에게나 찾아옵니다. '다람쥐 쳇바퀴 돌 듯 살고 있다'라는 말은 허무감을 드러내는 표현입니다. 전업주부부터 시작해서 전문직 종사자들까지 매일 쉬지 않고 일하는데 더 이상 성과가 보이지 않을 때, 늘 제자리인 것 같을 때 말이죠. 그러한 허무함은 그 반복 행위를 하는 사람의 성장이 잠시 멈추었을 때 느끼는 것입니다. 의사를 떠올려 보세요. 한국 사회에서 의사라는 직업은 물질적 결과물에 집착하는 사람들의 눈에 참 보기 좋은 직업 중 하나입니다. 실제로 여러 면에서 나쁘지 않죠? 성적이 좋으니 좋은 학력을 가졌을 테고 그에 따라 비교적 수입도 나쁘지는 않겠죠?

의사는 어떤 일을 하나요? 상당히 의미 있는 일을 합니다. 아픈 사람들이 건강을 회복할 수 있도록 돕는 역할을 합니다. 예를 들어 의사는 한 명이지만 감기 환자는 여러 명입니다. 그래서 조금씩 차이는 있겠지만 의사는 환자가 들어올 때마다 비슷한 말을 계속 반복하게 됩니다. 자칫 잘못 하다가는 의미 없는 단순한 기계적 반복 노동이 되는 것이죠. 여기서 물질적 결과물을 좋아하는 사람이라면 수입이 계속 있고 아픈 사람 돕는데 왜 의미가 없다고 하는지 묻고 싶을 것입니다. 똑같은 것이 계속해서 기계적으로 반복되는 일이라면 그것은 단순노동에 속합니다. 의사들 중에 기계적으로 일하는 의사는 의미 없는 행위를 반복하고 있는 것입니다. 그런 사람이 환자를 제대로 볼 수 있을까요?

반복되는 행위 속에서 늘 새로운 것을 발견하는 사람이라면 그 일이 즐거울 수밖에 없습니다. 예를 들어 의사가 똑같은 감기 환자를 마주하면서도 처음 봤던 환자를 대할 때와는 또 다른 자신을 발견한다면, 그러니까 더 능숙하고 자연스럽게 환자를 맞이하는 자신을 발견한다면 그는 자신의 성장에 대한 기쁨을 느끼며 그 다음 환자와의 만남을 기대하는 인간적인 의사일 것입니다.

전업주부도 마찬가지입니다. 전문직과 다를 것이 없습니다. 설거지와 청소, 빨래는 해도 해도 제자리로 돌아가는 늘 똑같은 신기한(?) 일이 아닌가요? 그런 행위를 하는 사람이 '내가 왜 이 짓을 하고 있지?'라고 생각한다면 그것은 의미 없는 단순한 기계적인 노동입니다. 그런데 '모든 것이 깨끗해지는 것을 보면 상쾌하고 좋다!'고 느끼는 사람이라면 그 행위를 할 때마다 즐거울 것입니다. 내 가족이 생활하는 공간을 내가 청결하게 꾸리는 나의 책임감에 감탄하며('역시 나야!' 하고 생각하겠죠) 그 일이 기쁠 것이라는 뜻입니다.

이 세상에서 의미 없는 단순노동이라는 것은 학력이 필요 없는 저임금 노동이 아니라 자부심을 상실한 사람이 하는 인간미가 없는 기계적인 노동입니다. 단순노동은 학력, 연봉과 관계없이 성장이 멈춘 사람들이 몸담고 있는 곳이라면 전 분야에 걸쳐 이루어지고 있습니다. 지속적으로 성장하는 사람이라면 그 반복적인 일은 단순노동이 아니라 삶의 낙입니다.

눈에 보이는 물질적 결과물의 크기로써 일의 가치와 의미를 논하는 당신은 바로 시각이 잠든 단순노동자입니다! 부모가 성장이 멈춘 단순노동자라면 문제는 커집니다. 자부심을 잃고 의미 없는 삶을 사는 부모에게서 삶의 의미를 배우기는 쉽지 않기 때문입니다. 대신 그 자녀들은 열등감을 키우게 됩니다. 그런 부모에게 자녀들은 성적 떨어지면 못난 놈이고, 학력 낮으면 못난 놈이고, 연봉 낮으면 못난 놈이니까요.

나의 성장이 잠시 멈춘 것 같은 허무감이 생기지 않도록 또는 허무감을 달래기 위해 우리는 직업 외에 별도의 '취미'를 가집니다. 단순히 쾌락만 좇는 활동이 아니라 성취감을 맛볼 수 있는 취미활동 말입니다. 자신의 일이 취미와 일치하는 경우라면 그 사람은 일하면서 늘 성취감을 맛보고 계속해서 성장할 것입니다. 그래서 반복적인 일을 하더라도 자신의 일을 단순노동이라 여기지 않을 것입니다. 늘 그것으로부터 좋은 의미를 발견하고 감동하며 삽니다.

취미활동의 특징은 내가 주체가 된다는 것입니다. 내가 원해서 행위 한다는 것입니다. 쾌락을 좇는 것은 결코 우리를 끝까지 만족시켜 줄 수 없습니다. 쾌락은 노력하는 과정없이 단시간에 자극을 받는 것이고, 자극은 받을수록 더 강한 자극을 원하기 때문에 밑 빠진 독에 물 붓기와 같습니다. 예를 들어, 소비만 하는 활동인 쇼핑, 술이나 마약, 도박, 게임, 섹스 중독이 그렇습니다. 진정한 취미활동은 노력하는 시간을 필요로 하고 그로 인한 성취감이 큰, 생산적인 활동입니다. 물질을 얻는 것이 아니라 나도 할 수 있다는 성취감이 바로 그 생산물입니다. 과정을 경험한 뒤에 결과를 얻는 것이 성취감을 맛볼 수 있고 자존감을 높입니다. 등산이 그렇습니다. 산 아래에서 정상으로 순간이동을 할 수는 없지 않습니까?

만약 여러분의 삶이 우울하거나 허무하다면 해도 해도 제자리인 단순노동 속에서 살고 있는 것은 아닌지 돌아보아야 합니다. 앞서 이야기했듯 매일 같은 자리에서 설거지를 하면서 가족을 위해서 한다고 생각하고 기꺼이 할 수 있다고 얘기하는 분들을 보면 전업주부의 일 역시 사람에 따라서는 단순노동이 아닙니다. 반대로 전문직 종사자도 얼마든지 자신의 일을 단순노동이라 느낄 수도 있습니다.

우리의 인생을 진정으로 의미 있게 만드는 결과물은 단기간에 볼 수 있는 것이 아닙니다. 과정이 쌓여 결과물이 생기는 것입니다. 그러니 시간의 흐름과 함께 늘 진행 중인 우리의 삶은 죽을 때까지는 인생의 결과물을 보여줄 수 없습니다. 다만 삶의 과정 중에 일어나는 사건에 울고 웃는 것입니다. 미각의 장에서도 이야기했듯 김치는 한 번의 초인종 소리와 함께 짠~ 하고 나타나는 것이 아니지 않습니까?

아이들이 과정을 보지 못하고, 과정을 경험하지 못한다면 그들의 시각이 제대로 성장하기를 기대할 수는 없습니다. 과정을 일일이 경험할 시간이 없다고, 바쁘다고 이야기하는 사람들의 대부분은 돈을 소비하는 데는 시간을 넉넉히 투자합니다. 어디가 더 다양한 것을 제공하면서 싼지 비교하는 시간 말이죠. 부모가 원하는 결과물을 자녀가 빨리 내놓지 못하거나 영영 내놓지 않는 이유는 부모가 결과를 내는 그 방법을 볼 수 없게 그들의 시야를 가리고 있기 때문입니다. 과정이 쌓이면 그것이 자연스레 결과가 된다거나 좀 더 나은 결과가 생긴다는 것을 경험할 시간을 주지 않기 때문입니다.

여러분이 시간을 두고 무언가를 꾸준히 해서 자부심을 갖게 되는 그런 행위를 한 적이 없으면서, 자녀에게 당장 결과물을 바라는 것은 모순입니다. 여러분의 자녀는 못하는 것이 아니라 아직 안 하고 있는 것입니다. 여러분이 아직 안 하고 있는 것처럼 말입니다. 실제로 과정이 있어야 결과가 나온다는 것을 아는 사람은 자녀를 기다려 줍니다. 자녀가 끝까지 의지를 가지고 자신의 삶을 살아낼 수 있도록 기다릴 수 있어야 합니다. 자녀는 그런 부모를 존경합니다. 부모이기 때문에 맹목적으로 존경하는 것이 아니라 부모의 그런 인품을 존경합니다.

노력하면 원하는 것을 얻을 수 있다는 것을 보거나 경험하며 크는 것은 나중에 드러날 결과물을 위해 굉장히 중요합니다. 단, 원하는 것이 단순히 남을 흉내내는 것이 아니라, 본인이 원하는 것이 무엇인지를 확실하게 알고 있어야 합니다. 모방으로 시작된 일일지라도 '나는 그것을 어떻게 할 것인가'를 염두에 두어야 한다는 이야기입니다. 눈에 보이는 것 중에서 정말로 봐야 할 것들(내 가족의 존재 자체)과 보지 않아도 될 것들을 구분해서 볼 수 있어야 합니다. 그런데 옆집 딸의 성적표나 졸업장, 뒷집의 새 차 등 보이는 모든 자극에 휘둘린다면 균형감각부터 깨워야 할 것입니다. 시각이 제대로 역할을 해내려면 균형감각의 도움도 필요합니다. 여기서 지두 크리슈나무르티의 말 한 구절을 남깁니다.

> 우리의 가장 큰 어려움 가운데 하나는 우리가 '정말로 분명히 보는 일'이다. 그것은 바깥사물뿐만 아니라 내적 삶에 대해서도 그렇다. 우리가 나무나 꽃이나 사람을 본다고 말할 때, 우리는 정말 그들을 보는 것일까 아니면 그 말들이 만들어낸 이미지를 보는 것일까?
> ─《아는 것으로부터의 자유》에서 발췌

무언가를 보는 것보다 더 중요한 것은 '어떻게' 볼 것인가 하는 것입니다. 눈을 가진 인간은 그렇게 볼 수 있어야 합니다. 그것이 세상을 바꾸는 시각입니다.

열감각이 발달한 사람들은
매력이 넘치는 사람들,
열정이 넘치는 사람들입니다

8장
열감각

주변 환경을 바꾸는
내적인 에너지

우리에게는 열감각 또는 온감각이라고 하는 생소한 감각이 있습니다. 열감각이라는 단어에서 우선 '열'만 보겠습니다. 사전 상에 열이라는 단어에 대한 네 가지 뜻이 있습니다.

첫째, 두 물체 사이에서 온도가 높은 쪽에서 낮은 쪽으로 이동하는 에너지라는 뜻이 있습니다. 뜨거운 물과 찬물이 만나 물이 미지근해지는 것을 보면, 뜨거운 물은 열을 보낸 것이고 찬물은 열을 받은 것입니다. 열에너지는 어디에서나 이와 같은 원리로 움직입니다. 뜨거운 곳에서 찬 곳으로 말이죠.

둘째, 화가 나거나 흥분되어 마음이 들뜬 상태라는 뜻이 있습니다. 화가 난 사람이 외투를 벗어 집어던지고 싸우는 이유는 흥분해서 열을 받아 덥기 때문입니다.

셋째, 병으로 인해 몸에 오르는 더운 기운이 있습니다. 정상 체온을 벗어나면 우리는 아픕니다.

넷째, 어떤 것에 쏟는 정성이나 의지, 이것을 열정이라고 합니다.

열감각은 이 네 가지 모두와 관련된 감각입니다. 위의 네 가지를 느끼게 하는 감각입니다. 이 감각기관은 우리 몸 전체에 퍼져 있습니다. 그렇게 몸 전체에 퍼져 있는 것이 우리로서는 정말 다행입니다. 왜냐하면 일차적으로 외부의 자극으로부터 보호하는 기능을 하기 때문입니다. 열감각을 가지고 있기에 우리를 온몸으로 보호할 수 있습니다.

열감각은 우선 열기(온기)와 냉기를 인지하는 감각입니다. 뜨거움 혹은 따뜻함, 그리고 서늘함과 차가움을 인지하는 이 감각기관은 그것을 인지하고 그것에 반응하게 합니다. 흔히 알고 있는 예 중의 하나가 땀입니다. 다한증이라는 땀샘의 변화에 의해 부분적 또는 전체적으로 심하게 땀이 많이 나는 증상을 제외한다면, 외부 온도에 대한 반응으로 체온 유지를 위해 우리는 땀을 흘립니다. 똑같은 온도라도 누구나 똑같은 땀의 양으로 반응하지 않는다는 것이죠. 다한증이라는 땀샘의 변화에 의해 부분적으로 또는 전체적으로 심하게 땀이 많이 나는 증상을 제외하고는 말입니다.

늦여름 날씨에 어떤 사람은 조금만 걸어도 땀이 나기 시작하고, 또 어떤 사람은 땀이 나기는커녕 그 날씨를 시원하게 느낄 수 있습니다. 같은 실내 공간에서도 누구는 덥다고 느끼고, 누구는 약간 서늘한 온도라고 느낄 수도 있습니다. 이렇듯 외부 온도에 대한 반응은 '사람마다' 다릅니다. 그래서 덥다고 느끼는 사람은 체온을 쾌적한 상태로 유지하기 위해 겉옷을 벗거나 창문을 열거나 선풍기 전원을 켜겠죠. 반대로 서늘하다고 느끼는 사람은 목에 스카프를 두르거나 겉옷을 걸치거나 창문을 닫아 체온을 올리려 할 것입니다. 그래서 알베르트 수스만은 열감각기관에 대해 이렇게 정리합니다.

> 외계의 추위나 더위에 대응하여 신체의 열을 발산함과 동시에 내적인 에너지, 즉 내적인 관심도 함께 발산하여 주위 환경을 변화시키는 기관

이 말은 추위나 더위 같은 외부 자극에 맞서 우리 내부에서 어떤 움직임이 생기고, 적극적으로 그 환경을 변화시키기까지 한다는 것입니다. 예로 든 이야기처럼 '더워서 땀을 흘리니 창문을 여는 행위'는 자극을 받고 환경을 바꾸는 일입니다. 이것은 우리가 열감각기관을 가지고 있기 때문에 가능한 일입니다.

덥다=외부의 자극(그리고 그 자극에 대한 개인적인 느낌)
→ 땀을 흘린다=자극에 대한 (신체) 내부의 반응
→ 창문을 연다=환경에 변화를 줌

만약 이 감각기관이 제대로 발달하지 못한다면 우리는 외부 자극에 대해 적절히 반응하지 못하고 신체적·정신적 건강은 위협당할 것입

니다. 적극적으로 나서서 외부 환경에 맞서 그것을 바꾸는 것이 아니라 "우리에게 불리하거나 불편한 외부 환경이나 자극에 아무런 조치도 취하지 못하고 수동적으로 희생될 것입니다."

경우에 따라서는 희생 당한다는 사실을 모를 수도 있습니다. 땀을 비오듯 쏟으면서도 많은 사람들이 외투를 입고 있으니 나도 외투를 벗지 않는 것처럼 말이죠. 이 이야기가 단지 체온 조절에만 해당되는 이야기일까요? 처음부터 여기까지 이 글을 정독하고 계신 독자라면 제가 무슨 이야기를 하려는지 짐작하실 겁니다. 위에서 조금은 공포감을 조성하는(?) 큰따옴표 속의 말을 이해하기 위해 우선 반대 상황을 살펴보겠습니다. 우리에게 유리하거나 편안한 외부 자극이나 환경 앞에서는 어떻게 반응하고 어떻게 환경을 변화시키는지 말입니다. 유익하거나 편안한 외부 자극에는 어떤 것들이 있을까요?

누군가가 우리에게 친절을 베풀면 감동을 받아 받은 친절을 다른 누군가에게 혹은 감동을 준 사람에게 적극적으로 주려고 합니다. 그러나 이것은 상대적인 반응이 될 것입니다. 누군가에게 편안한 것이 누군가에게는 불쾌한 것일 수도 있기 때문이죠. 어쨌든 호의나 친절 같은 자극을 두고 우리는 온기를 느꼈다 혹은 따뜻하다고 표현합니다. 따뜻함에 대한 반응은 이런 것입니다. 마음을 움직이게 하고 그로 인해 행동하게 합니다. 이것이 열감각기관의 기능입니다. 저는 알베르트 수스만의 책을 보던 중 다음 문장에 큰 감동을 받았습니다.

열에너지는 원칙적으로 모든 물질을 통과합니다.

사람에 따라서 누군가에게는 과학적 이론으로 끝날 말일 수도 있습니다. 하지만 저에게는 너무나도 큰 감동을 준 문장입니다. 〈해님과 바람〉이라는 동화가 떠올랐기 때문입니다. 길을 가던 나그네의 옷을 벗기기로 한 시합에서 해님이 이기는 이야기죠. 알베르트 수스만도 예로 들었듯이 딱딱하고(경직) 각진 모양의 얼음이 녹으면 형태 없는 물이 되는 것처럼, 열은 모든 것을 녹이고 경계를 허무는 힘이 있습니다.

앞서 열이 가진 뜻 4가지에 대해 이야기했을 때를 떠올려 보세요. 뜨거운 물과 찬물이 만났을 때 결국 똑같이 미지근해지는 것은 한쪽은 열을 주고 다른 한쪽은 열을 받으며 똑같아진 것, 하나가 된 것입니다. 그러한 열이 인간에게 있다면 그 열을 가진 사람은 타인의 눈에 호감이 가는 사람, 그리고 공감할 수 있는 사람으로 보일 것입니다. 그런 호감을 주는 사람들의 공통점은 무엇일까요?

마음의 온도를 높이는 사람들,
매력이 넘치는 사람들

예쁘지는 않지만 사랑스럽다. 잘생기진 않았지만 멋있다. 그래서 끌린다. 매력은 사람을 끌어당기는 힘입니다. 사람의 마음을 여는 힘입니다. 물론 외모만으로도 매력적인 사람들이 있지만 외모가 전부인, 외모 외에는 앞에서 이야기한 '열(따뜻함)'이 느껴지지 않는 사람에 대해 우리는 이렇게 반응합니다.

"그 사람을 알고 보니 매력이 하나도 없더라… 별로야." 혹은,

"생긴 건 멀쩡한데 조금 이상해."

그렇다면 예쁘지도 않으면서, 잘생기지도 않으면서 어떻게 매력이 있다는 것일까요? 예쁘지도 않고 잘생기지도 않은, 그러나 매력이 넘치는 그들은 다른 사람들보다 조금 더 발달한 감각을 하나 가지고 있는데 그것이 바로 열감각입니다. 열에너지가 언제나 따뜻한 곳에서 차가운 곳으로 이동한다는 원칙을 생각해 보면 누군가는 따뜻함을 전해주고 누군가

"열에너지는 언제나 따뜻한 곳에서 차가운 곳으로 이동합니다.
누군가는 따뜻함을 전해주고 누군가는 그것을 받아
둘이 비슷한 정도의 온기를 유지합니다."

는 그것을 받아 둘이 비슷한 정도의 온기를 유지합니다. 타인을 따뜻하게 만들 수 있다는 것은 타인이 가진 마음의 온도를 높일 수 있다는 것, 그러니까 마음을 움직일 수 있다는 것입니다.

그들이 타인의 마음을 움직이고 그들로부터 공감을 살 수 있는 이유는 이렇습니다. 그들은 외부 자극에 섬세하게 반응하고 적극적으로 움직입니다. 외부 자극에 반응하려면 우선 외부에 대한 관심이 있어야 합니다. 그리고 그 관심을 표현하는 것입니다. 호감형인 사람들, 그리고 매력 있는 사람들은 상대방(외부)에 대해 관심을 가지고 반응하며 그 관심을 표현합니다. 표현한다는 것은 용기가 없으면 불가능한 일입니다. 예를 들어 교사가 너무 권위만 내세우며 학생의 입장을 고려하지 않은 엄격한 규율로 학생들을 '다스린다면' 학생들은 그 교사 앞에서 경직될 것이고 오히려 반항심을 불러일으킬 수도 있습니다. 그러나 학생들에게 관심을 가지고 그들을 지켜보며 학생을 다스리려 하기보다는 자신을 조금은 내려놓고 학생과 함께 가려고 노력한다면 그 교사가 학생들에게 사랑받는 이유는 분명합니다.

자신을 내려놓고 그들과 같아지려 하는 것은 교사로서는 대단한 결심이고 용기입니다. 이것은 교사에게만 해당되는 것이 아닙니다. 어떤 분야든 대부분의 사람들은 자신의 권위가 떨어질 것에 대한 두려움, 더 쉽게 표현하자면 자기가 무시당할 것에 대한 두려움을 가지고 있습니다. 예를 들어 피아니스트가 (예술성이 전혀 떨어지지 않지만 그 규모에 있어서) 작은 작품을 연주하면 사람들이 자기를 실력 없는 연주자로 볼까 두려워 자신의 능력을 훨씬 벗어난, 전문가만이 이해할 수 있는 과시용 대작을 억지로 연습해 연주회에 선보입니다. 결국 제대로 해내지 못하는 경우가 다반사입니다. 그 누구와도 자기의 것을 공유할 마음이 있다면, 그 누구와도 같아질 용기가 먼저 있어야 합니다.

자기를 내려놓는 것은 자신의 권위가 떨어질 것에 대한 걱정, 그런 두려움이 없을 때 가능합니다. 함께 공유하려는 사람들과 같아지려고 노력하는 것이 그가 가진 '열'입니다. 바로 열정입니다. 열정이 넘치는 사람은 매력이 넘치는 사람입니다. 그러면 매력이 넘치는 사람들은 어떻게 그런 용기가 생겼을까요? 매력 있는 사람들의 자신감은 자기 확신에서 나옵니다. 그들이 자신을 믿을 수 있는 이유는 그들을 믿어주는 어른들이 성장환경에 있었을 것입니다. 또한 성장과정에서 '(오래 오래 꾸준히) 하면 된다'라는 것을 경험했기 때문입니다. 즉, 오랜 연습(꾸준한 반복)으로 결과를 얻을 수 있다는 경험에 의해 다져진 것입니다.

특히 전문적인 일을 하는 사람들에게서 매력 발산의 극치를 경험할 수 있습니다. '전문성'이라는 것은 하루아침에 이루어지는 것이 아니기 때문이죠. 그래서 전문적인 일을 하는 사람들이 일하는 모습에 반하는 사람들이 많은 것입니다. 그들의 공통점은 꾸준함입니다. 저 역시 평소에는 '그냥 평범하게' 보이던 친구가 연주에 몰입하면 그 매력에 반해 입을 다물기 어렵습니다. 친구가 연습으로 보냈을 그 수많은 날들을 상상하면서 말입니다.

모델이 멋지고 매력 있는 이유를 단지 그들의 큰 키와 늘씬한 몸매 때문이라고 여긴다면 그것은 큰 착각입니다. 쇼에 서는 모델은 기본적으로 걸음걸이부터 연습을 합니다. 고양이처럼 일자로 걷는 일명 '캣워크'를 연습합니다. 캣워크를 시도해본 사람이라면 그것이 쉽지 않다는 것을 알 수 있습니다. 모델들은 그 걸음걸이를 수없이 많은 시간을 두고 연습합니다. 마치 어린 아이가 걸음마 연습하듯이 될 때까지 말입니다. 처음에는 쉽게 되지 않던 것을 멋있게 될 때까지 연습합니다. 그들이 당당한 이유는 늘씬하고 커서가 아니라 연습으로 이루어낸 결과물을 가지고 있기 때문입니다. 그들은 다른 행위를 할 때조차도 멋있어 보이고 매력적인 경우가 많습니다. 어떤 행위를 하더라도 실패를 두려워 하지 않고 시도하기 때문입니다.

"잘 될 거야! 그러나! 잘 안 되면 또 하면 되지!"

이것이 그들의 기본적인 자세입니다. 안 되면 또 하면 된다고 생각하는 것은 여유가 있다는 것입니다. 이렇게 늘 마음에 여유가 있기 때문에 웬만한 일에는 쉽게 화를 내지 않고 '하하' 웃으며 넘길 수 있습니다. 실수를 인간의 성격적인 결함으로 여기는 완벽주의자들은 실수가 두려워 행동에 제한을 둡니다. 행동반경이 좁을 수밖에 없습니다. 해보지도 않고 실수했을 때의 망신만 상상합니다.

원하는 결과를 한 번에 얻지 못하면 그것을 수치스러운 일이라고 여깁니다. 그 이유는 누군가로부터 감시당하는 삶을 살기 때문입니다. 그 '누군가'는 사실 존재하지 않은 스스로 정해 놓은 주변 사람들입니다. 그렇게 감시당하니 할 수 있는 것이 한정됩니다. 문제는 혼자 그러는 것이 아니라 자녀의 행동반경까지 좁혀 놓는다는 것입니다. 남의 눈에 나뿐만이 아니라 내 자식의 흐트러진 모습까지 보이기 싫은 것이죠. 새로운 시도를 두려워하고 남들 보기에 좋은 모습 또는 결과물을 얻어야 합니다. 그들은 이렇게 여유 없이 쫓기는, 감시당하는 삶을 사는 것입니다.

밥도 나오지 않고 떡도 나오지 않는(미술은 적어도 눈에 보이는 작품이라도 남습니다) 25년째 진행 중인 저의 반복 행위, 피아노 연습은 아무런 물질적인 결과물을 가져다주지 않지만(음악은 보관이 불가능하기도 하지요. 녹음한 것은 이미 지나간 것이지 현재의 것이 아닙니다) 깊이 있는 경험을 가능하게 했습니다. 그리고 '하면 된다'는 진리를 깨닫게 해주어 저를 움직이는(행위 하는) 사람으로 만든 가장 큰 원동력입니다. 그렇다고 해서 피아니스트는 아무런 수입도 없고 그 일로써는 생계가 어렵다는 오해를 해서는 안 됩니다. 연주자도 연주자 나름입니다. 제시된 틀 안에서만 제시된 대로 사는 연주자라면 생계가 막연한 것이 사실이지만 자기의 길을 자기가 스스로 만드는, 남들과 다른 독창적인 연주자는 얼마든지 그 일을 직업으로 삼아 자신의 삶을 책임질 수 있는 경제활동을 하는 것이 가능합니다. 남들과 다르다는 것이 가장 큰 경쟁력이 되는 것입니다. 피아니스트는 피아노 연주만 할 수 있는 혹은 피아노 연주 외에는 할 수 있는 것이 전혀 없는 사람이 아니라, 피아노를 통해 얻은 깨달음을 인생 전반에 활용하며 사는 사람이니까요.

더 중요한 것은 25년째 반복하고 있을 만큼 좋은 이것을 나 혼자 누리기에는 너무나도 아쉽기에 타인과 함께 누리려고 음악회를 기획합니다. 이것을 저와 함께 나눈 사람들의 반응은 생각보다 뜨겁습니다. 저는 그 온기를 받아 일상에서(누구에게나 어느 정도의 고통이 따르는 경제활동, 즉 직업의 세계에서) 다시 그 온기를 내뿜으며 즐겁게 살 수 있습니다. 특히 유년기 자녀를 둔 부모님들을 상담하거나 교육하는 시간은 보람 있는 시간이기도 하지만, 여러 부모님들의 크고 작은 고민이나 고충을 이해하려고 노력하는 일은 결코 쉬운 일이 아닙니다.

대부분 부모님들의 고민들은 실제로 작은 것을 큰 문제로 보는 경우가 적지 않습니다. 아이가 성숙한 모습을 하루 빨리 보여주기를 바라는 마음이 커서 "얘는 아직도 …가 안 된다" 또는 "얘는 아직도 …한다"는 말씀들을 하십니다. 그래서 그것이 큰일이 아니라는 것을 우선 알려주고 그 걱정에서 스스로 벗어나도록 도움을 주는 것이 저의 일입니다. 사람마다 상황을 보는 시각이 다르기에, 그들의 시각에 변화를 주려면 저부터 그들의 시각으로 그들의 고민과 고충을 함께 바라보아야 합니다. 그들의 입장이 되기 위해서는 굉장한 에너지가 필요합니다. 제가 그 필요한 에너지를 받는 곳이 바로 음악회입니다.

이것은 비단 저의 이야기만은 아닙니다. 싫증을 느끼지 않고 한 가지 일을 꾸준히 하는 모든 사람들은 성장하는 과정 중에 있습니다. 그들의 결과물은 그들 삶의 끝자락에서 흔히들 하는 농담처럼 '착한 사람(보려고 노력하는 열린 사람)의 눈에만' 보일 것입니다. 우스갯소리 같지만 그들의 빛나는 성과를 대체 어떤 것과 비교하며 그 가치를 평가할 수 있을까요? 그들의 성과는 역시 열감각기관이 발달된 사람만이 볼 수 있습니다. '착한 사람'이란 그들에게 관심을 가지고 그들을 지켜보며 그것을 격려해주는 사람을 말합니다. 그런 사람이 스승이고 가족이라면 우리는 따뜻한 울타리에서 열감각기관을 잘 발달시키며 살 수 있을 것입니다.

여담입니다만, 매력을 보는 눈은 주관적으로 기능하기 때문에 누군가 예쁘다고 하거나 매력적이라고 하는 사람이 모두에게 아름다울 수는 없습니다. 돌을 뜨겁게 달구는 일은 쇠를 달구는 것보다 훨씬 어렵습니다. 차가운 사람에게 온기를 전달하는 것이 쉽지 않다는 이야기입니다. 그 차가운 사람은 타고난 기질이 냉철하고 이성적인 그런 사람이라기보다는 무언가를 깊이 혹은 자세히 알지 못하는 상태에서 섣부르게 판단하고 마음을 닫아버리는 사람을 말합니다. 이것은 질투심이 생겨 매력인이라고 하는 어떤 사람을 부정하고 싶어 하는 마음에서 비롯되는 경우도 적지 않습니다. 가령 한두 번 본 사람을 보고 선입견으로 마음에 들지 않는다는 표현을 한다거나, 대체 저런 사람이 왜 인기 있는지 모르겠다고 말하는 사람입니다. 그래서 매력인의 열감각이 전달되지 않는 사람도 있는 것입니다.

또는 미각에서 이야기했던 취향의 문제일 수도 있습니다. 어떤 사람은 음악이 좋지만 또 어떤 사람은 연극이 좋은 것처럼 말이죠. 이것은 이 세상에는 '절대적인 매력인'이 존재할 수 없다는 이야기입니다. 다만 매력인들이 많은 사람들의 사랑을 받는 이유는 그들의 가슴을 울리는 보편적인 열정을 가지고 있기 때문입니다. 그들은 자기를 싫어하는 사람들조차 그럴 수 있다며 포용하는 사람들입니다. 남들이 매력적이라고 하는데 내가 보기에는 매력이 없다면 그땐 이렇게 생각할 수 있습니다. '아… 제대로 알지 못하는 상태에서 알아보려는 마음도 없이 섣불리 판단한 내가 모르는 무언가가 있구나…' 또는 질투하고 시샘하고 있는 것은 아닌지 돌아봐야 합니다.

서로 유기적으로 연결되어 있는
감각기관들

열감각기관이 제대로 발달하지 못하면, 불리하거나 불편한 외부 환경이나 자극 앞에서 그렇다는 사실조차 인지하지 못합니다. 그래서 아무런 조치도 취하지 못한 채 희생될 수도 있다고 이야기했습니다. 우리의 신체적·정신적 건강을 위협하는 것을 구분하지 못하거나(고통을 알지 못한다는 점에 있어서 생명감각의 문제), 알면서도 적극적으로 대응하지 않고 수동적으로 끌려가는 것(중심을 잃었다는 점에서 균형감각의 문제)은 단지 열감각이라는 하나의 감각만 문제 있는 것이 아닙니다. 다양한 감각이 함께 협력을 못한다는 것입니다. 이렇듯 우리의 감각은 그 어느 하나 단독으로 발달하거나 단독으로 작용할 수 없습니다.

열감각기관이 제대로 기능하여 외부 자극에 대해 적절히 반응하며 나를 보호하기 위해서는 우선 외부에 관심을 가질 수 있어야 합니다. 그런데 그 관심을 주의가 산만한 것과 혼동해서는 안 됩니다! 주의가 산만한 사람은 여기저기에 다 관심을 갖는 것이 아니라, 그 어떤 것에도 집중하지 못하는 사람입니다. 어디에 집중해야 할지를 모르기 때문에 시선을 한두 곳에 고정하지 못하는 것입니다. 이것도 만지고 싶고 저것도 만지고 싶고, 이것도 가지고 싶고 저것도 가지고 싶고, 이것도 하고 싶고 저것도 하고 싶은 것은 사실 원하는 것이 없는 허전한 상태입니다. 허전한 상태는 그 무엇으로도 채울 수 없는 상태입니다.

이미 어른이 된 당신이 왜 허전함을 느낄까요? 바로 앞의 장에서 다룬 시각을 정독하신 독자라면 그 배고픔에 대해 잘 알고 있습니다. 충분함을 경험하지 못했기 때문입니다. 열감각을 발달시키려면 우선 충분함을 경험할 수 있어야 합니다. 주의 산만함이 아닌 관심으로 시작된 반복행위를 통해서 말입니다. 시각의 장에서 말씀드렸던 가치 없고 쓸데없는 반복을 하는 아이 때문에 걱정하시는 부모님들은 걱정하기보다 그들이 무수한 반복이라는 충분한 경험을 원하고 있고 그것을 행하고 있다고 기뻐하셔도 좋습니다. 이것 저것 잠깐씩 만져보고 다시는 쳐다보지도 않는 아이를 오히려 걱정해야 합니다. 니체의 말처럼 성장하는 아이는 똑같다고 싫증을 느끼지 않습니다. 싫증을 느끼는 순간 성장이 멈춘 것입니다. 성장이 멈춘 어른들 스스로가 그런 자신을 슬프게 여기고 걱정해야 할 것입니다.

양육자의 완벽주의 혹은 쓸데없는 욕심(옆집 자녀와의 걸음마 시기부터 성적, 학력, 연봉 등의 비교)으로 부모가 원하는 행동만 하도록 자녀의 행동반경을 좁히는 것은 열감각의 발달을 막는 것입니다. 끊임없이 비교하면서 자신의 아이가 부족하고 그래서 뒤쳐지지 않게 만드는 것에 혈안이 되어 정작 자녀가 원하는 것을 충분히 경험하지 못하게 합니다. 그 때문에 그 아이들은 늘 배고픔과 공허함을 느낄 것입니다. 자기가 먹고 싶은 것을 충분히 먹어보지 못했으니까요.

어린 시절 스스로 무언가에 지속적으로 관심을 가지고 그것에 몰두하며 내적으로 느끼는 행위는 중요합니다. 그 행위가 서랍을 열고 닫는 식의 가장 단순해 보이는 행위일지라도 말이죠. 반복 행위가 가져다주는 용기와 믿음을 가볍게 여기지 말아야 합니다. 그렇게 용기를 얻고 자신을 신뢰하며 자라는 아이는 '허전함' 같은 것은 느끼지 않습니다. 중심 잡힌 사람이 외부 자극에 대해 적절히 반응할 수 있고 외부를 변화시킬 수 있습니다. 외부 자극이 나에게 부당하다면 그것을 바로잡을 수 있는 용기 있는 사람 말이죠. 만약 자꾸만 주위 사람들과 자신 혹은 자녀를 비교하며 우쭐대거나 열등감을 느끼는 시간이 길어진다면, 성장이 멈추었다는 뜻입니다. 그럴 때는 시각의 장에서 이야기했던 생산적인 취미활동이 필요합니다. 여러분 자신이나 자녀는 절대로 누구와 비교할 대상이 아닙니다. 그 존재 자체로 축복입니다.

비교는 상대적 박탈감을 불러일으킵니다. '쟤는 가지고 있는데 나는 없네.' 상대적 박탈감은 외부 자극에 반응하는 내가 만들어낸 감정입니다. 물론 자본주의 사회에서의 사회적 불평등은 개인이 만들어낸 것이 아니겠지요. 더워서 땀을 뻘뻘 흘리면서도 누군가 외투를 입은 모습을 보고 나도 그 외투를 걸치고 싶어 한 명 두 명 따라하다 보면 어느

새 그 집단은 아무리 땀을 흘려도 외투를 입는 것이 당연합니다. 여기서 외투를 살 돈이 없는 사람은 상대적 박탈감을 느낍니다. 입고 싶어도 못 입는 것입니다. 이것이 자본주의 사회의 현주소입니다. 자신의 체온 조절과는 맞지 않아 건강에 문제가 생길 정도인데도 빚을 내 외투 걸치기에 동참합니다. 그 집단은 열감각의 기능이 제대로 발휘하지 못하는 사람들로 이루어진 집단입니다.

사람들은 상대적 박탈감을 겪고 싶어하지 않습니다. 상대적 박탈감을 느끼지 않고 살려면 두 가지 방법이 있습니다. 하나는 최선을 다해 따라가 보거나, 다른 하나는 따라할 필요를 전혀 못 느끼는 사람이 되는 것입니다. 전자는 노력이라고 이야기하겠습니다. 어떻게든 노력해서 최선을 다해 얻고 싶은 것을 얻는 것입니다. 그러면 나도 가지게 되었으니 상대적 박탈감을 느끼지 않을 수 있습니다. 하지만 언제까지 따라하는 것이 가능할지 장담할 수 없습니다.

후자의 경우는 이렇게 생각하면 가능합니다. 도토리들끼리 키 재기 놀이를 즐기는데, 그 중 돈이 좀 있는 도토리가 구두를 신고 나타나 다른 도토리들보다 3센티나 큰 모습을 보여줍니다. 같은 조건으로 놀이를 하는 것이 아니니 불공평하죠? 그런데 그 구두 신은 도토리보다 조금 더 돈을 가진 도토리가 10센티 힐을 신고 나타납니다. 그러자 키가 커 보이려고 따라하는 도토리들이 빚을 내 힐을 사 신고 나타납니다. 이제 도토리들끼리 키 재기 놀이를 할 때 힐을 신는 것이 당연해졌습니다. 구두의 굽이 돈의 액수와 비례한다고 가정해 볼게요. 이제 10센

티로는 놀이에서 이길 수 없으니, 도토리들은 계속해서 밑 빠진 독에 물 붓는 식이 되어 경쟁의 굴레에서 벗어나지 못합니다. 더 높은 힐을 사는 데 혈안이 되어 계속 소비만 합니다. 하지만 이제 그 집단에서는 누구나 힐을 신기 때문에 힐을 신은 것이 특별하지 않습니다. 경쟁력이 없다는 뜻입니다. 그것을 깨달은 한 도토리가 있습니다. 그 도토리는 3센티 구두조차 살 돈이 없습니다. 그 도토리는 힐 신은 도토리들이 생각지도 못한 새로운 놀이를 만들어냅니다. 힐이 있다고 해서 이길 수 있는 놀이가 아닌 놀이 말이죠. 그것은 구르기 놀이입니다. 누가 더 잘 구르나 하는 놀이입니다. 아무도 하지 않고 자기만 할 수 있는 자기만의 재주를 선보이자 힐 신은 도토리들은 구르는 도토리가 특별해지기 시작합니다.

내가 할 수 있지만 아무도 생각하지 못한 것을 찾아내는 것이 바로 상대적 박탈감에서 벗어나는 두 번째 방법입니다. 내가 못하는 것, 나에게 없는 것만 자꾸 찾으면 상대적 박탈감은 말할 수 없이 커집니다. 너에게는 그것이 있고, 나에게는 이것이 있다는 것, 나와 너는 같을 수 없으며 같아서도 안 된다는 것을 아는 것이 불평등한 사회 속에서 상대적 박탈감을 덜 느끼고 살 수 있는 방법입니다.

너와 내가 같아지면 이 세상은 아마 발전 없는 세상이 될지도 모릅니다. 모두가 할 수 있는 생각이 똑같고 가진 것이 똑같다면 말이죠. 그러면 우리는 서로를 이해하고 포용할 수도 없을 것입니다. 오히려 상대를 밟아야 내가 커진다는 사실 하나는 확실히 알겠죠. 이것이 서로 다름을 인정하지 않는 사회가 보여주는 모습입니다. 이것을 알아차리지 못하면 땀이 나는데도 계속에서 빚을 내서 외투를 걸치는 일이 벌어지는 것입니다. 필요하지 않은 것을 마치 꼭 필요한 것처럼 여기게 됩니다. 그러므로 성장과정에서 부모가 자녀에게 없는 것과 자녀가 못하는 것만 지적할 것이 아니라, 다른 아이들과 다른 점을 장점으로 봐줄 수 있는 시각이 발달해야 합니다. 그런 따뜻한 시선을 가진 따뜻한 사람이라면 이 사회에서 상대적 박탈감을 느끼는 사람은 줄어들 것입니다.

열감각을 발달시킬 수 있는 또 하나의 방법은 열에너지의 이동 원칙을 생각하면 알 수 있습니다. 성장 과정에서 열에너지, 즉 온기를 전달받는 경험을 많이 하는 것입니다. 나보다 더 따뜻한 사람에게서 열에너지를 받으면 나 역시 따뜻해집니다. 내가 따뜻해지면 나보다 덜 따뜻한 사람에게 내 따뜻함이 전달됩니다. 열에너지는 온도가 높은 곳에서 낮은 곳으로 이동하니까요. 이렇게 보면, 온도가 높은 사람은 낮은 사람보다 이해의 폭이 조금 더 넓고 여유가 있을 것입니다. 자신의 온기를 타인에게 나눌 수 있을 정도로 말이죠.

듣는다는 것은
자신의 감정과 본능이 원하는 것을
잠시 멈추고
소리를 받아들이는 것입니다

9장
청각

듣는다는 것은 내 생각과
욕구를 잠시 멈추는 것

청각부터 이어서 나오게 될 나머지 세 감각들은(언어 · 사고 · 자아감각) 정
신감각 혹은 사회적 감각으로 분류됩니다. 그 이유를 하나씩 들여다
보겠습니다. 우선 청각은 듣는 것과 연관이 있다는 것을 우리는 잘 알
고 있습니다. 여러분들은 이 글을 읽기만 한 것이 아니라 듣기도 하면
서 여기까지 왔습니다. 간혹 어떤 분들은 제 책을 읽으면 저의 목소리
가 들린다고 말씀하십니다. 저의 어투나 목소리를 전혀 모르고 계신
분들 역시 이 글을 들을 수 있습니다. 무슨 이야기일까요? 무언가를 들
으려 할 때 우리의 모습을 한 번 떠올려 볼까요. 어쩌면 반대의 경우를
떠올리는 것이 더 쉬울 수 있습니다. 듣지 않는 사람의 모습이란 어떤
가요? 다음의 두 친구 간에 오고가는 대화를 들어 보세요.

　친구1: "나 어제 이 신발 샀는데 어때?"

　친구2: "그래? 날씨가 참 좋네~!"

조금은 과장된 예시지만 그럼에도 불구하고 이런 일이 일상에서 빈번하게 일어납니다. 친구1이 신발을 샀다고 어떤지 봐달라고 이야기하는데 날씨가 좋다고 말하는 친구2의 모습을 잘 보세요. 친구2는 무언가에 몰두한 상태입니다. 무언가를 (생각)하고 있는 중입니다. 그 무언가는 바로 '날씨'죠. 이것이 '듣지 않는' 사람의 전형적인 모습입니다. 듣지 않는 사람은 무언가를 하느라 바쁜 상태에 있습니다. 즉, 움직이는 상태에 있습니다. 생각하는 것도 움직임의 일종입니다. 머리를 쓰다, 머리를 굴리다, 머리가 돌아가다, 두뇌회전, 정체된 사고 등의 표현은 사고하는 것이 움직임의 일종이라는 사실을 보여주는 좋은 예들입니다. 이렇게 보면 듣지 않는 사람이 움직이고 있는 상태라는 뜻을 이해할 수 있겠죠?

듣지 않는 사람은 자기만의 무언가와 함께 움직이고 있습니다. 반면 듣는 사람의 모습이란 움직임을 멈춘 상태입니다. 무언가를 잘 들으려고 애쓰거나 노력하는 사람을 보면 겉으로 드러나는 움직임이 없을 뿐더러(듣기평가 시간처럼 일상에서 그렇게 미동도 없는 시간은 드물 것입니다) 들리는 것에만 몰입합니다. 우리는 좀 더 이해하기 위해 이 문장을 해석해야 합니다. 한국 사람이 한글로 쓴 말이지만 이것이 무슨 뜻인지 더 잘 듣기 위해서 여러분은 이 순간 여러분 자신을 잊어야 합니다. 들으려는 사람이 아무런 움직임 없이 들리는 것에만 몰입한다는 것은, 자신의 감정과 본능이 원하는 것을 잠시 멈추고 소리를 받아들이는 행위입니다.

개인의 감정과 본능 혹은 육체적인 불편함은 들리는 소리를 듣지 못하게 방해하는 요인입니다. 그것을 저는 교육시간에 자주 경험합니다. 예를 들어 강의를 듣는데 졸리거나 배가 고프면 강의를 듣기 어려울 것입니다. 의지가 있는 사람은 배고픔이나 졸음을 참으려고 노력하겠죠. 또 다른 예로 (감정적으로) 안 좋은 일을 겪은 사람이 오래 전에 약속한 모임에 나갔다고 가정합시다. 그 모임에서 들려오는 이야기들이 그 사람의 귀에 들릴까요? 감정과 본능을 가진 인간인 무언가를 듣는다는 것은 이토록 어렵습니다. 이러한 것들을 배제시키고 경청하는 것에 대해 알베르트 수스만은 다음과 같이 이야기합니다.

우리가 남의 말에 귀를 기울이기 위해서는 자신의 육체적인 것을 넘어서서 정신적인 차원에서 타인에게 몰입하는 것을 의미합니다.

이렇게 청각을 통하여 인간은 서로의 소리를 들으며 관계를 형성해 나가는 것입니다.

남이야 뭐라고 이야기하든 듣지 않고 내 욕구만 충족시키려는 것은 이기심입니다. 타인의 말을 듣는 그 순간 내 개인적인 욕구를 잠시 자제하고 온전히 듣는 것을 '나 자신과 거리를 두고' 듣는다고 표현합니다. 루돌프 슈타이너는 우리 인간이 남의 말을 듣기에는 너무나도 이기적이어서 스스로의 힘으로 남의 말을 듣는 것은 불가능하다고까지 이야기했습니다.

"말이 안 통해요"라고 말하는 사람들

인간의 힘으로는 남의 말을 들을 수 없다는 것에 대해 좀 더 이야기해 보겠습니다. 우리는 소위 '말이 안 통하는 사람'과 마주치는 일이 간혹 있습니다. 그럴 때 흔히 벽에다 대고 이야기하는 것 같다는 표현을 씁니다. 하지만 그 벽과 같은 사람은 다른 무언가에 몰두한 사람입니다. 자신의 감정이나 본능, 육체적인 불편함 등에 신경을 쓰고 있는 상태입니다. 이때 그 벽과 같은 사람의 감정이나 본능, 육체적인 불편함이 무엇이며, 어느 정도인지 생각해 보았나요? 말을 하는 사람은 벽과 같은 그 사람의 상태에 대해 얼마나 귀를 기울이고 있을까요?

들는 행위는 이야기를 듣는 사람 혼자만의 몫이 아닙니다. 말하는 사람 역시 자신의 이야기를 들어주는 사람의 상태에 대해서도 들어야 하는 것입니다. 그런데 이것이 쉬운 일인가요? 우리 인간 스스로는 남의 말을 들을 수 없다는 슈타이너의 말은 안타깝지만 그른 말이 아닙니다. 저 역시 마찬가지입니다. 저에게 책을 쉽게 써 달라고 요청하시는 분들이 많은데, 이 글을 쓰는 저는 완전히 저 자신과 거리를 두고 독자들의 목소리를 듣는 것이 너무나도 어렵습니다. 그 와중에 같은 사람인 편집부장님께서 제가 어느 정도는 독자의 목소리를 들을 수 있도록 도와주시기에 듣는 사람들(독자)을 들으려 노력합니다. 뒤에 나올 사고감각에서도 나오는 이야기지만, 저는 치료사로서 내담자와의 관계에 있어 청각의 기능을 더 특별하게 생각합니다.

저는 12감각에 대해 토론하고 공부하는 모임을 하고 있습니다. 모임에서 청각에 대해 토론하던 중 발도르프 어린이집 교사인 이연희 선생님은 정곡을 찌르는 말을 꺼내셨습니다. 감각기관이 없거나 부족한 것이 아니라 누구나 이미 다 가지고 있는데 사용하는 방법을 모르는 것 같다고 말이죠. 이 말은 우리가 우리의 감각이 가지고 있는 기능을 제대로 파악하지 못했다는 뜻입니다. 꼭 이상적인 인간이 되기 위해서라기보다 감각이 가지고 있는 기능을 알고 있기라도 한다면 그것을 사용해 보려고 노력할 수 있습니다. 그것이 제가 이 책을 쓰는 가장 큰 의도이기도 합니다. 12감각의 기능을 알리는 것이죠. 내용이 어렵기 때문에 넘어가지 않는 책장을 한 장 한 장 넘길 수 있도록 (작게나마) 노력을 기울이는 것입니다.

울림이 있는
소리

그렇다면 이번에는 듣는 것 말고 소리를 내는 것에 대해 이야기해 보겠습니다. 소리가 나야 들을 수 있으니 소리를 내는 것도 듣는 것 못지 않게 중요합니다. 그래서 알베르트 수스만은 소리가 울리는 원리에 대해 설명합니다. 울림은 소리가 퍼져나가는 것입니다.

알베르트 수스만이 설명한 방식을 그대로 보여드리겠습니다. 잘 들어보세요! 그는 어떤 물체에서 소리가 길게 울려 퍼지려면 그 물체는 우선 단단해야 하고 공중에 (높이) 떠서 (한 번 건드렸을 때 그 물체가 스스로 몇 번 더 움직일 수 있도록 어딘가에 대롱대롱) 매달려 있어야 한다고 합니다. 가장 먼저 떠오르는 것이 바로 종일 것입니다. 종은 그 소리가 길게 울려 퍼져 나갑니다. 물체가 단단하지 못하면 어디에 매달아도 그 형태를 유지하지 못할 것이고, 또 단단해도 바닥과 밀착되어 있으면 소리는 둔탁할 것입니다. 실제로 '작은 종'을 가지고 있다면 바닥에 올려놓고 두드려 보세요. 그리고나서 이번에는 손에 들고 두드려 보세요. 소리의 차이가 느껴지실 것입니다.

종소리가 울려 퍼져나가는 원리가 인간의 어떤 능력과 연관이 되는 것일까요? 알베르트 수스만은 종처럼 단단한 물체가 땅으로부터 높이 떨어져 공중에 있다는 것을, 단단한 물체가 지상으로부터 분리되어 해방되는 것에 비유했습니다. 어려운 말이니 예를 들어 보겠습니다. 이 표현은 지구의 중력에 완전히 적응한 어른들과 아직 적응중인 어린 아이들의 모습을 통해 증명됩니다.

우리 성인들은 중력에 잘 적응하여 (술에 취하지 않은 이상) 비틀거리지 않고 땅 위에 두 발로 설 수 있을 만큼 단단하고 무겁습니다. 틀에 박혀 정체되고 굳은 사고를 하는 것까지도 그렇죠. 그리고 지상의 세계, 즉 물질세계, 물질주의, 실용주의 세계에 사로잡혀 있습니다. 자녀의 행위를 쓸모 있는 것과 쓸데없는 것으로 구분하는 것을 보면 말이죠. 하지만 어린 아이들은 (그들이 우리처럼 이 세상의 중력에 완전히 적응하여 세련되게 혹은 성숙하게 걸을 수 있을 정도는 아니지만) 가볍고 틀도 없습니다.

아이들에게 돈은 그저 종이에 불과합니다. 어린 아이가 돈의 가치에 대해 일찍 눈 뜨는 이유는 주변의 어른들 덕분(?)입니다. 가볍고 틀이 없는 것은 별 볼일 없는 것이 아닙니다. 그들의 판타지 놀이는 창의력과 상상력의 극치를 보여줍니다. 그들이 기발한 상상을 할 수 있는 이유는 생각이 가볍고 자유롭기 때문입니다. 우리 어른들보다 자유롭기 때문입니다. 가볍게 매달려 있는 종과 같이 지상으로부터 자유로운 상태입니다. 어른들 중에서도 창의력이 돋보이는 사람들의 사고는 자유롭습니다. 의무감에서 생각하지 않고 자유롭게 원하는 대로 생각합니다. 그래서 그들의 창의력이 멀리 울려 퍼져 나가는 것입니다. 특히 강연을 하는 사람들이나 성직자들의 가슴을 울리는 말이나 예술가들의 작품 또는 음악이 그렇죠. 실제로 순수한 예술가들은 어린아이와 같이 계산적이지 않고 자유롭게 활동하는 경우가 많습니다. 하지만 예술가의 옷을 입은 사람들 중에도 지상에 안착하여 창의력의 원동력인 자유가 아닌, 다른 사람이 만들어 놓은 틀 안에서 그것을 그대로 따라가는 사람들도 많습니다.

이렇듯 땅 위에 붙어 소리가 울리지 못하는 것과 달리, 지상에서 높이 올라가 어디로든 울려 퍼지는 자유로운 종의 울림. 이 종이 가진 자유로움은 창의력과 연관이 있습니다. 자유로움 속에서 창의력으로 만든 소리는 많은 사람들로부터 공감을 일으키고 감동을 줍니다. 하지만 이 소리를 들었을 때 좋은 소리라는 것, 그 소리의 의미를 알아챌 수 있으려면 청각이 발달되어 있어야 합니다. 이 장의 시작 부분에서 꺼냈던 이야기를 떠올려 보세요. 잘 듣는 사람과 듣지 않는 사람의 모습 말이죠. 예를 들어 듣기 평가 시험을 치루는 사람은 오직 문제에만 집중합니다. 스피커에서 흘러나오는 목소리에만 집중합니다. 그 문제를 풀고 있는 장소에는 갖가지 자극들이 많은데도 불구하고 말이죠. 문제를 푸는 옆 사람의 부스럭거리는 소리부터 그 공간의 밝기와 온도, 창밖으로 차 지나가는 소리 등. 그런 자극들은 듣기 평가 문제를 잘 풀고 있는 사람에게는 무의미합니다. 오직 스피커에서 흘러나오는 문제에만 집중하기 때문입니다.

그런데 듣기평가를 잘 못하는 사람들의 특징은 어떨까요? 옆 사람이 자꾸 소리를 내서 신경이 쓰여서 문제를 못 풀었다고 하거나, 형광등 위치 때문에 시험지에 그림자가 생겨서 혹은 연필심이 흐려서 집중할 수 없었다고 할 것입니다. 수많은 자극들이 있어도 얼마든지 내적으로 중심을 잡고 집중하는 것은 균형감각이 발달되어 있지 않으면 불가능합니다. 김연아 선수의 균형감각을 떠올려 보세요. 온갖 자극들에 흔들리는, 중심 잃은 사람은 집중해야 할 것에 집중하지 못해 듣기 평가 문제를 풀 수 없습니다. 그뿐일까요? 중심이 없으면 타인의 말에 귀를 기울이는 것도 어렵습니다. 타인의 말에 담긴 의미에 집중하지 못해 그 말의 의도를 알지 못한다는 뜻입니다. 그저 말이 아닌 소리를 들을 뿐입니다. 그러니 마음대로 해석하고 착각도 하겠죠.

이렇게 보면 음악시간에 청음교육을 한다는 명목 하에 음을 들려주고 그 계이름을 맞히게 하는 것은 상당히 어리석은 교육입니다. 음악에서 청음이라면 음의 움직임이 무엇을 의미하는지를 알기 위해 듣는 것이 더 중요하기 때문입니다. 가령 왜 작곡가가 음을 아래에서 위로 올려놓았는지, 왜 똑같은 음을 반복했는지 말이죠. 청각을 발달시키기 위해서는 다양한 소리를 듣는 연습을 많이 하는 것도 좋지만, 잘 들으려면 꼭 필요한 것에 집중하는 능력이 함께 필요합니다. 그렇기 때문에 균형감각의 발달이 중요합니다. 신기하게도 귀 안의 세반고리관은 우리가 실제로 균형을 잡고 설 수 있도록 하는 기관입니다. 이것이 귀 안에 자리한 사실만 보더라도 청각과 균형감각은 따로 떼어 생각할 수 없는 것입니다.

언어감각
언어감각이 잘 발달하려면
성장과정에서 좋은 본보기가 필요합니다

사고감각
사고감각이 잘 발달하려면 이해에 필요한
인내와 시간을 감내해야 합니다

자아감각
열두 감각을 총괄하는 감각입니다

10장

언어감각
사고감각
자아감각

언어감각

인간의 소리, 언어

인간만이 가진 특권 중의 하나가 바로 언어를 사용해 자신을 표현할 수 있다는 것입니다. 언어감각의 기능은 우리가 들을 수 있는 다양한 소리들 중 일반적인 소리와 언어를 구분하여 듣게 하는 것입니다. 즉, 언어감각이 있어 언어를 들을 수 있습니다. 언어감각이 살아 있는 한 우리는 동물의 소리와 인간의 언어를 구분할 수 있습니다. 그 언어가 외국어일지라도 뜻은 모르지만 인간의 언어라는 것을 안다는 것입니다.

얼마 전 버스를 탔는데 기사님께서 라디오 방송 중 클래식 음악 방송을 틀어 놓으신 상태였습니다. 버스를 타자마자 피아노 독주곡이 들려 반가웠는데, 그 연주가 끝나자 이어서 가곡이 흘러나왔습니다. 그때 순간적으로 제가 했던 생각은 '어느 나라 말일까?'였습니다. 이것이 바로 저에게 언어감각이 있다는 증거입니다. 무슨 말인지 알지 못하는데 언어라는 것을 알아차린 것입니다. 악기소리와 언어의 차이를 구분한 것이죠. 클래식 음악이 생소한 사람들은 바이올린, 비올라, 첼로의 소리를 구분하지 못합니다. 아무리 그럴지라도 가곡을 들으면 음악과 인간의 언어가 동시에 나오고 있음을 알아차립니다.

들려오는 소리가 언어라는 것을 인지하기 위해서는 우선 들을 수 있는 감각기관인 청각이 있어야 하겠죠. 우리가 언어를 인지하는 과정은 어린 아이가 말을 배우는 과정과 유사합니다. 엄마 품속의 아이는 엄마가 하는 말의 의미를 알고 이해하는 것이 아닙니다. 엄마가 어린 자녀에게 말할 때를 한 번 볼까요. 억양도 풍성해지고 말하는 속도도 느리게 또는 빠르게 조절합니다. 가끔 힘을 주어 강하게 말하기도 하고, 또 여리게 말하기도 합니다. 그야말로 아이에게 이야기하는 엄마의 언어는 풍부한 음악적 요소로 이루어져 있습니다.

음악 중 특히 노래가 아닌 악기로만 연주되는 곡은 언어 없이 감정을 표현하기 때문에 격하거나 강조하는 부분은 센 소리나 빠른 속도에 변화무쌍한 음정으로 나타납니다. 침착한 것은 느긋한 속도와 잔잔한 크기로 연주됩니다. 아직 말을 못하는 아이는 그러한 요소들을 통해 엄마의 기분을 느끼면서 엄마와 소통합니다. 그러다가 엄마의 언어에 담긴 음악적 요소를 모방하기 시작합니다. 아직 언어를 따라할 수는 없지만 엄마나 주변의 사람들이 아이를 보고 말끝을 올리면 그 억양을 따라하는 식으로 말이죠. 그리고는 드디어 아이가 주변 환경에서 들리는 언어들을 듣고 따라 하기 시작합니다.

이때도 물론 음악적 요소는 큰 역할을 하지만 아이에게는 그것과 더불어 자음과 모음이 결합된 언어가 들리기 시작한 것입니다. 이제 언

어를 듣는 것입니다. 그런 후에 자음과 모음으로 결합된 낱개의 단어들을 의식하기보다는 문장이 가진 전체 의미를 인지합니다. 마치 우리가 외국어를 익힐 때 처음에는 문법을 의식적으로 생각하면서 이야기하지만, 어느 순간 자유롭게 구사할 정도가 되면 '내가 지금 주어를 말하고 있고 그 다음은 목적어…' 식으로 문법을 의식하지 않고 말하는 것과 같습니다. 알베르트 수스만은 이처럼 언어를 사용하고 받아들인다는 것은, 발달과정에서 얻은 것을 더 이상 의식하지 않는 것이라고 표현합니다.

사람의 말을 알아들을 수 있는 기능을 가진 언어감각이 잘 발달하려면 성장과정에서 좋은 본보기가 필요합니다. 인간이 말을 배우는 순서는 타인의 말을 인지하여 받아들이고, 그것을 다시 말하는 식으로 이루어지기 때문입니다. 물론 좋은 본보기는 다른 모든 감각의 발달을 위해서도 필요합니다. 하지만 다른 감각들에 비해 언어는 타인과의 소통이 더 직접적으로 이루어지기에 본보기가 중요합니다. 아이들의 언어감각을 깨우기 위해 부모 또는 어른으로서 유의해야 할 점은 단지 말을 잘하는 본보기가 되는 것만은 아닙니다. 그것을 넘어선 차원의 본보기를 의미합니다. 가령 우리는 별 생각 없이 선풍기의 전원 버튼 또는 리모컨 등을 발로 누릅니다. 또는 바닥에 놓인 책이나 물건 등을 발로 쭉 밀어 옮기는 행동을 합니다. 그 이유는 귀찮거나 그와 달리 바쁘고 급해서 그렇습니다. 발을 사용한다는 것은 선 자세에서는 허리를 숙일 필요도 없고 앉은 자세에서는 일어설 필요가 없으니 그야말로 동작을 생략하기 위한 가장 경제적인 방법입니다.

이렇게 동작을 생략하고 싶을 정도로 손이나 몸을 움직이려 하지 않는 것이 습관이 된 사람들에게는 공통된 두 가지 특징이 있습니다. 하나는 게으른 것이고, 다른 하나는 엄청 급하다는 것입니다. 동작을 생략하는 이유가 극과 극입니다. 너무 게으르거나 지나치게 급한 사람들은 아이의 언어감각 발달에 결코 좋은 영향을 미칠 수 없습니다. 말을 하는 것은 몸을 움직이는 것과 따로 떼어 생각할 수 없을 정도로 연관성을 가집니다. 어떤 연관성이 있는지 결론부터 이야기하자면 몸을 잘 움직이는 사람이 말도 잘할 수 있다는 것입니다. 여기서 말을 잘한다는 것은 단순히 입과 턱과 혀와 호흡기관이 있어서 말을 할 수 있는 그 이상의 것입니다. 발음, 언어사용 수준, 언어를 사용한 타인을 설득하는 능력과 타인을 이해하는 능력까지를 의미합니다.

이런 언어와 연관된 것들이 한 사람의 움직임이 어디까지 발달해 있는지 혹은 얼마나 성숙한 상태인지를 보여줍니다. 이것은 아이나 성인이나 모두에게 해당됩니다. 그 이유는 인간의 발달 과정을 관찰하면 알 수 있습니다. 제가 《창의적인 아이로 키우는 발도르프 음악교육》에서도 했던 이야기지만 중요하기에 한 번 더 이야기하겠습니다. 인간은 다리를 자유롭게 사용할 수 있기 전 그러니까 이리저리 걸어 다닐 수 있기 전에는 말을 할 수 없고, 말을 할 수 있기 전에는 사고를 논리적으로 전개시키는 것이 불가능합니다.

어린 아이가 크는 모습을 잘 보세요. 걷기 전에 말을 먼저 시작하는 사람은 아무도 없습니다. 걷고 난 후에 말을 하기 시작하고 그리고 그에 이어 점차 사고를 키워나갑니다. 언어장애를 가진 아이들은 잘 걷지 못합니다. 균형을 잘 잡지 못하고 넘어질 듯 걷습니다. 또 소근육 사용을 필요로 하는 동작들, 즉 단추 채우기, 신발 신기 등이 어렵습니다. 그래서 그런 아이들을 치료하는 첫 번째 목표는 우선 잘 걸을 수 있게 돕는 것입니다. 그 다음이 소근육 사용이 필요한 행위를 하게 하는 것입니다. 소근육 사용이 필요한 행위는 기계적인 동작을 반복 연습시키는 것이 절대로 아닙니다! 그것은 살아가는 데 필요한 동작들이 대부분입니다. 위에서 이야기한 단추 채우기, 지퍼 스스로 올리고 내리기,

화장실에서 바지 스스로 내리고 올리기, 신발이나 양말 혼자 신기, 혼자 숟가락질하기, 매듭 묶고 풀기 등 일상에서 얼마든지 자연스럽게 반복이 가능한 동작들입니다.

이것은 장애가 있는 아이들에게만 해당되는 내용이 아니라 언어감각 발달을 위해 우리의 모든 아이들에게 해당되는 내용입니다. 이런 일상의 움직임들은 점차 집단 내에서 타인과 관계를 맺기 위한 움직임으로 발전합니다. 예를 들어 길을 가다가 누군가가 실핀을 떨어뜨렸을 때 그 가느다란 것을 집을 수 있을 정도로 손가락을 잘 움직일 수 있는 아이가 그것을 집어 떨어뜨린 사람에게 건네줄 수 있는 것입니다. 또 신발 끈이 풀린 친구가 양손에 가득 무언가를 들고 있을 때 끈을 묶을 수 있는 친구가 그것을 대신 묶어 주는 식으로 말이죠. 이것은 그저 단순한 신체적 움직임인 줄 알았던 것이 사고의 움직임으로까지 발전하는 과정입니다.

사고는 말을 할 수 있기 전에는 자유롭게 펼쳐지는 것이 불가능하다고 했습니다. 그러니 타인을 생각할 정도로 사고가 발달되었다는 것은 말하는 수준도 그만큼 발달했다는 뜻입니다. 그래서 우리의 움직임이 어느 범위까지 가능하며 얼마나 발달된 상태인지를 우리의 말하기 수준이 대변합니다. 위에서 물건을 발로 건드리는 습관에 대해 이야기하면서 너무 게으르거나 너무 급한 것, 그런 행동(움직임)이 아이의 언어감각 발달에 도움이 되지 않는다는 이야기가 어떤 뜻인지 짐작되기 시작할 것입니다.

게으른 사람과 급한 사람은 단체생활에 있어서 예의에 어긋나는 행동을 잘합니다. 다른 사람들을 기다리지 않고 개인의 이익을 위해 혼자 저만치 앞서거나 반대로 저 끝에서 다른 사람들에게 편하게 묻어가는 식으로 말입니다. 그런 행동(움직임)은 성숙하지 못합니다. 그런 움직임을 가진 어른은 아이들의 언어감각 발달을 위해 좋은 본보기가 될 수 없다는 것입니다. 움직임의 수준이 그렇다는 것은 말하는 수준도 똑같다는 뜻이기 때문입니다. 위에서 이야기했던 발음, 어휘력, 언어를 사용한 타인을 설득하는 능력과 이해력의 수준 말이죠.

언어는 인간이 서로 자기를 타인에게 표현하기 위한 수단입니다. 그래서 언어감각은 사회성과 연관이 있습니다. 입이 있어서 말은 하는데 그 말을 표현하는 것이 성숙하지 못하면 사회성에 문제가 생깁니다. 타인과 관계를 맺는 것이 어려워집니다. 실제로 물건을 발로 건드리는 것 자체는 물건을 소중하게 여기지 않는 행동이므로 누군가와 함께 있을 때는 예의에 어긋나는 행동으로 간주됩니다. "사람은 배워야 한다"는 뜻은 공부를 해야 한다는 뜻이 아닙니다. 인간에게 인간끼리 소통할 수 있는 언어습득 능력이 있다는 것을 알고 그것을 사용하는 방법을 배워야 한다는 뜻입니다. 사람은 배워야 한다는 이 말을 가만히 앉아서 글을 익히거나 지식을 습득해야 한다는 뜻으로 잘못 해석하고 스스로 움직이는 것-혼자 옷 입기, 혼자 신발 신기 등 살아 가는데 꼭 필요한 동작들을 무시하면 언어감각은 제대로 발달할 수 없습니다. 아이가 지식을 습득하기 전에 먼저 선행되어야 할 것은 화장실에서 혼자 바지를 내렸다가 올릴 수 있는 동작과 같은 것들입니다.

발로 물건을 건드리는 것이 습관이 된 사람의 게으름과 성급함은 결코 좋은 본보기가 아닙니다. 물건을 소중히 여기지 않는 그 게으른 모습 혹은 급한 모습 자체는 언어감각 발달에 조금도 도움이 되지 않습니다. 실제로 급한 사람은 발음도 좋지 않고 자기의 생각을 언어로 표현해 타인을 설득할 수 있는 침착함이 없어 쉽게 화를 냅니다. 이렇게 급해서 발음이 좋지 않은 부모의 자녀는 언어를 발음하기 위한 본보기가 좋지 않기 때문에 발음에도 역시 문제가 생길 수 있습니다. 좋은 본보기란 좋은 생각을 할 수 있을 정도로 언어감각이 발달되어 좋은 말을 할 수 있는 사람입니다. 좋은 말이란 좋게 꾸며낸 말이 아니라 진심을 담은 말입니다. 많은 미사여구가 필요한 것이 아니라 단순하더라도 마음이 전달되는 말입니다.

청각도 그렇고 언어감각, 그리고 앞으로 나올 사고감각과 자아감각은 타인을 인지하는 감각기관입니다. 우리 아이들이 타인도 감정이 있고 생각하며 행동하는 사람이라는 것을 아는 사람으로 성장하길 원한다면 주변 어른들이 진술한 말을 건넬 수 있어야 합니다. 타인을 잘 알아보는 것에 대해서는 자아감각에 대해서 이야기할 때 다시 보도록 하겠습니다. 언어감각은 이 뒤에 나올 사고감각과 함께 기능하기에, 여기에서는 언어감각의 독자적인 기능으로 짧게 마무리하고 바로 사고감각으로 이어가 보겠습니다.

사고감각

타인의 생각을
이해하는 감각

사고감각을 이야기하기 전에 먼저 예를 하나 보여 드리겠습니다. 축구 감독 히딩크는 "나는 아직 배고프다"라는 말을 남긴 것으로 유명합니다. 언어감각을 가진 인간이라면 히딩크가 아직 배고프다는 말을 들을 수 있습니다. 더 나아가 이렇게 생각하겠죠. '아~ 히딩크는 축구에 있어서 무언가를 더 갈구하고 있구나! 축구를 위해 늘 고민하는구나!' 하고 말이죠. 그런데 만일 여전히 배가 고프다는 히딩크 감독의 말을 듣고 '아~ 히딩크는 배가 고프구나. 그럼 많이 먹어야겠네'라고 생각하는 사람이 있다고 가정합시다. 전자와 후자의 차이를 보세요. 후자는 히딩크의 말을 말 그대로 해석하고, 전자는 히딩크의 말을 꿰뚫어 봅니다. 이것이 사고감각의 기능입니다. 전자는 사고감각을 가진 인간입니다. 후자의 사고감각은 아직 덜 깨어 있습니다.

사고감각은 청각과 유사한 맥락으로 바라볼 수 있습니다. 사고감각은 타인의 생각을 듣거나 보는 감각입니다. 히딩크 감독의 말을 문자 그대로 해석한 사고감각이 잠든 사람이 우스운가요? 결코 우습지 않습니다. 사고감각이 잠든 상태로 행동하는 사람들이 상당히 많기 때문입니다.《창의적인 아이로 키우는 발도르프 음악교육》의 표지에는 "피아노부터 배우지 마라!" 하는 강력한 메시지가 쓰여 있습니다. 이 말이 무엇을 의미하는지 본문에 설명을 해두었음에도 그 말의 의도를 파악할 수 없는 사람은 절대로 피아노를 먼저 배우면 안 된다고 생각합니다. 그렇다면 피아노 교육부터 시작한 사람들에게는 과연 큰일이 일어나거나 안 좋은 결과가 발생하나요? "피아노부터 배우지 마라!"는 말 속에는 피아노라는 악기가 널리 보급되기는 했지만, 이해가 어려운 악기이기 때문에 배우려면 제대로 배우라는 뜻이 본문에 쓰여 있습니다. 그 의미를 읽어내지 못한 사람들이라면 피아노를 먼저 배우면 큰일이라도 날 것처럼 생각하는 것입니다.

사고(생각)를 드러내기 위한 수단으로 인간만이 유일하게 언어를 사용합니다. 하지만 예술가인 저는 언어를 사용해 생각을 드러내는 것이, 특히 감정을 표현하는 데 있어 늘 한계를 느낍니다. 그래서 예술가들은 언어로 표현이 불가능한 것들을 예술적인 활동을 통해 표현합니다. 인상파의 대표적인 작곡가 드뷔시는 음악은 언어로 표현 불가능한 것들을 가능하게 만든다고 이야기했습니다. 우리는 흔히 '말로 형용할 수 없는 기분'이라는 표현을 합니다. 이런 표현은 언어의 한계를 여실히 보여줍니다. 언어는 종종 사실과 다르게 꾸며지기도 합니다. 그래서 조금 전 그것이 꾸며진 것을 볼 줄 아는 것이 중요하다는 것을 암시

했습니다. 이렇게 인간의 사고는 언어로는 완전한 표현이 불가능하기 때문에 사고감각은 언어감각보다 더 높은 차원에 존재합니다.

사고를 표현하는 방식은 다양하지만 그것을 듣고, 보고, 느낄 수 있는 이유는 우리에게 사고감각이 있기 때문입니다. 사고감각을 타인의 생각을 듣거나 보는 감각이라고 이야기한 것은 타인의 생각을 이해한다는 뜻입니다. 타인의 생각을 이해하려면 나의 생각을 잠시 멈출 수 있어야 합니다. 그러니까 편견이나 선입견을 버리고 여러 번 되새기며 그 생각에 더 가까이 다가가려는 노력, 즉 인내심과 끈기가 필요합니다.

청각에서 이야기한 것처럼 내가 가진 본능적인 욕구나 감정 등을 다 버리고 온전히 타인에게 몰두할 때, 우리는 타인의 생각을 왜곡시키지 않고 보고 들을 수 있습니다. 내가 가진 것을 버린다는 것은 이해하려고 노력하는 자세입니다. 노력에는 고통이 따른다는 이야기를 계속해왔는데, 그러한 고통을 감내하고 타인의 생각을 이해하게 되었을 때 느끼는 희열은 말로 표현하기 힘듭니다. 그래서 그 희열을 나누고 싶은 마음이 생깁니다. 마치 맛있는 음식을 먹으면서 '와! 정말 맛있다! 우리 식구들(또는 내 친구)에게도 맛보게 하고 싶다!'라고 느끼는 것과 같습니다. 그것이 정말 좋았기에 '함께 맛보고 싶은 것'입니다.

책 또는 영화나 연극 등의 공연을 추천하는 행위는 내가 그것을 보고 들으며 이해한 그 무언가(깨달은 것)가 너무나도 좋기 때문입니다. 만약 그것을 보고 들으며 납득이 되지 않는다면 지루하고 필요 없는 것으로 여기기 쉽습니다. 그래서 타인에게 그것을 추천하지 않습니다. 물론 그것을 감상하고 느끼는 것이 저마다 다르기에 지극히 주관적일 수 있지만, 만약 보편성을 띠지 않고 특정 집단만 향유할 수 있는 것이라면 그것을 타인에게 쉽게 추천하지 않을 것입니다. 예를 들어 너무 전문성을 띠고 있어서 기본적 소양이 있는 사람만 이해 가능하다거나, 상대적 박탈감을 느끼게 할 정도로 지나치게 소비적인 것들입니다.

이해에는 인내와 시간이 필요하다

고통을 견뎌내고 타인의 생각을 이해한다는 것이 무엇일까요? 제가 아는 외과의사 한 분은 맥주에 대해 많은 것을 알고 있습니다. 그 종류와 제조법, 맛, 마시는 방법 등 그 분은 알고 있는 것들을 늘 모두와 함께 나눕니다. 함께 나누는 사람들에게 어떤 대가를 바라지 않고 말이죠. 그분이 알고 있는 것들이란 그분이 이해한 것입니다. 본인이 원해서 즐겁게 하는 것이라 그것을 이해하는 행위를 고통으로 여기지 않습니다. 하지만 이해를 하기까지 인내와 시간이 필요합니다. 그렇기 때문에 만약 이해를 강압적으로 해야 되는 상황이라면 그것은 충분히 고통스러울 수 있습니다. 많은 학생들이 학교에서 시험을 보다가 머리를 감싸쥐는 모습을 보면 그것은 고통이 분명합니다. 그렇죠?

주변에 고등학생이 있다면 한 번 수학 교과서를 빌려서 펼쳐보세요. 중학생 수학 교과서라도 상관없습니다. 펼치는 순간 덮어버리고 싶어질 것입니다. 저에게 수업을 받는 초등학생들에게 제일 싫은 과목이 뭐냐고 물으면 모두 하나같이 수학이라고 대답합니다. 분명 풀어야 할 문제가 나오기 전에 그것을 푸는 방식이 한글로 설명되어 있는데 도대체 뭐라고 하는지 알 수가 없다는 것입니다. 그래서 이런 이해할 수 없는 말을 읽으니 그냥 포기하는 학생들이 많습니다. 하지만 그 중에는 문제 푸는 공식에 대한 설명을 수차례 읽어가며 이해하려고 노력하는 학생도 있습니다. 12감각 역시 그런 노력 없이 단번에 이해하는 것이 힘듭니다. 저는 12감각을 이해하기 위해 노력을 기울이는 사람 중의 한 명입니다. 알면 알수록 많은 깨달음을 주는 스승과 같은 12감각은 하나씩 알아가기 위해 참으로 많은 노력이 필요합니다. 하지만 그 노력 끝에 얻은 인식은 큰 기쁨을 줍니다. 그래서 그 기쁨을 혼자 경험하기에는 너무나도 안타깝기에 함께 나누려는 것입니다.

여기서 고통이 왜 생겨나는지 다시 한 번 확인할 수 있습니다. 위에서 이야기한 '맥주 박사님'으로 통하는 의사 선생님처럼 '순전히 내가 원해서 스스로 이해한 것'은 즐겁습니다. 하지만 외부의 압력에 의해 또는 불순한 목적이 있어 이해해야 하는 상황이라면 이해하기 싫어질 뿐만 아니라 그 본질을 이해하는 것이 불가능할지도 모릅니다. 이 세상에 존재하는 많은 교육이 아직 제대로 이해되지 않은 상태에서 전파되고 있다는 사실에 대해 생각해 보셨나요? 이것은 정말 큰 문제입니다. 상업성이라는 목적이 들어간 상태에서는 돈을 벌어야 한다는 압박이 있기 때문에 이해하려는 불가피한 노력을 기울이기가 싫어집니다. 쉽게 말해 대충 배워서 대충 써먹는 것이죠.

만약 사람들에게 음악이 제대로 이해되었다면(본질이 이해되었다면) 이렇게 많은 음악 학원이 생길 수 없습니다. 제가 음악을 하는 사람이기에 음악을 이야기했을 뿐입니다. 모든 것이 다 그렇지 않은가요? 교육은 장사를 목적으로 이루어지는 것이 아니라는 뜻입니다. 똑같은 형태의 소박한 안주를 내세운 맥주집이 이름만 바꿔 계속 생겨나는 것을 보셨나요? 누군가가 시작을 했을 것이고 그곳의 '수입이 나쁘지 않다는 것'을 안 나머지 사람들은 그것을 따라하기 시작한 것입니다. 놀라운 사실은 메뉴까지 똑같다는 것입니다. 마치 한 명의 오너가 이름만 바꿔 여러 맥주집을 운영하는 것이라 착각할 정도입니다. 이제 그런 종류의 이름을 가진 맥주집은 너무 흔해서 그 매력을 느끼기 어렵습니다. 맥주집과 학원을 비교하니 동떨어진 이야기가 아닌가 생각할 수도 있지만, 대부분의 학원들이 수강생의 숫자를 두고 싸움을 벌이는 것을 보면 맥주집과 학원이 그리 다르지만은 않습니다.

어떤 교육이든 그것이 정말 좋은 교육이기에 누구나 누릴 수 있게 보편화된다면 그 사실 자체로는 참 좋습니다. 하지만 교육기관을 두고 아무렇지도 않게 '상도덕'이라는 말까지 오고가는 세상입니다. 서로 자기네가 원조라고 자기네가 더 잘났다고 싸우죠. 교육은 나눔을 가르치는 것이지 자만심을 키워내는 것이 아닙니다. 다른 곳과 다른 사람을 인정하지 않는 그런 사람을 길러내는 것은 교육이 아닙니다. 서로 다름을 인정하지 못하는 사람들이 교육자의 자리에 서 있는 것 자체가 교육의 본질을 훼손하는 것입니다. 만약 교육의 본질을 아는 사람만 남는다면 남아 있을 교육기관은 많지 않을 것입니다.

후학을 양성하는 일이 어떤 분야의 발전을 위해서라기보다 생계가 목적이라면, 후학 양성과는 점점 거리가 멀어지며 책임감 없는 행동을 할 수 있습니다. 수강생의 숫자가 더 중요해지기 때문입니다. 정말로 후학을 양성하는 사람은 그의 삶 자체가 후학들이 닮고 싶은 본보기가 됩니다. 이런 것을 배우면 저 사람처럼 즐거운 삶을 꿈꿀 수 있다고 보는 것입니다. 즐거운 삶이란 경제력을 여유 있게 갖춘 삶을 이야기하는 것이 아닙니다. 같이 배우고 다 똑같은 방식으로 사용하는 이것을 저렇게 다르게도 사용할 수 있구나 하는 것을 삶 속에서 자연스럽게 보여주는 사람이 후학을 양성할 수 있습니다. 그것이 학문을 다각도로 발전시키는 길이기도 합니다.

똑같이 배워서 할 수 있는 일이 다 똑같다면 배우는 사람의 입장에서는 이렇게 생각할 수 있습니다. '내가 이것을 배워서 할 수 있는 일은 그것밖에 없는 것 같은데 그 분야에 과연 내 자리는 있을까' 하고 말입니다. 그리고 그렇게 생각이 들 정도로 그 분야가 포화상태라면, 그렇게 불투명하고 불안한 미래를 보여주는 사람이 스승이라면 후학에게 좋은 본보기가 될 수 없을 것입니다.

사고감각이 발달하거나 깨어나기 위해서는 무엇을 어떻게 해야 할까요? 바로 지금 이야기한 '이해하는 고통'에 대해 곱씹어 보세요. 사고감각이 발달하려면 촉각부터 시작하여 지금까지 이야기한 모든 감각들이 깨어 있어야 합니다. 이 역시 모든 감각의 장에서 강조한 '시간이 필요한 노력'을 경험해야 합니다. 한 가지를 깊이 있게 경험하며 그것으로부터 끊임없이 자극받고 성장하는 경험 말이죠. 지속적인 연계성 없이, 간헐적으로 하다가 조금이라도 힘들면 그만 두고, 쉬워 보이는 또 다른 것을 하다 또 힘들다고 그만 두는 식의 경험이 아닙니다. 인내심과 끈기를 갖고 생각을 발전시킬 수 있는 반복적인 경험을 이야기합니다. 그것이 사고의 깊이를 더해가는 방법입니다. 만약 여러분이 거기까지밖에 생각할 수 없다면 그 이유는 사고의 깊이가 거기까지이기 때문입니다.

자아감각

12감각을
총괄하는 감각

드디어 마지막 감각인 자아감각에 도착했습니다. 자아감각은 앞서 이야기한 11개 감각의 총집합이라 해도 과언이 아닙니다. 청각은 소리를 듣는 기능, 언어감각은 다른 소리들로부터 언어를 구분하여 들을 수 있는 기능, 사고감각은 언어나 다른 어떤 수단으로 표현되는 타인의 사고를 이해하는 기능을 가지고 있다고 했습니다. 그렇다면 자아감각은 무엇일까요? 자아감각은 쉽게 말해 '타인도 나처럼 느끼고 생각하며 행동하는 사람으로 여기고 마주하는 감각'입니다. 타인을 인지하는 것이죠. 우리가 하는 말 중 "사람 볼 줄 아네!" 혹은 "사람 보는 눈이 있네!"라고 이야기하는 것은 자아감각이 있기에 가능한 것입니다. 자아감각이 잘 깨어 있으면 고유운동감각의 장에서 이야기했던 '인연'을 놓칠 일도 없겠죠? 나는 내가 가진 자아감각의 도움으로 당신을 알아봅니다. 당신이 나와 맞는 사람인지 어떤 사람인지 말입니다. 당신 역시 당신의 자아감각으로 나를 알아봅니다. 내가 어떤 사람인지 말입니다.

그런데 내가 당신을 알아보기도 전에 당신을 알지 못하게, 당신과 나의 만남을 가로막는 사람이 있습니다. 이게 무슨 이야기일까요? 예를 들어 내가 알지 못하는 B라는 사람이 있는데, A는 나에게 B와의 좋지 않았던 경험을 이야기합니다. 나는 A의 이야기를 통해 본적도 없는 B를 안 좋게 생각하고, 만나기 싫어지거나 만날 필요가 없다고 느낍니다. 누구나 이런 경험이 한두 번 있을 것입니다. 만나본 적이 없는 사람을 '남의 이야기를 통해 만나기 싫어지고 결국 나도 그 사람을 안 좋게 평가하는 일' 말이죠. B가 누가 봐도 안 좋은 사람이라면 우리는 주변 사람들을 보호하기 위해 이런 방식으로 미리 대신 나서서 차단시킵니다. 그런 경우의 차단은 고마운 차단입니다.

하지만 제가 지금 하려는 이야기의 차단은 고마운 차단과는 다릅니다. B가 객관적으로 나쁜 사람이 아닌데도 그 사실을 모르는 나에게 A가 자기 주관적으로만 생각하고 험담을 했을 때 벌어질지는 이야기입니다. A는 자기와 나의 인연이 끊어질 것에 대한 두려움으로 나에게 B에 대한 험담을 늘어놓습니다. 이때 가장 흔한 방법이 B를 자기보다 아래로 깎아 내리는 것입니다. 정치인들이 잘 사용하는 방법이기도 하죠. B를 깎아내리면 자기의 위치가 올라갈 것이라고 착각하며 사용합니다. 정치인만 이 방법을 사용할까요? 교육자도 사용합니다.

예를 들어 제가 학부모들을 상대로 하는 자녀 양육과 관련된 교육에서 이렇게 이야기를 한다고 가정해 보겠습니다. "여러분! 아이들을 피아노 학원에 보내서는 안 됩니다. 피아노 학원에서는 악보 읽기부터 가르칩니다. 음악을 배우는 순서는 악보를 읽는 것으로부터 시작하는 것이 아니라, 듣는 것부터 시작해야 합니다. 음의 움직임을 듣는 것 말입니다! 피아노 학원에서는 제대로 된 음악을 배우기 어렵습니다. 피아노 학원의 획일화된 교육 속에서 아이들은 창의성을 잃기 때문입니다." 실제로 저는 듣는 것을 먼저 가르치는 피아노 교사이기도 합니다. 하지만 전문가라는 이름으로 부모님들과 교사들로부터 신뢰를 얻고 있는 제가 피아노 학원을 이렇게 비하하는 이야기를 하면 두 가지 문제가 발생합니다.

첫째 "그러니까 저만이 옳습니다. 저에게 배워야만 합니다"라는 마치 독재자 혹은 사이비 종교의 교주처럼 병든 생각을 전파시킨다는 것이고, 또 다른 문제는 다음과 같습니다.

둘째, 남의 인연을 가로막는다는 것입니다. 이것이 무슨 이야기인지 풀어보겠습니다. 우리들이 흔히 저지르는 어리석은 행동 가운데 하나가, 좋다고 소문난 누군가에게 좋다고 소문난 교육을 받는 사람은 모두 정신적으로 건강하고 창의적인 인재로 자랄 수 있다고 믿는 것입니다. 과연 그럴까요? 피아노 학원에서 피아노를 배운 사람은 창조력이 넘치는 피아니스트가 될 수 없나요? 꼭 소문난 누군가를 찾아가 레슨을 받아야 음악가가 될 수 있을까요?

배움이라는 것은 배우는 사람과 가르치는 사람이 서로 좋은 관계를 맺었을 때 시작됩니다. 사람과 사람이 관계를 맺는 데는 시간이 필요합니다. 성장기에 사람과 사람이 관계를 맺지 않은 상태에서 간헐적으로 주고받는, 겨우 몇 달이 소요되는 단기교육은 죽은 교육입니다. 배우는 사람이 어리면 어릴수록 더 그렇습니다. 교육은 사람이 사람을 길러내는 것이기 때문이죠. 테크닉을 전수하는 것이 아닙니다.

좋은 스승이란 실력 좋다고 소문난 누군가가 아니라 나와 인간적인 관계를 맺고 나를 이끌어주는, 그리고 내가 사랑하고 존경하는 나의 긍정적인 본보기가 되는 사람입니다. 그러니 설령 본인의 실력이 객관적으로 부족한 것을 아는 스승이라면, 열심히 자기를 따르는 제자를 위해 좋은 스승을 찾아주기도 합니다. 그런 인간미가 넘치는 사람은 실력이 뛰어난 전문가일 수도 있고 아닐 수도 있습니다. 전문가라고 다 인간미가 넘치지는 않는다는 뜻이죠.

똑같은 스승에게 혹은 똑같은 곳에서 배우고 누구는 이렇게 살고 누구는 저렇게 삽니다. 왜일까요? 배우는 사람이 인간적인 관계를 맺는 방법을 모르면 좋은 스승을 보고도 그냥 지나칩니다. 반대로 소문난 전문가인데 인간적인 관계를 맺는 방법을 모른다면, 결코 좋은 스승이 될 수 없습니다. 이런 사실을 까맣게 잊고 전문가라고 소문난 누군가로부터 "피아노 학원, 미술학원은 절대 가지 마세요!"라는 이야기를 전해 듣고 피아노, 미술 학원은 절대로 가서는 안 되는 곳이라고 생각한다면 좋은 스승을 만날 수 있는 기회를 바보처럼 놓치는 것일 수 있습니다. 전문가랍시고 이렇게 남의 인연을 끊어 놓는 사람들은 참 많습니다.

인연을 끊어 놓는 사람과 진정한 조언자를 구분할 수 있는 것이 중요합니다. 만약 제가 진정한 조언자라고 가정합시다. 그러면 저는 학원을 보내도 되는지 저에게 조언을 구하는 부모님들께 그 수업은 어느 연령대에 시작해도 괜찮으며, 그때 시작해도 왜 늦지 않는지를 먼저 설명해 줍니다. 그러니 아직은 배우지 않아도 나중에 배우게 됐을 때 뒤처지지 않을 것이니 걱정하시지 말라고 이야기해 줍니다. 그리고 때가 되어 한 번 시작한 것은 웬만하면 꾸준히 이어가는 것이 좋기 때문에 처음부터 무리하게 전문가를 수소문해 찾는 것보다는, 집에서 가까이 오갈 수 있는 곳에서 천천히 시작한 뒤 나중에 정말로 흥미가 커져서 아이 스스로 원하면 그때 전문가의 조언을 다시 구해도 괜찮다고 이야기할 것입니다. 재능은 특별한 빼어남이 아니라 꾸준함이라는 것도 덧붙일 것입니다.

그런데 만약 제가 남의 인연을 끊는 사람이라면 이렇게 이야기할 것입니다. 다른 학원은 모두 잘못 가르치고 있다는 인식을 심어줄 것입니다. 그런 곳에서는 제대로 배울 수 없다고 이야기해 아무데도 못 가게 할 것입니다. 결국 제가 말하는 제대로 된 곳은 저 한 사람입니다. 그런 저라면 저는 그 누구와도 좋은 인연을 맺기가 어려울 것입니다. 그래서(!) 우리는 자아감각을 깨워야 하는 것입니다. 나의 좋은 인연이 맺어지기도 전에 누군가에 의해 끊어지는 일이 없으려면 말이죠. 또한 스스로 듣고 보고 자신의 상황에 맞게 판단할 수 있으려면 말입니다.

교육이란 돈을 벌수 있는 인간을 만들어내기 위함이 아니라, 사람

을 길러내는 것이라는 본질을 염두에 둔다면 판단은 그리 어렵지
않습니다.

타인의 판단을 자신의 판단처럼 말하는 사람들

사람 볼 줄 모르는, 사람 보는 눈이 없는 사람들이 많은 이 세상은 (이렇게 표현하기 안타깝지만) 한마디로 속고 속이기 딱 좋은 세상입니다. 알베르트 수스만은 '자아 이탈'이라는 표현을 사용합니다. 자아가 자기로부터 이탈된 상태로 사는 사람들은 스스로 판단할 수 있는 능력이 없습니다. 그렇기에 그들은 다수가 선택한 판단을 따릅니다. 타인의 판단과 경험과 말을 마치 자신의 판단과 경험과 말이라고 착각합니다.

인터넷상에 떠도는 수많은 검증되지 않은, 신뢰할 수 없는 사건들과 의견들을 맹목적으로 믿고 따릅니다. 심지어 그것을 널리 전파시키기까지 합니다. 특정인을 함께 비난하고 욕하다가 욕할 일이 아니었다는 사실이 밝혀지면 그때 "아~ 아니래? 그럼 말고~"라고 가볍게 넘깁니다. 그런데 다시 알고 보니 그것은 비난할 일이 맞는 경우도 더러 있습니다. 우리는 그만큼 경솔합니다. 아직 사실이라고 밝혀지지 않은 무언가를 사실이라고 퍼뜨릴 정도로 경솔합니다. 혹시 이 글을 읽고 있는 여러분은 사실이 아닌 사실을 누군가에게 전달하고 있지는 않나요? 여러분의 판단이 아닌 타인의 판단을 마치 여러분이 판단한 것처

럼 말하지는 않나요?

자신의 생각이 잠들어 있어 어디선가 이미 제시된 생각에 의존하는 사람들이 많은 사회에서 유명해지기란 쉽습니다. 거짓도 마치 진짜처럼 퍼뜨릴 수 있으니까요. 그렇게 옳지 못한 방법으로 유명해진 사람들을 시기하거나 질투하지 않아도 됩니다. 생각이 잠들어 있는 사람들이 높이 평가하는 사람은 질투의 대상이 아니기 때문입니다. 사람 보는 눈이 없는 사람들을 속이려고 위조하고 표절하지만, 그 행위가 어리석은 이유는 단지 도덕적이지 못해서가 아닙니다. 그렇게 쉽게 속을 만큼 어리석은 사람들에게 인정받고 싶어서 거짓말을 한다는 사실 때문입니다. 어리석은 사람들에게 인정을 받고 싶은 것, 그들은 인정이

필요한 사람들인 것입니다. 어른이든 아이든 거짓말을 하는 이유는 같습니다. 우리가 거짓말을 했던 때를 떠올려보면 아이들이 거짓말하는 이유를 알 수 있습니다.

첫째, 사람의 마음을 알아보기 위해서 거짓말합니다. 이러저러하다고 거짓말했을 때 상대가 어떤 반응을 보이는지, 그러니까 사랑을 확인하고 싶다거나 상대를 시험해 보고 싶을 때 거짓말을 합니다.

둘째, 무언가를 해놓고 스스로도 잘못했다는 사실을 알았을 때 처벌이 두려워 거짓말합니다. 여기서 말하는 잘못했다는 것은 두 가지로 나뉩니다. 하나는 정말로 타인이나 집단에 피해를 주는 잘못을 했을 때이고, 또 다른 하나는 부모가 기대하는 것에 미치치 못했을 때입니다. 즉, 잘하지 못했을 때입니다. 가령 양육자가 시험 성적 100점을 원한다면 아이가 80점을 받고도 100으로 숫자를 고치는 일을 뜻합니다.

셋째, 채워지지 않는 욕구 때문에 거짓말합니다. 갖고 싶은 것을 가질 수 없는 상황이라는 것을 알고 몰래 훔칩니다. 그 갖고 싶은 것이 아이가 갖고 싶은 것일 수도 있고, 양육자가 원하는 것일 수도 있습니다. 두 번째 항목의 예와 비슷합니다.

아이의 거짓말 자체를 큰 문제로 삼을 것이 아니라 거짓말을 했을 때 '너에 대한 내 사랑을 확인하고 싶었구나, 나에게 혼날 것이 두려웠구나, (훔칠 정도로) 그게 가지고 싶었구나' 하고 마음을 먼저 헤아려주는 어른들이 주변에 있다면, 아이는 성장과정에서 거짓말이 필요 없다는 것을 스스로 알게 될 것입니다. 성인이 된 사람이 거짓말을 자주 한다면 그 사람은 애정이 결핍된 사람입니다. 그 사람의 마음을 헤아려주는 사람이 없으니 거짓말을 해서라도 인정받고 사랑받을 수 있다고 착각하는 것입니다.

있는 그대로의 나를
인정해 주는 곳, 가정

다른 사람의 인정을 갈구하며 자기가 돋보이도록 타인을 속이는 사람들은 '있는 그대로의 나'로 인정을 받아보지 못한 사람들입니다. 나 자체를 인정해줄 수 있는 사람은 밖이 아니라 안에 있습니다. 바로 가족입니다. 내가 어떤 물건을 가지고 있거나 내가 어떤 것을 할 수 있는 특별한 능력이 있기 때문이 아닙니다. 가족이라는 울타리 안에서는 이렇듯 온전히 나 자체로 소중하고 사랑스러운 사람이라는 것을 경험할 수 있는 곳입니다. 집 밖에서 만나는 사람들이 해줄 수 있는 것이 아닙니다.

물론 이미 돌이킬 수 없이 멀리 가버린 사회적 분위기(고학력자를 원하는)도 문제지만 그 고학력자가 진짜인지 가짜인지 구분할 수 있는 자아감각의 회복이 시급합니다. 이것은 단지 진짜 학위인지 가짜 학위인지 구분하자는 뜻이 아닙니다. 어떤 사람이 언어적으로나 비언어적으로 표현해낸 사고가 정말로 그 사람의 진심인지 꾸며낸 것인지 보자는 것입니다. 진짜 느껴서 하는 말인지 마음에도 없는 말을 습관적으로 내뱉는 것인지 잘 보자는 것입니다.

누군가 이름을 알리기 전에는 가만히 있다가 유명해지기 시작하면 질투심이나 열등감에 그에 대해 알려진 사실 중 거짓은 없는지 흠을 잡아내려고 합니다. 그것을 파헤치는 일보다 더 중요한 일은 개개인이 거짓 없이 사는 것입니다. 거짓 없이 살기 위해서는 우리를 그럴싸한 포장지로 포장하거나 과장하지 않고 있는 그대로 그 자체로 인정받을 수 있어야 합니다. 밖이 아닌 안에서 말입니다. 안에서의 인정, 있는 그대로를 인정하는 것은 가진 것에 만족할 수 있는 사람을 길러내는 것입니다. 그런 사람이 진심으로 사랑을 할 수 있고, 그것을 나눌 수 있습니다.

나에게 무엇이 있기 때문에, 그것 때문에 사람들이 나를 사랑하는 것이 아닙니다. 나는 나 자체로 사랑스럽습니다. 나 자체로 사랑스럽다는 것을 아는 사람만이 계산하지 않고 타인을 순수하게 사랑할 수 있습니다. 이것은 남녀 간의 사랑만을 이야기하는 것이 아닙니다. 물론 그것도 해당되지만 모든 관계의 따뜻함을 이야기합니다. 인정받기 위해 속인 것이 나중에 들통날까봐 전전긍긍하며 거짓말을 더 키우는 살얼음판 위의 삶이 아니라, 안정된 따뜻한 울타리 안에서 살 수 있다면 얼마나 좋을까요?

대체 왜 거짓말을 해서라도 자신을 높여야 인정을 받는다고 생각하며 계속해서 자신에게 부족함을 느낄까요? "잘했다"라는 말의 의미를 어디까지 알고 있나요? 보통 잘했다는 것은 어떤 결과를 두고 쓰이는 경우가 많습니다. 결과가 좋으면 잘한 것이라고 합니다. 못한 것의 반대말로 사용됩니다. 하지만 "잘했다"는 말은 결과가 안 좋을까 두려워서 시도도 안 하는 것보다 용기내 해본 것이 훨씬 잘했다는 뜻으로 사용할 수도 있습니다. 용기에 대한 칭찬과 격려입니다.

성장과정에서 주변에 "잘했다"는 말을 이렇게 의미 있게 사용하는 어른이 없었다면, 그리고 늘 결과만을 두고 잘했는지 못했는지를 따지는 어른들만 있었다면 우리는 자신을 부족한 사람으로 여기게 됩니다. 그리고 결과가 좋을 때만 잘한 것이 되니 잘못될 것이 싫어 아예 손도 안대는 것들이 많아집니다. 이렇게 자신감을 상실하면 해보지도 않고 못한다고 이야기합니다. 할 수 있는 것보다 못하는 것들이 많아지는 것입니다. 하려면 잘 해야 되기에 말입니다.

주변 사람들과의 비교는 또 어떤가요? 옆집, 앞집, 뒷집 사람들과 비교할 정도로 내 가족이 그렇게 가치가 떨어지고 쓸모가 없나요? 잘했다, 못했다는 표현은 비교에서 나오는 표현입니다. 우리는 돈을 벌어들이는 실용적인 것을 두고 쓸모 있다고 표현하는 잘못된 습관부터 되돌아봐야 합니다. 사람은 쓸모 있고 없고로 구분할 수 없습니다. 사람은 비교의 대상이 아닙니다. 정말로 '쓸모 있는 사람'을 길러내고 싶다면 가정 내에서의 비교와 무시는 없어야 합니다. 가정 내에서 비교와 무시는 학습되며 그것은 밖으로 퍼져나갑니다.

쓸모 있는 사람은 사람을 사랑할 줄 아는 사람입니다. 사랑하는 마음으로 타인을 도울 줄 아는 사람입니다. 내가 원해서라기보다 남들이

10장 언어감각, 사고감각, 자아감각

하는 것을 따라 하기 위해 자본을 소비한다면 그 사람은 돈이 되는 사람, 즉 물건이 될 만한 사람을 찾아 나섭니다. 남이 아니라 내가 원하는지 원하지 않는지를 스스로에게 물어본다면, 우리에게는 '남들 만큼' 그렇게 많은 물질이 필요하지 않습니다. 오히려 가진 것에 감사할 수 있습니다.

아무에게도 보여주지 않으면서도 나 혼자 충만함을 느낄 수 있는 것이(물건이든 행위든) 있는지 한 번 생각해 봅시다. 어떤 행위나 물건을 누구에게 보여주기 위한 것이 아니라, 순수하게 내가 좋아서 시작했거나 구입했다 할지라도, 인간은 사회적 동물이기 때문에 누군가 나의 그 행위나 물건을 좋게 평가하기 시작하면 타인에게 더 보여주고 싶어집니다. 칭찬을 받고 싶은 욕구가 생기죠. 예를 들어 누군가가 어디 놀러 가서 맛있는 것을 사 먹고는 그 음식을 사진으로 찍어 SNS에 올렸더니 사람들이 댓글을 달기 시작합니다. "맛있겠다~", "맛있는거 먹어서 좋겠다~", "우와~ 부럽다" 등 대부분의 댓글은 호의적으로 달립니다. 그런 타인의 호의적인 반응을 나도 받아봤으면 하는 부러운 마음에 자기도 음식 사진을 경쟁하듯이 SNS에 올리기 시작합니다.

사진을 올리고는 댓글이 언제 달리는지 수시로 확인합니다. 댓글이 없으면 실망하고 댓글이 달리기 시작하면 입가에 미소도 함께 번지기 시작합니다. 이제 음식뿐만이 아니라 뭘 하더라도 보여주는 것이 목적이 됩니다. 무엇을 하기에 앞서 보여질 것에 대해 먼저 생각한다는 것입니다. 호의적인 반응을 계속 받고 싶기 때문입니다. 이제 나 혼자의 만족이 아닌 남을 만족시키는 것이 행위의 목적이 된 것입니다. 다시 생각해 봅시다. 아무에게도 보여주지 않아도 나를 만족시키는 것이 떠오르시나요?

아마도 거의 없거나 어쩌면 아예 없을 수도 있습니다. 물론 SNS를 좋은 정보를 공유하기 위한 목적으로 사용하는 사람들도 있지만, 정보 공유보다는 보여주는 것이 목적이 된 사람들이 많아졌습니다. 그것을 올바르지 못한 행동이라고 이야기할 수는 없습니다. 인간이라면 누구나 인정받고 싶은 욕구를 가지고 있기 때문에 어쩌면 당연합니다. 그럼 SNS를 안 하는 사람들은 아무에게 보여주지 않아도 스스로를 만족시키는 것들이 많은 사람들일까요? SNS를 안 하는 사람들은 오프라인에서, 그러니까 타인을 직접 만나서 보여줍니다. 하다못해 집 밖을 나가려면 옷을 입어야 하는데 어떻게 입나요? 아마 외출해서 '이렇게 보여야지'라는 생각을 한 번쯤은 다합니다.

이렇게 따지고 보면 보여주지 않아도 상관없는 행위나 물건이 몇 가지가 남을까요? 리스트를 만들어 보는 것도 나쁘지 않습니다. 리스트를 만들기 위한 질문은 이렇습니다. 어떤 행위를 하고서 아무에게도 인정받지 않아도 되는(괜찮은) 행위는 무엇입니까? 또 내 것 중 아무도 봐주지 않아도 괜찮은 물건이 있다면 무엇입니까? 남들만큼 필요하다고 착각했던 그 물질들은 결국 그들만큼 필요하지 않다는 사실을 알게 될 것입니다. 그리고 또 '옷을 왜 사는지'와 같은 단순한 질문을 던져 보세요. 우리는 꼭 필요한 것이 아닌데도 어떤 일이 있을 때마다 옷을 사곤 합니다. 분명 옷이 없는 사람이 아닌데 말이죠. 옷을 사는 것은 때로 기분전환에 도움이 되기도 합니다. 그러나 그렇게 시작된 기분전환이 자주 일어나면서 소비만 하는 활동이라면, 생산성이 없는 일이라면 영 기분을 전환시킬 수 없습니다.

지속적인 소비활동은 밑 빠진 독에 계속 물을 붓는 것이며 생산적 활동은 내가 생산의 주체가 되는 것, 그러니까 이 세상에 필요한 사람이 되는 것입니다. 생산적 활동은 스스로 '나 참 괜찮은 사람이다'라고 느낄 수 있는 활동이기에, 장기적으로 이것이 소비활동보다 기분전환에 더 큰 도움이 됩니다. 이 생산적 활동이 어떤 것인지 잊으셨다면 고유 운동감각의 장에서 이야기했던 재능 또는 시각의 장에서 이야기했던 취미와 관련된 부분을 떠올려 보세요. 내 주위의 사람들과 가족이 있는 것에 감사할 수 있어야 합니다. 우리는 물건이 아닌 사람과 교감할 수 있는 '사람'들입니다. 그리고 '사람을 알아볼 수 있는 사람'들입니다. 우리는 사람과 살지 물건과 살지 않습니다.

다른 사람과 인간적으로 마주하는 법을 알지 못한다는 것은 참 안타까운 일입니다. 앞에서 인간은 누구나 인정받고 싶은 욕구가 있다고 했습니다. 그 인정이 가정 내에서 이루어지면 우리는 집 밖에서의 인정에 목말라 하지 않습니다. 가족을 위해 기꺼이 경제활동을 하고 기꺼이 가사활동을 하더라도 그 일을 대한 보람을 느낄 수 없을 때가 있습니다. 그때 그 일은 보잘것없고 하찮은 일이 되어 버립니다. '당신은 당연히 돈을 벌어와야지', '당신은 당연히 집안일을 해야지' 하고 상대방의 일을 당연하게 생각한다거나, 기꺼이 해주는 것에 대한 고마움을 표현하지 못한다고 생각해 보세요. 그러면 상대방은 기꺼이 하던 일도 의미 없는 단순노동으로 느낀다는 것입니다.

상대방이 보람을 느낄 수 있도록 하는 방법은 굉장히 단순합니다. 상대방이 그 일을 하느라 힘들다는 것을 알아주면 되는 것입니다. 가령 밖에서 일하고 집에 들어오는 사람을 현관에서 맞이할 때 "오늘 하루도 수고했어, 좀 쉬어" 또는 가사활동을 한 사람이 어떤 일을 끝냈을 때(설거지나 요리 등) "OO를 해줘서 고마워"라고 한마디만 하면 됩니다. 어린 아이도 아니고 칭찬 받고 싶어 안달이 난 것이냐고 생각하면 안 됩니다. 왜냐하면 이 세상의 모든 '하찮은 잡일'이란 그 누구도 알아주지 않는 데서 시작되기 때문입니다.

이 세상에는 잡일이라는 것이 없다는 것을 아는 것은 '직업에 귀천이 없다'는 사실을 아는 것입니다. 이론으로만 귀천을 따지지 말고 실제로 이 세상의 모든 일에 귀천이 없게 만들어야 합니다. '고맙다', '수고했다'는 말 한마디는 처음에 관계를 맺기 시작했을 때부터 시작하지 않으면, 어느 날 갑자기 하기 어렵습니다. 그래서 그 고마운 마음을 따뜻한 말 한마디가 아닌 물질로 대체하는 부작용이 생겨납니다. 이것을 부작용이라고 표현하는 이유는 인간 관계와 관련된 근본적인 문제는 물질로 해결될 수 없기 때문입니다. 그것은 그 순간에만 살짝 기분이 좋아지는 임시방편입니다. 떼쓰는 아이에게 어떻게 해주어야 할지 몰라 장난감이나 먹을 것을 풍족하게 사주는 것으로 달랩니다. 또는 화가 난 엄마는 아빠의 명품가방 선물에 마음을 누그러뜨립니다. 이것이 남도 아닌 '가족'의 사랑을 물질로 확인하는 가장 흔한 예입니다.

사람과 관계 맺는 도구로 물질을 사용하는 일이 일어나는 것은 참으로 안타까운 일입니다. 일하고 들어오는 사람에게 수고했다는 말 한마디 건네지 않고 마치 기다렸다는 듯이 집안일을 떠맡기거나, 일하고 들어와 피곤하다고 집안일에 손 하나 까딱하지 않으면서 "챙겨줘서 고맙다"는 말 한마디도 하지 않으면 서로는 서로에게 점점 억울해집니다. 억울한 사람은 웃으면서 자녀를 대할 수 없습니다. 어른의 입장에서 봤을 때 자녀는 약자이기 때문에 쉽게 어른의 화풀이 상대가 됩니다.

자녀는 가정에서 여러분이 다른 사람과 관계 맺는 방법을 보고 자랍니다. 그리고 그것을 모방합니다. 인간의 갈등을 해결하는 방법이 물질 제공이라는 것을 자주 보기 때문에 그것을 당연하게 받아들입니다. 물질이 없으면 사람끼리 어떻게 마주해야 하는지도 모른 채 커갑니다. 이것이 바로 거짓말(각종 위조와 변조를 포함한)의 근원입니다. 자기를 포장하고 남의 눈치를 보며 만들어진 가짜의 나로 사는 이유입니다. 물질로써 인정받는, 그것 없이 사람 자체로는 무능력하고 무기력할 뿐인 것이죠. 여러분의 가족은 서로 마음을 나눌 수 있는 사람들인가요? 아니면 그저 이해관계로 얽혀 살고 있나요?

인성을 제대로 가르치기 위한 방법

이 장에서 지금까지 해온 이야기들을 다시 한 번 잘 생각해 보면 인성이라는 것은 가르쳐서 되는 것이 아니라는 결론에 도달할 수 있습니다. 인성이란 성장 환경에서 서로의 마음을 헤아릴 줄 아는 그런 언행이 자연스럽게 몸에 밴 어른들을 본보기 삼아 스스로 배워 나가는 것입니다. 성장과정에서 인성이 비뚤어지는 사람들은 인성교육을 못 받은 사람들이 아니라, 주변에 자신의 마음을 헤아려주는 좋은 본보기가 될 만한 어른들이 없었던 것입니다. 누가 배려와 양보, 정직, 정의, 인내의 뜻을 몰라서 그것을 실천하지 못할까요? 아닙니다. 그 뜻을 이론으로 배운다면 결국 이런 말을 하게 됩니다. "이론은 그렇겠지만 실제 상황에서는 불가능하다."

인성을 이론으로 가르쳤을 때 나타나는 부작용은 가볍지 않습니다. 가령 대중교통 수단을 이용할 때 어르신들께 자리를 양보해야 한다는 것을 학교에서 배웠다고 가정합시다. 그 사실을 모두가 배웠기에 그런 상황에 처하면 내 마음이 시켜서가 아니라 타인의 시선이 두려워 자리를 양보하는 사람들이 적지 않습니다. 내 안의 처벌적인 자아가 나에게 이렇게 말하는 것입니다. '어르신들께 자리를 양보해야 된다고 배웠어. 너를 쳐다보는 다른 사람들의 따가운 시선이 안 느껴지니? 어서 일어나서 자리를 비켜드려! 그렇지 않으면 넌 비난받을 거야.' 바른 인성을 가지고 있어서가 아니라 두려움에 양보와 배려를 실천합니다. 정말로 바른 인성을 가지고 있는 사람은 이렇게 생각합니다. '할머니 다리가 많이 불편해 보이네. 얼마나 힘드실까. 얼른 내 자리에 앉게 해 드려야지.' 인성이 바른 사람은 타인에 대한 애정과 관심으로 양보와 배려를 실천합니다.

타인에 대한 애정과 관심은 가르쳐서 되는 것이 아니라 생활 속에서 본보기를 통해 보고 배우는 것입니다. 만약 유년기 아이들에게 인성을 말로 가르치고 외우게 한다고 합시다. 또한 대학 입시에서 인성을 평가한다는 명목 하에 서술형 문제로 "이러이러한 … 어떻게 행동하겠습니까?"라는 질문을 내놓는다면 어떻게 답을 쓸까요? 마음에도 없는 이야기를 잘 꾸며서 쓰면 인성평가에서 좋은 점수를 받을지도 모릅니다. 그러니 만약 그런 문제를 출제하는 사람이라면, 진심으로 쓴 자신의 이야기인지 어디서 배운 이론을 모범답안 삼아 베껴 쓴 것인지 구분할 수 있어야 합니다. 그러나(!) 과연 그런 문제로 사람의 인성을 평가하려는 사람이 그것을 구분할 수 있겠느냐 하는 것이 더 큰 문제입니다.

왜냐하면 그렇게 이론으로 인성을 평가할 수 있다고 생각한 사람의 사고가 거기까지이기 때문에 그 이상으로 사고하는 것, 그러니까 타인의 말 속에 담긴 속뜻을 읽어낼 수 있는 사고가 어려울 것입니다. 속뜻을 읽어내는 것이 평가의 척도가 아니라 얼마나 글을 잘 지어냈느냐를 평가의 중심에 둘 것이라는 것입니다. 인성시험을 위한 모범답안을 가르치는 학원들만 늘어날 것입니다. 결국 이론을 앵무새처럼 달달 외우기만 하면 그 시험에서는 좋은 성적을 얻을 것입니다.

인성을 말로 가르치는 것이 가능하다는 생각은 마치 CCTV로 아동학대 피해를 줄일 수 있다고 생각한 것과도 비슷합니다. CCTV로 아동학대 피해를 줄일 수 있는 것이 아니라, 그 감시 카메라 앞에서만 긴장하고 아이를 잘 돌보는 척 연기하는 연기자들이 늘어날 거라는 생각까지는 못한 것입니다. CCTV로 담아낼 수 없는 장소에서는 어떻게 아이들을 지켜줄 것인가에 대한 생각을 못한 것입니다. 이것 역시 안에 담긴 의미의 중요성보다는 겉으로 보여지는 것에 중점을 둔 생각들입니다. 진실보다는 보여지는 것이 더 중요한 세상으로 변해가고 있다는 사실에 우리는 눈을 크게 떠야 합니다. 아마도 인성교육을 실시하는 사람들의 인성 역시 타인에 대한 애정과 관심보다는 아이들에게 어떤 개념들을 가르칠 것인가 하는 교육이 만들어 놓았겠죠? 정말로 바른 인성을 지닌 사람은 이래라 저래라 말로 가르칠 필요가 없는, 그야말로 그 존재 자체로 훌륭한 교육입니다. 인성을 가지고 또 장사가 시작된다면 교육은 이미 물 건너간 것입니다.

12감각을 깨우는 것은
세상을 살아가는 지혜를 깨닫는 것

알베르트 수스만은 자아감각의 발달을 위해서는 우선 촉각의 발달이 전제되어야 한다고 이야기합니다. 여기에 순서대로 나온 모든 감각의 발달은 촉각을 제외하고, 모두 그 앞에 나온 감각의 발달을 전제로 합니다. 그렇기 때문에 반드시 이 책은 처음부터 차례대로 읽어야 합니다. 그 이유는 타인을 알아보기 위해서 타인을 보고 판단할 수 있는 나 자신이 우선 똑바로 서 있어야 하기 때문입니다. 촉각은 나 자신을 인지하는 감각이라고 이야기했습니다. 촉각에 대한 장을 다시 한 번 잘 읽어 보시기 바랍니다. 무언가가 내 피부와 맞닿음으로 해서 나는 "내가 이렇구나! 내가 이렇게 생겼구나!" 하고 깨어나도록 하는 감각입니다. 자, 이제 자아감각까지 함께 본 우리들에게 "내가 이렇구나!"는 다음과 같습니다.

"나에게 12개의 감각이 있구나! 나는 내가 그런 감각기관들을 가지고 있다는 것을 모르고 살았구나!"

잠들어 있던 우리의 12감각을 하나씩 깨우면서 우리의 인식은 이렇게 확장됩니다. 12가지 감각들이 나의 육체와 감정과 정신을 움직이는 원천이 될 수 있다는 사실을 깨닫는 것입니다. 우리가 소위 말하는 '센스 있는 사람'이란 이 12개의 감각이 깨어 있는 사람들입니다. 흔히 유머러스한 사람을 두고 센스 있다는 이야기를 합니다. 유머감각이 뛰어난 사람들은 누구와도 두루두루 잘 어울릴 수 있는, 타인과 관계를 맺는 것이 비교적 어렵지 않은 사람들인 경우가 많습니다. 유머를 가진 그들이 사회성이 뛰어난 이유는 다음과 같습니다.

유머감각이 뛰어난 사람은 상대방의 표정이나 성격, 감정상태 등을 파악해 → 접촉한 것이 어떻다고 느끼는 촉각, 어떻게 볼 것인지 판단하는 시각

상대방에게 맞는 유머를 사용하며 → 타인을 받아들이고 그에 맞추는 열린 자세의 미각

분위기를 보고 → 분위기(상황)를 냄새로 감지하는 후각

유머를 해도 될 때와 하지 말아야 될 때를 구분할 수 있기 때문에 → 움직여야 할 때를 알아차리는 고유운동감각, 필요한 것과 불필요한 것을 구분하는 균형감각

많은 사람들의 공감을 얻는 것과 동시에 → 타인의 입장과 같아지려는 자세로 행동하여 공감을 얻는 열감각

누군가가 비판적이거나 공격적인 말을 하면 → 소리를 듣는 청각,

말을 듣는 언어감각, 말에 담긴 사고를 듣는 사고감각, 말을 하는 사람이 왜 그런 언행을 보이는지 그 사람을 파악하는 자아감각

그것을 고통으로 여겨 의기소침해지지 않고 유머로 받습니다. → 고통을 견디고 그것을 극복하는 생명감각

유머감각을 가진 사람의 특징을 이야기한 이 문장 안에는 촉각부터 자아감각이 이렇게 함축되어 있습니다. 이것은 12가지 감각이 다 깨어 있을 때 가능합니다. 유머를 사용한다는 것 자체가 이렇게 12감각이 다 깨어 있을 때 가능한 것입니다. 직업이 개그맨이라고 해서 다 뛰어난 사회성을 가질 수 있는 것도 아니며, 꼭 개그맨이 아니어도 12개의 감각이 다 깨어 있으면 사회성이 뛰어난 것입니다. 유머감각을 가지고 있는 사람이란 꼭 타인을 크게 웃게 만드는 것이 아니라, 만났을 때 타인의 마음을 헤아릴 줄 알기 때문에 만나면 기분 좋은 사람입니다. 농담도 기분 나쁜 농담이 있습니다. 타인의 고통을 웃음거리로 만드는 것은 유머감각이 아닙니다. 그것은 감각이 잠든 사람이 하는 행동일 뿐입니다.

12감각을 깨우는 것은 이 세상을 살아가는 데 필요한 지혜를 깨닫는 것과도 같습니다. 제일 처음 이야기한 촉각은 모든 것을 인지하기 위해 가장 기본적으로 형성되어야 할 감각입니다. 내가 어떻다는 것을 알아야, 나는 비로소 편안함을 누리는 자유를 얻을 수 있습니다. 편하다는 것은 몸을 최대한 쓰지 않아도 되는 편리함과는 다릅니다. 내 몸

을 내가 움직이고 싶은 대로 움직일 수 있을 때 느낄 수 있습니다. 남이 원해서 엄마가 원해서가 아니라, 내가 원해서 움직일 수 있을 때 느낄 수 있다는 뜻입니다.

간혹 어떤 일을 하려는데 부모님이 반대해서 못했다고 말하는 사람들을 봅니다. 그 사람의 말만 들으면 부모님 반대만 아니었다면 그 일을 했을 거라는 것입니다. 부모님 때문에 그 일을 못했다는 말을 한다는 것은 부모님을 나쁜 사람으로 만드는 일입니다. 정말 자기가 원하는 것이 있는 사람은 언제가 되었든 그것을 해내고야 맙니다. 부모님 때문에 못했다는 것은 자신도 사실 그 일에 소질이 있었던 것도 아니고, 절실히 원했던 것도 아닌데 부모님이 살짝 "그만 둬라" 하고 건드려주니 '이때다' 하고 그만두는 경우가 많습니다. 낳아주고 길러주신 부모님을 나쁜 사람으로 만드는 불효를 저지르지 말고 "내가 그것을 간절히 원하지 않았다"고 바꿔 말해야 합니다.

내가 움직인다는 것은 타인의 언행에 쉽게 휩쓸리는 것이 아니라 스스로 생각하고 판단하는 것입니다. 다들 그렇게 하니까 나도 하는 것이 아니라, 나는 나에게 필요한 것을 위해 혹은 내가 원하는 것을 나의 형편에 맞게 행합니다. 여러분의 몸에 감각이 자리하고 있다는 사실과 다른 사람 역시 여러분과 같이 감각을 가진 존재라는 사실을 염두에 둔다면 내 감각으로 타인을 함부로 움직이려 한다거나 타인의 감각에 일방적으로 의존할 수 없을 것입니다.

여러분의 감각은 얼마나 깨어 있나요?

| 맺음말 |

이 세상에는 '부모 교육' 혹은 '교사 교육'이라는 이름이 붙은 교육과 양육에 대한 정보를 제공하는 강연이나 자료들이 참 많습니다. 하지만 성장기 아이들(영유아부터 고등학생까지) 곁에서 그들의 육체와 정신이 건강하게 자랄 수 있도록 돕는 교사와 부모를 근본적으로 교육하는 내용은 매우 드뭅니다. 대부분 교육과 자녀 양육에 대한 좋은 팁을 제공하는 내용으로 이루어져 있습니다. "이런 경우에는 이렇게 접근할 수 있습니다"라는 특정 상황에 대한 팁을 제공하는 경우가 많습니다. 이것은 해결책을 스스로 찾지 못하는 어른들에게 외부에서 제시해주는 것입니다.

이러한 외부의 도움은 정말 도움이 되기도 하지만 경우에 따라서는 근시안적인 팁으로 끝나고 맙니다. 교육과 양육에 대한 새로운 정보를 접했을 때 교사나 부모는 '내가 그동안 잘못했구나' 혹은 '내가 그동안 잘했구나'라고 자신을 평가하면서 마음가짐을 바꾸려고 합니다. 그러다 또 다른 강연을 듣거나 책을 읽고서는 '어라! 저번에 그 말이 틀렸나? 저기서는 저렇게 하라고 했는데 여기서는 이렇게 하라고 하네… 어쩌지…' 하고 생각합니다.

지금부터 집중해 보세요! 지금 이 상황에서 가장 큰 문제는 교육이나 육아방식이 아니라 "여기서는 이렇게 하라고 하고 저기서는 저렇게 하라고 하는데 뭐가 맞는 것이지?"라고 갈팡질팡하며 또 다른 해답을 구하기 위해 다른 강연이나 책을 찾는 어른들입니다. 내가 배고픈데 무엇을 먹어야 할지 타인에게 질문하고 그렇게 외부에서 답을 구합니다. 그 음식이 나에게 맞는지 안 맞는지는 알지도 못한 채 외부에서 먹으라는 음식을 먹습니다. 우유를 소화하지 못하는 몸을 가진 사람이 있다고 가정합시다. 권위자라고 '소문난 누군가'에게 우유가 몸에 좋다는 소리를 듣고 매일 우유를 마시면서 매일 설사를 하며 괴로워하는 것과 같습니다. 더 큰 문제는 몸이 망가지는지도 모르고 다른 권위자로 소문난 사람의 강연이나 책을 접하고는 거기서 먹으라는 것으로 바꿔 먹습니다.

물론 '권위자라고 소문난 누군가'의 이야기는 정말로 유익한 이야기인 경우가 대부분입니다. 하지만 그 이야기가 정말로 유익하게 사용되려면 그 이야기를 전달받는 사람이 건강해야 하는 것이 우선입니다. 그 이야기를 접하는 사람의 몸과 마음이 건강해야 그 이야기를 자기 상황에 맞게 구분하여 잘 받아들이고 활용할 수 있다는 뜻입니다.

권위자가 이렇게 이야기하는데 '나는 어떻게 생각하는가?', 권위자가 이렇게 하라고 하는데 '그것을 내가 실천할 때는 어떻게 해야 할 것인가?' 하는 질문을 스스로에게 던질 수 있는 건강함이 있어야 비로

소 부모 교육이나 교사 교육은 의미를 갖게 됩니다. "다양한 아이들 그리고 그들과 교사 또는 부모 사이에서 발생하는 다양한 어려움들과 마주하기 위해, 교사와 부모는 우선 자신이 어떤 사람인지 어떤 상태인지에 대해 관찰할 수 있어야 합니다"라는 내용의 강연이나 책은 드뭅니다. 여기서 이런 말을 들으면 이렇게 하다가, 저기서 저렇게 말하면 저렇게 행동하는 중심 없는 부모나 교사가 누군가의 길잡이가 되어주고 보호막이 되어줄 수 있을까요? '나'를 잃어버리고 내가 어디에 있는지, 타인으로부터 나를 찾는 사람이 아이들에게 긍정적인 본보기가 될 수 있을까요? 자기중심 없이 흔들리는 사람이 방황하는 아이들에게 방향을 제시해줄 수 있을까요? 절대로 그럴 수 없습니다.

따라할 것을 강요(수동적인 주입식 교육)받으며 자란 사람은 성인이 되어서도 따라할 것만 찾습니다. 외부에서 주어지는 것만 따라하는 것이 익숙한 사람은 남이 하는 것을 따라해야 안심이 됩니다. 그것은 책임감 없는 행동이기도 합니다. 행동에 대한 책임은 나에게 있지만 남이 시킨 것을 하면 혹시라도 잘못됐을 때 내 책임이 아니라고 착각하는 것이죠. '남이 시키는 대로 하기로' 누가 결정했나요? 바로 당신입니다. 유년기에는 시키는 대로 하라고 강요받아 어쩔 수 없이 시키는 대로 했지만, 그것이 습관이 되면 스스로가 '남이 시키는 대로 하기로 결정'합니다. 그게 편하다고 착각합니다.

어른들은 하면서 아이들에게는 "하지마라, 안 된다"라고 합니다. 그러한 말보다는 좋은 본보기로 존재하는 어른들이 필요합니다. 좋은 본보기가 되려면 부모와 교사 근본적인 정신을 스스로 되찾아야 합니다. 슈타이너는 1919년 8월 31일 슈투트가르트에서 있었던 부모들을 위한 강연에서 이런 질문을 했습니다.

"살면서 접하는 모든 것들로부터 감동받지 못하는 교사들이 성장기 아이들에게 어떻게 삶에 대해 가르칠 수 있을까요?"

그리고는 교사 스스로가 준비해야 할 것에 대해 이렇게 덧붙입니다.

"교사는 아이들을 가르치는 가운데 그들을 이해하며, 그들이 인간의 사랑을 느낄 수 있게 해야 합니다."
- 《발도르프 학교와 그 정신(Idee und Praxis Waldorfschule)》에서 발췌

이것은 교육이 단지 지식을 전달하거나 지시만 내리는 것이 아니라는 뜻입니다. 교육은 받는 사람의 입장에서 보면 지식을 배우기에 앞서 가르침을 주는 방식에 대해 배웁니다. 그 사람이 이 세상과 마주하는 방식, 그 사람이 이 세상과 관계하는 방식을 말입니다.

| 감사의 글 |

'대체 이게 무슨 뜻이지?'라는 의문과 함께 어디서부터 어떻게 손을 봐야 할지 감당이 안 되던 12감각이라는 테마를 가지고 고민하고 또 고민하며 결국 이 세상에 책이 나올 수 있게 끝까지 기꺼이 함께 해주신 권미경 편집부장님과 물병자리 출판사.

나의 일을 자기의 일처럼 발 벗고 나서서 늘 함께 걱정하고 함께 기뻐해 주는, 아이들의 입장에 서서 아이들을 이해하니 아이들에게 인기 만점, 마음이 따뜻한 김정은 선생님.

가르치는 일은 멋진 일이라는 것과 사람의 존재 자체가 가르침이라는 것을 직접 보여주신 오류남 초등학교 시절 2학년 7반의 이인실 선생님, 최고의 음악가이자 음악교육자 이데 유미꼬 교수님, 그리고 내 학창시절에는 이런 선생님이 없었는데 참 신기하다 싶을 정도로 80년대의 중학생들은 물론, 지금의 중학생들과도 잘 어우러지시는, 퇴임해서도 외롭지 않겠다 싶을 정도로 멋진 제자들의 꾸준한 사랑을 받으시는, 올 여름 37년 교직생활 명예로운 평교사로 마침표를 찍으실 자랑스러운 나의 아버지.

부모님으로부터 일찍 독립해 겪은 갖가지 우여곡절 끝에 잘 발달된 생명감각을 가지게 된 사람. 그래서 아주 사소하고 작은 것에도 크게 감동하고 감사할 줄 아는, 가족의 소중함을 누구보다도 잘 아는, 유머감각 뛰어난 나의 평생지기 사랑하는 박종두 씨.

정신적으로 많이 부족한 나에게 최고의 본보기, 이렇다 할 정식(?) 회초리도 없이 동생과 싸우면 늘 우리 남매가 경험한 엄마의 손맛은 참 매웠지만… "현경이도 학원 좀 보내고 뭐라도 가르쳐야 되는 거 아니야?"라는 주변의 걱정에 흔들림 없이 중심 잘 잡고 "안 가도 괜찮다"며 내가 마음껏 놀 수 있게 지켜봐 주신, 남들 하는 것 남들 가진 것 따라 하지 않고 당신들에게 진짜 필요한 것과 불필요한 것을 구분하는 모습을 늘 행동으로 보여주시는 최고의 인생 선배 나의 부모님. 37년이라는 세월 힘들어도 한 자리에서 일 하시며 늘 같은 취미 생활 즐겁게 이어가는 아버지와 그 곁에서 함께 그 과정을 즐기시는 어머니, 공교롭게도 아버지의 정년퇴임과 동시에 이 책이 출간되게 되어 두 분께 이 책을 바칩니다. 두 분께 여전히 배우고 있고 늘 배우겠습니다. 사랑합니다.

모두 진심으로 감사드립니다!

감각에 대한 이해는 곧 인간에 대한 이해입니다.